일제시기 목장조합 연구

강만익(康萬益)

제주대학교 사범대학 사회교육과를 졸업하고 동국대학교 대학원에서 지리학을 공부했다. 제주대학교 교육대학원 지리교육전공에서 조선시대 제주도의 목장사를 역사지리적 관점에서 접근한 다음, 동 대학교 대학원 사학과에서 일제시기 제주도 마을공동목장조합 연구라는 주제로 박사학위를 받았다. 현재 국공립 중등학교 지리교사, 제주대학교 강사를 겸하고 있으며, 지역사, 생활사, 촌락사회사, 역사지리 주제에 관심을 가지고 있다.

■ 주요 논문

「조선시대 제주도 관영목장의 경관연구」(2001), 「조선시대 제주도 잣성(墻垣) 연구」(2009), 「일제하 제주도농회의 운영실태와 성격」(2011), 「일제시기 제주도의 共同牧場組合 연구」(2011.08) 등이 있다.

일제시기 목장조합 연구   값 25,000원

2013년 1월 10일 초판 1쇄 발행
2013년 7월 10일 초판 2쇄 발행

저 자 : 강 만 익
발 행 인 : 한 정 희
발 행 처 : 경인문화사
　　　　　 서울특별시 마포구 마포동 324 · 3
　　　　　 전화 : 718 · 4831~2, 팩스 : 703 · 9711
　　　　　 이메일 : kyunginp@chol.com
　　　　　 홈페이지 : 한국학서적.kr/www.kyunginp.co.kr
등록번호 : 제10 · 18호(1973.11.8)

ISBN : 978-89-499-0898-4 93910

일제시기 목장조합 연구

강만익(康萬益)

제주대학교 사범대학 사회교육과를 졸업하고 동국대학교 대학원에서 지리학을
공부했다. 제주대학교 교육대학원 지리교육전공에서 조선시대 제주도의 목장사
를 역사지리적 관점에서 접근한 다음, 동 대학교 대학원 사학과에서 일제시기 제
주도 마을공동목장조합 연구라는 주제로 박사학위를 받았다. 현재 국공립 중등
학교 지리교사, 제주대학교 강사를 겸하고 있으며, 지역사, 생활사, 촌락사회사,
역사지리 주제에 관심을 가지고 있다.

■ 주요 논문

「조선시대 제주도 관영목장의 경관연구」(2001), 「조선시대 제주도 잣성(墻垣) 연
구」(2009), 「일제하 제주도농회의 운영실태와 성격」(2011), 「일제시기 제주도의
共同牧場組合 연구」(2011.08) 등이 있다.

일제시기 목장조합 연구

값 25,000원

2013년 1월 10일 초판 1쇄 발행
2013년 7월 10일 초판 2쇄 발행

저　　자 : 강 만 익
발 행 인 : 한 정 희
발 행 처 : 경인문화사
　　　　　서울특별시 마포구 마포동 324·3
　　　　　전화 : 718·4831~2, 팩스 : 703·9711
　　　　　이메일 : kyunginp@chol.com
　　　　　홈페이지 : 한국학서적.kr/www.kyunginp.co.kr
등록번호 : 제10·18호(1973.11.8)

ISBN : 978-89-499-0898-4 93910

일제시기 목장조합 연구

강만익

景仁文化社

이 책은『제주도공동목장관계철』(1943) 문서를 분석하여 작성한 필자의 학위논문인「일제시기 제주도 마을共同牧場組合 연구」(2011.08)를 단행본 형태로 수정한 것으로, 일제시기 조선총독부가 조선에서 전개한 축산정책에 따라 설립된 공동목장조합에 대한 연구물이다. 주지하다시피 일제는 조선의 농·상·공·수·임·축산업에 관련된 다양한 조합들을 만들어 소위 품질개량과 효율적인 자원 확보 및 동원에 주력했다. 이 책에서 다룰 핵심주제어인 마을공동목장조합 역시 일제가 조합을 통한 식민통치를 시도하는 과정에서 설립된 축산조직의 하나였다. 바다건너 한반도 지역에서도 이 조합이 설립되었을 가능성은 있으나 아직 이에 대한 선행연구가 거의 없어 육지부 지역(한반도)에서 과연 이 조합이 설립되었는지는 속단할 수 없다. 이에 대해서는 근대사 연구자들의 후속 연구를 기대한다.

이 책은 일제시기에 마을공동목장조합이 운영되었고 현재도 일부 존재하고 있는 제주지역을 사례로 일제의 식민지 축산정책이 궁극적으로 마을단위로 조직된 이 조합의 운영에 어떻게 반영되었는지를 구명한 것이다. 아울러 마을공동목장조합을 통해 당시 제주도 목축민들의 공동목장 초지이용 모습과 함께 마을단위 목장조합 조직과 운영을 둘러싼 촌락사회상에 대해 접근한 사례연구라 할 수 있다.

제주지역 목장조합은 한라산 중산간 지대(해발 200~600m)에 펼쳐진 초지대에 등장한 공동목장의 운영조직이었다. 이곳에는 방목우마의 생명을 위협하는 동물이 없었으며, 무엇보다 겨울철이 온화하여 연중 방목이 가능했기 때문에 조선시대에는 국영목마장이 운영되기도 했다. 특히 일제시기에도 목축에 유리한 자연환경이 구비되어 있다는 사실을 인식한 일제 식민지 당국에 의해 제주지역 중산간 지대에 공동목장이 조성되었다. 이 목장은 일제시기에 비로소 역사무대에 등장하긴 했으나 제주지역에 존재했던 고려 말과 조선시대의 목축전통에 뿌리를 둔 것이라 할 수 있다. 즉 고려말 제주지역에는 몽골(원)이 '탐라목장'을 설치해 군마를 생산했으며, 조선시대에는 세종임금이 제주출신 고득종(高得宗)의 건의를 수용해 한라산지에 있었던 기존의 방목장들을 개축하여 '제주한라산목장'을 설치했다. 이 국마장은 이후 '십소장(十所場)'으로 정비되어 운영되면서 제주지역은 대표적인 말 생산지로 전국에 알려졌다. 한마디로 말해 이 지역은 조선시대를 통틀어 말 생산으로 특화된 곳이었다.

제주도사(濟州島史)에 있어 조선시대는 한마디로 '목축의 시대(pastoral age)'였다. 그러나 갑오개혁(1894~1896)을 통해 국영목장을 유지시켰던 마정제도, 공마제도, 점마제도가 폐지되어 국영목장 운영이 막을 내리게 되면서 그야말로 국영목장지대는 '무주공야' 상태로 방치 되다시피 했다. 일제강점 이후 토지조사사업을 통해 이곳 국영목장 지대가 국유지로 편입되면서 도유지(道有地), 읍유지(邑有地), 면유지(面有地) 그리고 인근 마을의 리유지(里有地) 등으로 변모되었다.

일제는 식민지 축산정책의 일환으로 제주지역에 목야지 정비 사업을 지시하면서 마을단위로 공동목장조합을 설립하도록 명령한 결과, 조선시대 중산간 지역 국영목장 터는 마을공동목장 지대로 재탄생했다.

최근까지도 제주지역에는 마을소유의 공동목장이 매각되면서 목장조합이 해산되는 사례가 나타나고 있다. 목장조합의 해산은 곧 축산업의 포기인 동시에 전통적 목축문화의 소멸과 함께 체계적인 초지관리시스템의 붕괴를 의미한다.

이러한 현실에서 이 책이 마을공동목장조합의 설립과정과 역사적 가치를 지역사회에 알려 더 이상의 목장조합 해산을 막는데 조금이나마 도움이 되었으면 한다.

그 동안, 한국 근대사에서 조합에 대한 연구는 금융조합, 수리조합, 어업조합 그리고 삼림조합을 중심으로 이루어졌으나, 축산조합, 축산동업조합, 마을공동목장조합에 대한 연구결과는 거의 없다. 이러한 상황에서 일제시기 제주지역의 목장조합을 사례로 분석한 이 책은 목장조합 분야에 대한 첫 결과물이라고 말할 수 있다. 그러나 연구주제 자체가 사건사(事件史)가 아니기 때문에 본문내용이 기승전결 식으로 배열되고 있지 않다는 지적 등 여러 한계점들이 존재함을 밝혀둔다. 이 점에 대해서는 추후연구를 통해 보완하고자 한다.

근대사에 대한 지식이 일천하고 학부와 대학원에서 지리학을 공부했던 필자가 역사학 분야로 학위논문을 쓰는 것은 어쩌면 불가능에 가까운 일이었다. 그럴 때마다 역사학 공부의 방향과 문서해석의 올바른 자세를 몸소 보여주신 제주대학교 사학과의 진영일, 김동전 교수님께 진심으로 감사를 드린다. 책으로 세상에 내 놓기가 무척 망설여지는 글이나 용기를 낸 것은 일제시기 제주지역에서 기능했던 목장조합의 운영모습과 일제시기 제주사의 단면을 알려보고 싶은 마음이 있었기 때문이다.

졸고가 책으로 나오기까지 실로 많은 분들의 도움이 컸다. 무엇보다 제주지역 중산간 마을에서 실제로 마을공동목장조합 운영에 참여했던 목축민들의 생생한 조언이 없었다면 책의 완성은 처음부터 불가능했을 것이다. 아울러 자료수집에 협조해 주신 제주시 한림읍 명월리 마을회와 서귀포시 안덕면 서광서리 마을회, 성산읍 신산리 마을회 그리고 제주특별자치도청 축정과, 행정자치부 국가기록원에도 이 자리를 빌어 감사를 전한다. 특히 제주특별자치도청에서는 축정과 문서고에 보관하고 있는 『제주도공동목장관계철』(1943)을 전량 복사해 제공해주어 학위논문이 완성되는 데 결정적인 도움을 주었다. 아울러 학위논문을 지도해주신 권인혁·진영일·최병택·송성대·김동전 교수님, 박사과정에서 역사연구 방법론을 제시해주신 문혜경·정창원 교수님 그리고 학위논문 작성에 관심을 가져주신 제주대학교 사범대학 사회교육과 여러 교수님께도 깊은 감사를 드린다. 특히 평소 한국학과 지방(역)사 연구에 관심을 가지고 지원을 해주시는 경인문화사 한정희 대표님께도 이 자리를 빌어 심심한 감사를 드린다. 영문초록과 일문초록에 도움을 주신 김웅철·현진호 선생님 그리고 동문수학한 제주대 사학과 여러 대학원생에게도 고마움을 전한다.

끝으로 학교업무와 대학원 공부로 바쁜 아빠에게 마음 편히 공부를 할 수 있도록 배려해 준 가족들에게도 진심으로 감사드린다.

2012년 12월
목축의 요람, 한라산지에서 강만익

차 례

■ 표 차례

▦ 그림 차례

머리말

　한국근대사에 등장한 조합은 일제가 조선의 농·상·공·수·임·축산 분야 자원과 생산품의 품질개량 및 자원의 효율적인 동원을 위해 설립시킨 사회·경제 조직이었다. 이러한 조합의 운영 실태에 대한 연구는 일제가 추진했던 1차·2차 산업 분야 정책들의 구체적인 실상을 알 수 있게 해 줄 뿐만 아니라 전시체제하에서 행해진 일제의 물자동원 및 통제정책의 면면과 함께 당시 농어촌사회의 사회·경제상을 이해할 수 있도록 해준다.

　1910년 조선을 강점한 일제는 조선의 각종 자원들을 효과적으로 관리, 통제하기 위한 방안의 하나로 다양한 조합들을 전국 각지에서 조직하도록 독려했다. 그 결과 수리조합·금융조합·삼림조합·학교조합·어업조합·목장조합 등 조합조직들이 전국에서 등장했다.[1] 그리하여 조선총

---

1) 일제시기 조합에 대한 연구사례는 다음과 같다.
　이애숙, 「일제하 수리조합의 설립과 운영」, 『한국사연구』 50호, 한국사연구회, 1985.
　이영훈 외, 『근대조선수리조합연구』, 일조각, 1996.
　박수현, 「일제시기 수리조합 저항연구-1920~1934년 산미증식계획기를 중심으로」, 중앙대학교 박사논문, 2001.
　김호범, 「일제하 식민지 금융의 구조와 성격에 관한 연구」, 부산대 박사논문, 1991.
　이경란, 「일제시기 금융조합과 농촌사회변동」, 연세대 박사논문, 2000.
　최재성, 「일제시기 금융조합 활동과 인적구성」, 성균관대 박사논문, 2004.
　여박동, 「일제시대 어업조합의 성립과 변천 : 거문도어업조합을 중심으로」, 『일본학년보』 5, 일본연구학회, 1993.
　이준식, 「단천 삼림조합 반대 운동의 전개 과정과 성격」, 『사회와 역사』 28호, 한

독부는 다양한 조합조직을 식민통치에 적극 이용했다.

제주지역에서는 마을공동목장조합(部落共同牧場組合)이 설립되었다. 이 조합은 한라산 중산간 초지대를 배경으로 전개된 제주도민들의 목축 생활사가 결합된 조직인 동시에 목축민과 가축, 초지로 구성된 목축공동 체라고 평가할 수 있다. 아울러 이것은 제주지역 마을 공동체성을 나타내는 역사·문화 요소이면서 목장조합사 및 지방(역)사[2]를 서술하는 핵심적 요소라는 점에서 가치가 높다.

마을공동목장조합(이하 공동목장조합, 목장조합)은 일제 식민지 당국에 의해 조선으로 이식된 일본식 축산제도의 하나였다. 이 조합은 당시 한반도 지역에도 존재했던 축산 조직으로 추정되나 현재는 대부분 소멸된 것으로 판단된다. 반면, 제주지역에는 현재도 일부 마을에서는 목장조합이 운영되고 있다. 이처럼 일제시기 목장조합이 제주도에 착근할 수 있었던 것은 이 조직이 제주지역의 '오래된' 목축전통을 수용해 제도화했을 뿐만 아니라 조합설립 과정에서 주민들이 토지를 조합에 기부하는 등 참여가 이루어졌기 때문이다.

제주지역 공동목장조합은 대한제국기(1897.10.12~1910. 8.29) 한라산 중산간 지대에 있었던 일명 '관유목장'(官有牧場)들의 운영이 정지된 후 일제시기에 이르러 마을공동목장이 등장하면서 설립된 조직이었다. 이 조합설립 과정에서 일제 식민지 권력은 목장조합 운영과 관련된 각종 규칙과 제도들을 제시하면서 자신들의 구미에 맞는 목축환경을 제주지역에 구축하려고 했다.

국사회사학회, 1991.

조미은, 「일제강점기 재조선 일본인 학교와 학교조합 연구」, 성균관대 박사논문, 2010.

2) 김동전, 「제주지방사연구현황과 과제」, 한국사연구회편, 『한국지방사연구의 현황과 과제』, 경인문화사, 2000, 218쪽. 제주지방사는 '제주지역민들의 일상생활의 역사'라고 정의할 수 있다.

　2010년 현재 공동목장조합들은 쇠퇴일로에 있다. 공동목장 용지들이 감자와 더덕 재배를 위해 농경지로 개간되어 버리거나 관광화, 도시화에 편승해 관광시설과 공공건물 건축부지로 전용되고 있으며 심지어 일부 공동목장은 매각되어 골프장으로 탈바꿈하고 있다. 그 여파로 공동목장조합이 점차 해체되면서 마을공동체 존립기반 자체가 흔들리고 있는 실정이다. 이처럼 조합해산이 진행되는 이유는 목장용지 판매대금의 분배라는 경제적 이익도 있으나 무엇보다 공동목장조합이 가지는 역사적 가치가 지역사회에서 제대로 평가되지 못하는 현실과 무관하지 않을 것이다. 목장조합의 해산은 곧 마을단위 축산업의 포기인 동시에 체계적인 공동목장 내 초지관리 시스템의 붕괴를 의미하기 때문에 촌락사회에 미치는 충격을 실로 컸다.

　이러한 현실을 감안해 이 연구에서는 사회사, 미시사, 역사민속학의 관점에서 공동목장조합의 역사적 가치를 제시해 보고자 한다. 1933년에 116개로 출발했던 목장조합이 2010년 현재 65개로 감소되어 버린 현실은 머지않아 목장조합 자체가 제주사회에서 완전히 소멸될 수 있음을 보여준다. 이 조합의 해산은 결국 마을공동체의 해체를 야기할 수 있는 단초가 될 수 있으며 나아가 목축문화의 단절로 이어져 소중한 목축관련 전통지식들이 사장될 수 있는 상황을 초래할 것이다.

　이상과 같은 문제의식에 기초하여 이 연구에서는 일제시기에 설립된 공동목장조합의 실체에 접근하기 위해 제주지역 마을공동목장조합을 사례로 이 조합의 설립과정과 목장용지 확보실태, 목장조합의 운영조직과 재정구조를 검토했다.

　공동목장조합의 역사적 실체는 공동목장이 위치하고 있는 장소에 대한 지리적 접근과 함께 사료발굴을 통한 해석이 병행될 때 입체적으로 구명될 수 있다. 이러한 입장에서 이 연구에서는 역사사료에 대한 문헌조사와 현지조사를 접목시켜 논의를 전개했다. 변동하는 삶의 이야기를 담은 사료에 대한 발굴과 해석은 무엇보다 역사연구에 있어 요구되는 방법론임을 감안해 이 연구에서도 목장조합 사료에 대한 해석을 주된 방법론으로 한 다음, 보충적으로 제주도민들이 목축활동을 했던 공동목장 및 목축민들의 삶의 터전인 마을환경에 대한 현지답사를 진행했다.

역사연구는 자료에서 출발해 자료에서 끝난다[3]는 말처럼 연구과제를 수행하기 위해 목장조합의 역사를 설명해 줄 수 있는 자료들에 대해 마을조사를 진행하며 집중적으로 입수했다. 제주전역을 대상으로 이루어진 목장조합 자료조사 작업은 사료 없이 역사를 복원한다는 것이 불가능하며, 사료 수집은 곧 역사연구의 시작이다[4]는 생각에 근거해 지속적으로 이루어 졌다. 이를 통해 제주지역 내외 행정기관 및 마을 또는 개인이 보유하고 있는 목장조합 문서를 확보해 분석함으로써 목장조합 연구에 있어 객관성을 유지하려고 했다.

현재 목장조합 자료들은 행정자치부 국가기록원, 국립중앙도서관, 제주특별자치도청, 제주시 한림읍 명월리, 서귀포시 안덕면 서광서리·성산읍 신산리 리사무소 등에 보관되어 있다. 특히 행정자치부 국가기록원에는 공동목장 조성에 필요한 국유림 대부자료, 제주도농회, 축산동업조합 자료들이 존재하고 있어 이 연구에 큰 도움이 되었다. 국립중앙도서관에도 일제시기 축산정보를 파악할 수 있는 단행본들과 조선총독부관보들이 남아있어 축산동업조합과 공동목장의 관련성을 파악하는 데 유용하게 이용 되었다. 그러나 이 사료들은 대부분 일제가 전개한 축산정책의 구체적인 성과물들에 대해 일제의 입장에서 기록되고 있어 사료비판과 함께 신중한 이용이 요구되었다.

---

3) 이해준, 「한국 지역사 연구의 이론과 체계 시론」, 『지역사연구의 이론과 실제』 한국사론 32, 국사편찬위원회, 2001, 210쪽.

4) 김동전, 「제주 향토사 관련 자료의 종류와 역사적 성격」, 『제주도사연구』 제7호, 제주도사연구회, 1998, 91쪽.

자료수집과 함께 사례연구 목장조합인 명월리, 서광서리, 신산리 마을 및 이들 마을의 공동목장에 대해 현지조사를 했다. 마을을 방문해 문서 발굴과 함께 과거 공동목장을 경험했던 촌로들을 대상으로 면접조사도 병행했다. 현지조사는 문헌자료를 분석한 바탕 위에 해당 현장을 찾아 공동목장의 실질적 운영내용에 대한 조사를 하거나 마을 문서고에 보관되어 있는 미공개 문서들을 재차 발굴하기 위해 이루어졌다.[5] 이 연구에서 분석한 핵심적 자료들을 소개하면 다음과 같다.

첫째, 제주도 목장조합의 설립배경을 이해하기 위해 조선총독부와 축산동업조합, 제주도농회에 대한 관련 자료들을 이용했다. 이 문서들은 공통적으로 조선총독부 및 일제시기 농축산 관제조직들의 축산정책을 보여준다. 당시 조선총독부의 행정행위가 문서를 통해 계획되고 실행되었다는 점을 고려할 때[6] 이 문서들의 내용을 분석함으로써 조선총독부의 축산정책들이 제주도축산동업조합과 제주도농회를 통해 제주지역에 어떻게 반영되었는지를 파악할 수 있었다. 나아가 제주도축산동업조합 자료들과 경상남도 통영군 축산동업조합의 자료를 상호 비교해 공동목장 운영에 나타난 유사성을 밝혔다. 제주도농회의 축산정책을 알아보기 위해 당시 전라남도청에 보관되었던『예금부자금차입신입설명서첨부물군도농회분-제주도(預金部資金借入申込說明書添附物郡島農會分-濟州島)』(1943년)와 1943년의「국유림대부허가원(國有林貸付許可願)」을 검토했다. 이 자료들에는 제주도농회의 통상회의록, 예결산 재정구조, 국유림대부를 통한 방목장 운영 계획 등이 구체적으로 나타나 있어 자료로서의 가치가 높다.

둘째, 1930년대 목장조합의 설립과정과 목장용지 확보실태를 밝히기

---

5) 허홍범, 「지역사 연구와 지방지 편찬」, 『역사와 현실』 제48호, 한국역사연구회, 2003, 100~113쪽.

6) 박성진·이승일, 『조선총독부공문서』, 역사비평사, 2007, 11쪽.

위해 제주특별자치도청 축정과에 보관되어 있는 300여 쪽 분량의『濟州島共同牧場關係綴』(1943)을 입수했다.[7] 이 자료에는 1930년대 일제 식민지 당국이 어떤 절차로 공동목장조합을 설치했는지 그리고 이 과정에서 제주도민들은 어떻게 대응했는지가 소상하게 나타나 있어 자료로서의 가치를 인정할 수 있다. 또한 마을별 공동목장 설치예정 면적, 목장용지 매입상황, 목장조합 규약, 목장용지 확보 상황이 기록되어 있어 1930~1940년대 초 제주도 마을공동목장조합의 실체를 구명(究明)하는데 있어 핵심적인 근거자료가 되었다. 한 마디로 이 문서는 일제시기 제주지역 목장조합사를 고스란히 담은 기록물이라고 해도 손색이 없다. 이 문서를 심층적으로 분석한 결과, 일제가 도(島)·읍·면에서 발행한 문서들을 촌락내부까지 깊숙이 발송하며 촌락사회를 통제하려 했음을 확인할 수 있었다. 비록 일부 목장조합에 대한 자료가 누락되어 있거나 목장용지 전체를 제주도 당국에 정확하게 보고하지 못한 사례도 확인되나[8] 제주지역 목장조합의 설립과 운영내용을 구체적으로 밝혀주고 있다는 점에서 그 가치를 충분히 평가할 수 있다.

국사편찬위원회가 소장하고 있는『매일신보』,『시대일보』,『조선중앙일보』,『동아일보』등 근대 신문자료들을 통해서도 목장조합 설치과정을 알 수 있었다. 특히 조선총독부 기관지 역할을 했던『매일신보』신문기사들에는 일제가 추진했던 목장조합 설립 정황과 목장설치·운영정책의 모습들이 드러나 있다. 이 신문들에는 조선총독부와 전라남도청이 목장조합 설립 계획을 입안해 제주지역에 적용했던 과정과 식민지 당국이 전개한 목장조합 설치 실적 홍보 내용이 담겨있다. 목장조합 설치과

---

7) 이것은 제주도사가 각 읍면공동목장조합연합회로 목장조합 이용실태를 조사해 보고하라는 문서를 보냄에 따라 작성된 것이다. 각 연합회에서는 마을공동목장조합이 서면보고한 목장조합 이용상황 자료를 제주도목장조합중앙회장에게 발송했다.

8) 강윤호,「공동목장조합에 관하여」,『판례연구』제2집, 제주판례연구회, 1999, 357~358쪽.

정에 나타난 반발사례를 파악하기 위해 제주읍 해안마을 주민들이 1934
년 6월에 작성해 제주도사에게 제출했던「진정서」를 검토했다.

셋째, 구체적인 목장조합의 운영체계와 목장관리 방식에 접근하기 위
해 제주도목장조합중앙회가 작성한 구좌면과 애월면 목장조합의『牧野
臺帳』(1944)과『自昭和十八年 至昭和十九年 辭令簿立牧野台帳)』(1943~
1944) 그리고 현재 제주시 한림읍 명월리, 서귀포시 안덕면 서광서리,
성산읍 신산리 목장조합 문서를 분석했다.

이들 3개 지역 목장조합 사료들만 가지고 일제시기 제주도 목장조합
전체의 운영조직과 재정실태를 기술하는 데에는 한계점이 있다. 그러나
이들 지역 목장조합 사료들이 마을단위 목장조합의 구체적인 운영 실태
를 자세하게 보여주고 있다는 점 그리고 일제 식민지 당국이 작성한 문
서양식에 따라 조합조직과 운영이 대동소이하게 이루어졌다는 점에서
목장조합 문서로서의 대표성을 충분히 인정할 수 있다고 판단된다.

넷째, 목장조합의 재정구조에 대한 미시사적 접근을 위해 당시 한림
면 명월리 목장조합이 보관한『예규관계서류-승인서류부(例規關係書類-
承認書類府)』(1935)와 안덕면 서광서리「현금출납부」(1939~1945)를 집
중적으로 검토했다. 이들 자료들은 목장조합이 촌락단위에서 구체적으
로 어떻게 기능했는지를 보여주었다.

한편, 일제시기 목장조합에 대한 이해를 위해 목장·목축에 대한 선행
연구를 검토했다. 목장에 대해서는 고려시대 탐라목장과 조선시대 제주
도 국마장의 관리조직과 목자의 생활실태, 국영목장의 경관구조, 목장토
분쟁문제, 목마장 해체에 대해 연구되었다. 이들에 대한 연구사를 간략
히 제시하면 다음과 같다.

먼저, 제주지역의 목장에 대한 연구사례로, 고창석(1985)은 충렬왕
2년(1276) 원나라가 군마생산을 위해 현재의 서귀포시 성산읍 수산리 초
지대인 '수산평'에 설치한 탐라목장이 몽골식 목축방법에 따라 운영되었

음을 밝혔다. 또한 시간경과에 따라 탐라목장이 점차 확대되면서 목장관리를 전담하기 위한 몽골 목축전문가들이 입도(入島)해 정착한 사례가 있었음을 논증했다.[9] 그러나 탐라목장을 운영했던 몽골인들이 제주도에 남긴 몽골식 목축문화의 실체에 대해서는 연구과제로 남겼다.

남도영은 『한국마정사』(1996)와 『제주도목장사』(2003)를 통해 제주지역 목장사의 역사적 전개에 주목했다.[10] 그리하여 조선시대 제주도 국영목장의 운영실태, 공마와 수송문제, 우목장(牛牧場) 실태에 대해 정치사 및 제도사적 측면에서 연구함으로써 제주도 목장사 연구에 초석을 놓았다. 다만 목장운영을 뒷받침해주는 구체적인 사료들에 근거한 미시사적 분석과 일제시기 목장조합의 운영 실태에 대한 연구는 후속 과제로 남겼다.

박찬식(1993)은 17·8세기 제주지역 국영목장내 목자들이 방목우마에 대한 관리 외에도 관가에 땔감을 공급하거나 공물 징납도 담당했음을 밝혔다. 또한 동색마(同色馬) 징출로 인해 파가(破家) 위기에 처했던 사례가 있었음을 제시하여 목자에 대한 생활사적 접근을 시도했다.[11]

김동전(2007)은 조선시대 제주도 목마장에서 이루어졌던 공마(貢馬)의 실상과 국영목장 운영과정에서 발생했던 마정의 폐단을 지적했다. 또한 고려말 탐라목장을 운영하기 위해 입도(入島)한 목호(牧胡)들이 1368

---

9) 고창석, 「원대의 제주도 목장」, 『제주사학』 창간호, 제주대 사학과, 1985, 5~16쪽.

10) 남도영, 「조선시대 제주도 목장」, 『한국사연구』 4, 1969.
　　남도영, 『한국마정사』, 한국마사회박물관, 1996.
　　남도영, 『제주도목장사』, 한국마사회박물관, 2003.

11) 박찬식, 「17·8세기 제주도 목자의 실태」, 『제주문화연구』, 제주문화, 1993, 461~471쪽. 同色馬란 馬籍에 올라있는 말과 동일한 색상의 말을 의미한다. 목자가 폐사한 말의 가죽을 벗겨 관아로 가져가면, 여기에서는 마적에 기록된 말의 털 색깔과 비교한 후 동일한 것 이어야만 변상을 면해 주었다. 그러나 마적에 적혀 있는 색깔과 같더라도 다르다고 트집 잡아 목자에게 죽은 말에 대해 변상할 것을 요구하는 경우가 있었다.

년 원나라 멸망 후 제주도에 정착하면서 그들의 사회적 지위가 어떻게 변모했는지에 대해 조선후기 호적중초를 이용해 분석했다.[12]

강만익(2001, 2009)는 역사지리적 관점에서 고문헌과 고지도를 통해 조선시대 제주도 국영목장에 존재했던 목장경관에 주목했다. 그리하여 국영목장이 잣성(목장경계용 돌담), 피우가, 못, 원장 등으로 구성되었음을 밝혀 목장연구에 있어서 경관(景觀) 개념의 중요성을 제시했다. 아울러 이 연구를 통해 조선시대 제주도내 10개 국영목장의 공간범위와 조선후기 제주도 국마장 분포지도를 처음으로 작성해 제시했다.[13] 또한 국영목장의 역사유적인 잣성(墻垣)의 축조시기, 축조과정, 분포실태를 연구해 잣성의 역사·문화적 가치를 강조했다.[14]

한반도 지역의 목장에 대해 조영봉(1987)은 『승정원일기』에 등장하는 목장관련 기록들에 근거해 목마장 개간과 지주제의 등장을 상호 연결시켜 조선후기 국영 목마장들이 농경지로 개간되는 과정에서 지주제가 출현했음을 밝혔다.[15] 그러나 국마장 해체의 지역별 상이성에 대해서는 연구과제로 남겼다. 즉 제주지역은 전국에서 조선시대 대표적인 목장지대였음에도 국마장 해체가 바로 지주제 등장으로 이어지지 못한 지역이었다. 오인택(1998)은 경상남도 남해군 창선도에 세거(世居)했던 목족(牧

---

12) 김동전, 「제주축산의 역사와 단계별 발달과정」, 『제주축산사』, 제주대 아열대농업연구소, 2007.

김동전, 「제주의 마정과 공마」, 『제주도지』 제2권, 제주도, 2006, 395~402쪽.

김동전, 「조선후기 제주거주 몽골후손들의 사회적 지위와 변화」, 『지방사와 지방문화』 13(2), 역사문화학회, 2010, 301~328쪽.

13) 강만익, 「조선시대 제주도 관설목장의 경관연구」, 제주대 석사논문, 2001.

14) 강만익, 「조선시대 제주도 잣성(墻垣) 연구」, 『탐라문화』 제35호, 제주대 탐라문화연구소, 2009.

강만익, 「조선시대 제주지역의 공공건설-국마장 잣성 건설을 중심으로」, 『동서양 역사속의 공공건설과 국가경영』, 중앙사학연구소, 2010.

15) 조영봉, 「조선후기의 목마장 개간과 지주제 전개」, 국민대 석사논문, 1987.

族)의 준호구(호구단자)에 주목했다. 그리하여 사회변동이 심했던 18·19
세기 창선목장 운영에 참여했던 목족들의 신분이 목장해체 이후 어떻게
변동했는지를 고찰했다.16) 이종길(2002)은 숙종연간(1674~1720) 충남
당진과 태안지방에서 발생했던 목장토 분쟁의 원인과 결과에 관심을 보
였다.17) 또한 한말 목장토의 소유관계 변화와 일제의 토지조사사업과의
관련성에 초점을 맞추어 연구했다. 그리하여 갑오개혁 이후 목장토에 대
한 소유권 확정과정에서 이 토지를 개간해 사용해오던 경작민들이 목장
토를 공토로 편입시키려는 국가정책에 반발했던 사례가 있었음을 지적
했다.18) 뿐만 아니라 당시 공토로 편입된 목장토가 토지조사사업 후 국
유지로 변모했음도 밝혔다. 이와 유사한 사례는 제주지역에서도 확인되
는 바 제주지역 국마장이 해체되면서 국가소유의 목장토가 일제 식민지
하에서 국유지로 편입되어 버린 경우가 있었다. 김기혁(2009)은 역사지
리적 관점에서 조선후기 『목장지도』에 나타난 17세기 국마목장의 공간
적 분포특성과 변화요인에 대해 해명했다.19) 이종봉(2009)은 조선전기
경상도에 입지한 목장을 대상으로 마정(馬政)의 전개와 목장의 변동에
대해 접근했다.20)

　　현대의 제주지역 공동목장조합에 대해 조성윤(1993)은 마을공동목장
매각에 따른 농촌공동체 와해 현상에 주목해 목장조합의 해체가 마을공

---

16) 오인택, 「17·8세기 진주부 창선목장 목족의 직역 변동과 그 성격」, 『역사와 경계』
　　제35집, 부산경남사학회, 1998.

17) 이종길, 「조선후기의 목장토 소유분쟁 일고」, 『고문서연구』 9·10, 한국고문서학
　　회, 2007.

18) 이종길, 「한말 목장토의 소유관계변화와 일제의 토지조사사업」, 『법사학연구』 25
　　호, 한국법사학회, 2002.

19) 김기혁, 「『목장지도』에 나타난 17세기 국마(國馬) 목장의 분포와 변화」, 『지역과
　　역사』 24호, 부경역사연구소, 2009, 77~116쪽.

20) 이종봉, 「조선전기 경상도의 목장 연구」, 『지역과 역사』 24호, 부경역사연구소,
　　2009, 45~76쪽.

동체 존립기반을 약화시키는데 영향을 줄 수 있음을 강조했다.[21] 이 연
구결과는 마을공동목장 토지매각이 야기할 수 있는 문제점들이 무엇인
지에 대해 시사점을 던져주고 있다. 윤순진(2006)은 제주도 목장조합의
해체가 가지는 사회·생태적 함의를 분석하면서 제주지역 목장조합이
1948년에 시작된 제주 4·3사건과 1961년의 지방자치에 관한 임시조치
법, 국가권력에 의한 산업구조 재편, 상업적 작물재배지의 확대 등에 영
향을 받아 해체되고 있다고 주장했다.[22] 아울러 이 과정에서 중산간 공
동목장 토지가 골프장으로 변모하며 초지대의 생태환경이 파괴되고 있
음을 밝혔다. 이밖에 양경승(1999)은 제주지역 목장조합에서 발생하는
법률관계와 재산관계,[23] 그리고 한삼인(2008)은 목장조합 해산을 둘러
싸고 발생하고 있는 분쟁사례에 주목한 후, 목장조합의 법리적 성격을
'비법인 사단'으로 규정했다.[24]

일찍이 제주도민의 목축생활사에 대해 관심을 가졌던 일본인 이즈미
세이이치(1966)는 제주도의 전통적인 방목형태를 연중방목, 계절적 방
목, 완전사육(全飼)으로 구분해[25] 연중방목이 제주도에서 이루어진 일반

---

21) 조성윤, 「개발과 환경, 그리고 농촌 공동체의 붕괴」, 『현상과 인식』 제17호, 한국
   인문사회과학원, 1993.
22) 윤순진, 「제주도 마을공동목장의 해체과정과 사회·생태적 함의」, 『농촌사회』 Vol.16,
   한국농촌사회학회, 2006.
23) 양경승, 「제주의 토지제도-공동목장조합을 중심으로」, 『판례연구』 제2집, 제주판
   례연구회, 1999, 329~353쪽.
24) 한삼인, 「공동목장조합의 법리연구」, 『토지법학』 제24-2호, 한국토지법학회, 2008,
   54쪽. 비법인 사단은 법인이 아닌 단체를 의미하며, 부동산 등기와 은행거래, 소
   송의 주체는 될 수 있으나 단체구성원 전체가 참여하는 총회결의를 통해서만 재
   산처분이 가능한 조직이다.
25) 천청일, 『濟州島』, 동경대학출판회, 1966, 94~101쪽. 여기서 종년방목(終年放牧)
   이란 연중 방목을 의미하며, 계절적 방목은 봄부터 가을(4월~10월)까지는 마을
   공동목장에서 방목한 다음, 겨울이 되면, 마을로 우마를 데려오는 형태이다. 전사
   (全飼)란 연중 집에서 사육하는 형태를 의미한다.

적인 목축형태라고 주장했다. 고광민(1998)은 현지조사를 통해 전통적
목축문화에 대해 연구하면서 농경에 투입되었던 '밭갈쇠(耕牛)'의 이용
형태와 사육방식 등을 밝혀 목축생활에 대한 민속학적 연구결과들을 내
놓았다.[26] 이영배(1992, 1993)는 제주도 우마에 행해진 낙인(烙印)에 주
목해 각 마을과 가문별로 이루어졌던 낙인의 자형과 거기에 담겨진 의미
에 대해 밝혔다.[27] 좌동렬(2010)은 역사민속학의 입장에서 현지조사결
과를 토대로 목축의례의 존재양상과 변용실태를 제시했다.[28]

이상과 같은 연구사를 바탕으로 일제시기 공동목장조합의 실질적 운
영실태를 구명하기 위해 5개의 연구 과제를 설정했다. 제1장에서는 일
제의 축산정책과 농축산 조직의 축산사업 내용에 대해 강점초기부터
1945년까지 개략적으로 검토했다. 특히 1920년대의 축산동업조합과
1930년대의 농촌진흥운동 그리고 1920~30년대 조선농회 산하조직인
제주도농회의 축산사업에 주목해 제주지역 공공목장조합의 등장배경에
대해 접근해 보고자 한다. 제2장에서는 공동목장조합 설치이전에 존재
했던 자생적 목축조직에 관심을 가지고 목장조합이라는 일본식 조합이
국내에 이식되기 전에 이미 조선에도 다양한 목축조직이 실재했음을 밝
히려 한다. 공동목장조합 설립과정을 기설 공동목장조합과 신설 공동목

---

26) 고광민, 「제주도 마소치기의 기술과 문화」, 『제주도』 통권 102호, 1998, 114쪽.
'곶치기'란 삼림 속에서 우마를 기르는 방목형태이며, '번치기'란 주민들이 순번
을 정하여 마소를 돌보는 방목형태를 의미한다. 구좌읍 한동리에서는 나무패(畜
主의 명단을 기록하고 방목우마를 관리하는 순번을 정해 놓은 나무 조각)를 돌려
방목우마를 관리할 날짜를 알리고 당번이 되면 우마를 몰고 목축지로 들어가 관
리하는 풍습이 있었다(구좌읍 한동리, 『둔지오름(漢東里誌)』, 1997, 218쪽).
27) 이영배, 「제주마 낙인의 자형 조사(Ⅰ)」, 『조사연구보고서』 제7집, 제주도민속자
연사박물관, 1992.
이영배, 「제주마 낙인의 자형 조사(Ⅱ)」, 『조사연구보고서』 제8집, 제주도민속자
연사박물관, 1993.
28) 좌동렬, 「전근대 제주지역 목축의례의 역사민속학적 연구」, 제주대 석사논문, 2010.

장조합으로 구분한 다음 각각의 설립준비 절차와 설립 양상에 대해 문헌
조사에 의존해 검토했다. 아울러 일제시기 공동목장조합 설립에 대한 주
민들의 대응양상에 주목하여 동조(협력)사례와 반발사례를 제시한 다음,
일제 식민지 당국의 명령에 따라 이루어진 공동목장조합 설립이 순탄치
못했음을 강조하고자 한다. 제3장에서는 공동목장조합이 실질적으로 기
능하기 위해서는 무엇보다 우마방목의 물질적 토대라 할 수 있는 목장용
지 확보가 급선무였다는 점에 착안하여 마을별 공동목장용지의 확보실
태에 대해 접근했다. 제4장에서는 제3장의 연구결과를 근거로 공동목장
조합의 유형을 분류하여 각각의 특징을 제시함과 동시에 이 조합을 실질
적으로 움직인 운영조직과 공동목장 운영방식에 대해 검토하려고 한다.
제5장에서는 공동목장조합의 운영에 가장 필요한 조합의 세입과 세출구
조를 해명함과 동시에 세입과 세출에 반영된 공동목장조합의 다양한 활
동을 분석하고자 한다. 끝으로 보론편에 공동목장과 관련된 제주지역의
목축문화를 제시해 공동목장조합에 대한 이해에 도움을 주고자 한다. 이
상과 같은 연구과제를 수행하기 위해 조사된 연구사례 마을공동목장조
합의 위치는 다음과 같다(그림 1).

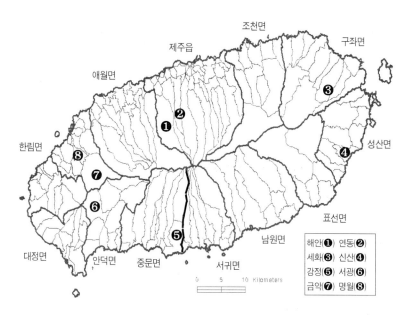

그림 1. 연구사례 마을공동목장조합의 위치(1930년대)

제1장

일제의 축산정책과
농축산 조직의 축산사업

1930년대 본격적으로 등장하기 시작한 제주지역 마을공동목장조합은 조선총독부가 실시한 축산정책의 산물이었다. 이 장에서는 목장조합 설립배경을 보다 구체적으로 검토하기 위해 조선총독부와 제주도축산동업조합, 제주도농회가 전개했던 축산정책의 흐름을 간략히 고찰한다. 그리고 일제의 명령을 받아 제주도 당국이 실시한 농촌진흥운동이 목장조합 설립에 어떤 영향을 주었는지를 살피고자 한다. 이런 접근에 근거하여 공목장조합의 설립배경을 이해하는 일은 제주지역 목장조합의 출발점을 파악하는 데 도움을 줄 것이다.

일제가 실시한 축산정책과 축산사업을 파악하기 위해 조선총독부 식산국이 발간한 『조선지축산』(1921)과 『조선농무제요』(1921), 조선총독부의 『조선총독부통계연보』(1910~1932년), 「조선총독부시국대책조사회자문안참고서」(1938) 그리고 『제주도세요람』(1937, 1939)과 『매일신보』등에 나와 있는 축산관련 내용들을 분석했다.

1. 일제 축산정책의 전개과정

1) 전시체제 이전

1910년 조선을 강점한 일제는 자국이 필요로 하는 축산물을 안정적으로 확보하기 위해 전국 각지에 위치한 총독부 산하기관과 농축산 조직들을 앞세워 다양한 축산정책들을 전개했다. 전시체제 이전(1910~1936)에는 주로 가축 품질개량과 증산정책이 실시되었으나 전시체제 이후(1937~1945)에는 전쟁수행에 필요한 군수축산품 확보에 초점이 모아졌다.

일제는 식민지화 작업을 추진하면서 조선의 축산업에 대한 체질변화를 유도하기 위해 무수한 시책들과 법령들을 쏟아내었다. 특히 일제는 식민통치에 협력하는 축산인들을 일본시찰단에 포함시켜[1] 자국의 축산업을 견학하도록 하여 일본의 축산제도와 기술을 조선에 이식시키려 했다.

전시체제 이전에 조선총독부가 전개한 주요 축산정책으로는 첫째, 조선우(朝鮮牛)의 종 보존과 증식을 주요 내용으로 하는 조선우 보호정책을 들 수 있다(표 1).[2] 이를 구체화하기 위해 일제는 1911년에 종모우(種牡牛) 보호, 새끼 벤 소에 대한 도살금지 정책을 시행했다. 나아가 축우의 개량증식을 장려하기 위해 1912년 3월 총훈령 제9호,[3] 1914년 총훈령 제70호,[4] 1916년 부령 제55호를 발포했다.[5] 이러한 조치들은 조선총독부 스스로 조선의 농업환경에는 조선우가 최적이다는 점을 인정했음을 의미한다.

둘째, 조선총독부는 1913년 12월 전국 도농업기술관 회동을 통해 전국 농민들에게 우계 설립을 지시했다. 1914년부터 형성되기 시작한 우

---

1) 조성운, 「1920년대 식민지 지배정책과 일본시찰단」, 『식민지 동화정책과 협력 그리고 인식』, 수요역사 연구회편, 두리미디어, 2007, 167쪽.

2) 吉田雄次郎 編, 『朝鮮ノ移出牛』, 朝鮮畜産協會, 1927, 21쪽. 조선우는 성질이 지극히 온순하고 체질이 강건해 조선농가의 역축(役畜)으로는 이상적인 가축으로 평가되어 보호대상이 되었다.

3) 총훈령 제9호, 「畜牛改良增殖ノ獎勵二關スル件」(1912.3.11).

4) 총훈령 제70호, 1914년 12월.

5) 조선총독부 식산국, 『朝鮮之畜産』, 大和商會印刷所, 1921, 89쪽. 보호우로 선정되는 소의 연령은 수소가 2세 이상 10세 이하, 암소가 2세 이상 8세 이하이다.

계는 계원들 공동으로 종모우(種牡牛)와 농우 구입 및 번식을 함께하도록 한 것이며, 축우가 폐사하였을 때 상호구제를 목적으로 했던 농촌조직이었다.[6] 이 정책은 본질적으로 농민들 스스로 농우확보에 필요한 구우(購牛) 자금을 상호 협력해 조달하도록 했던 조선총독부의 의지를 반영한 것이라 할 수 있다.[7]

셋째, 조선총독부는 권업모범장을 운영하면서 우마와 면양에 대한 개량사업을 실시했다. 권업모범장은 1910년 9월 30일 「조선총독부권업모범장관제」,[8] 동년 10월 1일 「조선총독부권업모범장사무분장규정」[9]에 따라 1본장, 5지장, 1학교로 출발했다. 경기도 수원에 권업모범장 본장을 설치한 다음, 이곳의 축산부로 하여금 소에 대한 사양시험과 발육상태조사, 낙농시험 등을 시행해[10] 조선의 축우개량을 담당하는 구심점이 되게 했다.

넷째, 일제는 권업모범장에서 생산된 우량종마를 각지에 보급하면서 조선산 말에 대한 개량 정책을 실시했다. 일제초기 말은 수레를 끄는 만

---

6) 전라남도, 『全羅南道農業槪況』, 1922, 85쪽. 당시 전라남도(제주도 포함) 지역에 조직된 牛契 수는 89개, 계원 수 2,958명, 購入牛頭數 1,263두, 금액 31,135엔이었다. 우계는 구우계(購牛契), 식우계(殖牛契), 종모우계(種牡牛契)로 구분된다.

7) 帝國行政學會朝鮮本部・朝鮮畜産學會, 『朝鮮畜産例規』, 1933, 787~790쪽. 『朝鮮畜産例規』(1933)에는 牛契規約準則이 제1조부터 25조까지 제시되어 있다.

8) 『朝鮮總督府官報』, 1910년 9월 30일, 133쪽. 「조선총독부 권업모범장관제」는 모두 11조로 구성되어 있다. 이중 제1조는 조선총독부 권업모범장의 관할사무로 ① 산업의 개량에 필요한 조사와 시험 ② 물산의 조사 ③ 종자, 종묘, 蠶種, 種禽, 種畜 배부 ④ 산업 지도 및 강습 등을 제시했다.

9) 『朝鮮總督府官報』, 1910년 10월 1일, 31쪽. 「조선총독부 권업모범장 사무분장규정」(훈령 제19호 1910년 10월 1일)은 모두 9조로 구성되어 있다. 제1조는 권업모범장 本場이 수원, 支場이 대구・평양・용산・목포・독도(纛島-서울에 있는 뚝섬 : 필자주)에 설치되었음을 보여준다. 제2조에서 본장은 보통농사, 토지개량, 축산 및 분석에 관한 사항을 담당하고, 대구지장과 평양지장에서는 보통농사 및 축산에 관한 사항을 관장했다.

10) 朝鮮總督府 殖産局, 『朝鮮之畜産』, 大和商會印刷所, 1921년, 19쪽.

마(輓馬)와 농업용 역마(役馬)로 이용되면서 품질 좋은 종마생산이 요청되었다. 특히 일제는 만주침략(1931)을 통해 육군의 주요 전력이었던 마필에 대한 증식 사업이 시급함을 통감하여 「조선총독부종마장관제」(1932)와 「산마증식계획」(1933)을 수립해 우량한 말 생산에 박차를 가했다.

다섯째, 조선총독부는 면양 증식을 장려했다. 일제는 양모가 공업원료[11] 특히 의류를 제조하는 원료로 가치가 높다는 점을 인식해 1919년 일본과 조선 간 가축에 대한 수이입세(輸移入稅)를 폐지하여 일본산 면양이 조선으로 들어올 수 있도록 조치했다. 나아가 일제는 1920년에 제1차 면양증식장려계획을 시행하여 황해도, 평안도, 함경도, 강원도 지역의 일반 농가에 1호당 3~5두의 면양을 배부해 사육하려 했다. 또한 함북·함남·평북·황해도 지역에 몽골산 양과 호주산 양을 보급했다. 특히 일제가 1934년 8월 6일 발포한 「종양장관제」와 동년 8월 18일 설립된 조선면양협회[12]는 조선에서 면양 및 양모생산을 확대하는 계기가 되었다.

여섯째, 조선총독부는 1921년에 기사와 기수 등 333명을 권업모범장과 각 지역 도청 및 군청 등 총독부 산하 단체에 배치해 조선 각 지역의 축산개량 사업을 주도하도록 했다.[13] 이들은 대부분 일본인들로, 조선의 축산을 일본화 한다는 장기계획 하에 조선의 우마 개량과 증산 그리고 면양 사육지도 등에 투입되었다.[14]

일곱째, 조선총독부는 품질 좋은 조선산 우마들을 일본으로 이출(移

---

11) 김승태, 『중일전쟁 이후 전시체제와 수탈』(한국독립운동의 역사 07), 독립기념관 한국독립운동연구소, 2009, 275~276쪽.

12) 『동아일보』 1934년 8월 19일자, 「조선면양협회 제1회 총회개최」. 조선면양협회는 1934년 8월 18일 조직된 단체로, 일본면양협회의 조선지부로 형성되었다. 설립당시 제1회 정기총회에 조선총독부 정무총감과 농림국장, 경기도지사가 참여할 정도의 관제조직이었다.

13) 朝鮮總督府 殖産局, 앞의 책, 1921, 82~83쪽.

14) 朝鮮總督府, 『調査資料 第二輯 朝鮮に於ける內地人』, 大和商會印刷所, 1924년, 62~63쪽.

出)시키는 정책을 실시했다. 조선산 소의 경우 성질이 온순하고 체질이 강건하여 일본 각지에서 역축용 또는 운반용으로 수요가 많았다. 이에 일제는 원산항과 부산항에 검역소를 설치하고 내륙과 항구를 연결하는 철도망을 이용해 이들 항구로 반출용 조선소를 운송한 다음 일본 각지로 이출시켰다.

제주지역에서 생산된 소들은 조선본토(한반도)와 일본으로 반출되었다. 이러한 현상은 1930년대에 제주도-한반도-일본을 연결하는 해상교통로가 개통되면서[15] 더욱 늘어나 일본의 대판(오사카)과 북구주(기타규슈), 동경 그리고 한반도의 진도, 함평 등지로 반출되었다.[16]

<그림 2>는 제주산 소의 이출상황을 보여주는 자료로, 1930년대는 1920년대에 비해 이출 두수가 증가했음을 알 수 있다. 제주산 소는 1930년대 이전에도 소 이출사업을 전개한 제주도축산동업조합에 의해 타 지역으로 이출되기도 했다.[17] 1931년에는 축우가 통조림 원료 또는 생우로 반출되거나 도살용으로 7천 여 두가 판매되어 축우마 소유자들이 총 20만엔, 1호당 평균 6엔 이상의 수입을 올리기도 했다.[18] 1924~1932년 사이에 이루어진 소의 이출은 말에 비해 4배 이상 많았다. 1두당 평균 판매가격 역시 소가 33엔인데 비해 말은 18엔에 불과했다. 따라서

15) 제주도청, 『제주도세요람』, 1939, 제주시 우당도서관, 『제주도의 경제』, 1999, 121쪽. 일제시기에 개통된 해상교통로는 제주와 일본 대판(오사카)를 연결하는 阪濟線(대판~제주)이 월 3회(919톤의 第2 君代丸) 취항하였다. 이 배의 기항지로는 大阪, 下關, 부산 그리고 제주지역에서는 애월, 산지, 한림, 고산, 모슬포, 서귀포, 표선, 성산포, 김녕, 조천항이었다.

16) 桝田一二, 「濟州島の地理學的硏究」, 『桝田一二地理學論文集』, 弘詢社, 1976, 60쪽.

17) 제주산 우마의 타지역 반출에는 소위 '물장시', '쇠장시'라고 불렸던 판매상들에 의해 이루어지기도 했으나 이들이 어느 정도 제주산 우마를 어떻게, 어디로 반출했는지에 대해서는 추후 연구가 필요하다.

18) 나카야마 시게루(中山 蕃), 「濟州島の馬に對」, 『朝鮮』 191號, 1931년 4월, 『「濟州島」 옛 記錄 1878~1940년-』, 제주시 우당도서관, 1997, 경신인쇄사, 58쪽.

제주지역 공동목장에서도 말보다는 소 사육이 보편화될 수 있었다. 소
이출량이 1920년대에 비해 1930년대에 크게 증가하여 이 시기에 일본에
서 조선산 소의 수요가 늘었음을 알 수 있다.

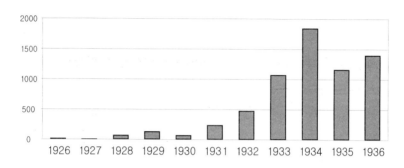

그림 2. 제주산 소의 이출상황(1922~1932)

자료 : 桝田一二, 「濟州島の地理學的硏究」, 『桝田一二地理學論文集』,
弘詢社, 1976, 60~62쪽을 재구성함(단위 : 두).

이상과 같은 전시체제 이전의 축산정책하에서 <그림 3>과 같이
1910년부터 1915년까지 소의 두수가 증가했다. 이 자료는 『조선통독부
통계연보』(1909~1920)에 근거한 것으로, 1910년에 소의 수가 703,844
두 이던 것이 1920년에는 1,489,797두로 1910년에 비해 2배 이상 증가
한 것으로 나타났다.[19] 그러나 1910년대에 소의 두수가 증가한 것은 첫
째, 일제의 축산개량 및 증산정책이 효과를 거두었거나 둘째, 1910년대

---

19) 1910년부터 1920년까지 『조선총독부통계연보』(1910~1920)에 나타난 소의 두수
변동 상황은 다음 표와 같다.

연도	1909	1910	1911	1912	1913	1914	1915
두수	628,142	703,844	906,057	1,040,720	1,211,011	1,338,401	1,353,531

연도		1916	1917	1918	1919		1920
두수		1,353,108	1,384,609	1,480,037	1,461,660		1,489,797

자료 : 『조선총독부통계연보』(1910~1920).

는 일제강점초기여서 소의 두수에 대한 조사자체가 부정확했거나 조사
자료 원본에 오류가 있어 나타난 결과일 수 있다. 이에 대해 통계청 광복
이전 가축통계자료의 주석 부분을 면밀히 검토한 결과, 수치상 1910~
1915년간 소의 두수가 증가한 것은 일제의 축산정책이 조선사회에 연착
륙한 결과라기 보다는 조선총독부의 통계자료에 문제가 있었기 때문으
로 보인다. 즉 이것은 조선총독부가 통계연보의 주석부분에서 밝혔듯이
1909년 자료에는 경성부와 함경북도 경흥군과 경성군 자료가 조사미완
료로 인해 누락되었으며 그리고 1912년 자료에도 1909년과 1910년의 경
기도 경성부 및 1909년의 함북 경흥군, 경성군의 소 두수자료가 조사미완
료로 인해 포함되지 못했기 때문에 나타난 현상이라고 볼 수 있다. 다시말
해 <그림 3>에서처럼 1910년과 1915년 통계자료 간에 차이가 많이 나
타나 두 시기 간에 소의 두수가 크게 증가한 것은 사실과는 다소 거리가
있다고 할 수 있다. 만일 1909년과 1912년 통계자료에 위의 지역에 대한
소 두수 조사자료가 해당 년도의 통계수치에 제대로 반영되었다면 1910년
과 1915년간에 통계치 차이는 줄어들어 실제로 두 시기 동안 소의 두수 증
가폭은 높지 않기 때문에 그래프의 기울기가 다소 완만해졌을 것이다.

〈표 1〉 전시체제 이전의 축산정책 개요

년도	축산정책 주요 내용
1911	종우·보호종모우 제도실시, 축산조합 조직
1913	권업모범장 세포양목장 개설, 도농업기술관 우계(牛契) 설립 장려
1914	조선우 보존·양종우(洋種牛) 및 잡종우 수이입
1915	조선중요물산동업조합령 발포·이출우 검역규칙 발포, 마산시설 구비
1916	축산조합을 조선중요물산동업조합령에 근거해 축산동업조합으로 조직화, 권업모범장 난곡에 목마사업 개시, 보호우 규제발포
1919	말과 면양의 수이입세 철폐, 면양사양 장려계획 실시·함경북도에 종마소 설치·경상북도 축우공제제도 실시

1924	원종우(原種牛) 생산지구 설정, 세포 목양지장 폐장
1925	소 구입(購牛)비 저리자금 대출제도 실시
1929	권업모범상 난곡목장지장 폐지, 축우증식계획 수립·번식 모우(牝牛, 수소) 설치·축우생산 장려 기술원 배치·축우공제 제도 장려, 권업모범장을 농사시험장으로 개칭
1930	조선가축전염병 예방령 발포
1932	조선 경마령 발포, 조선총독부 종마장 관제발포
1933	마산증식계획실시·함경북도 면양사업 착수
1934	면양증식계획·조선총독부 종양장 관제발포·조선면양협회 설립
1935	서북선 6도 축산주임관 면양장려 사무타합회 개최, 마정 제1기 계획협의회 개최

자료 : 朝鮮農會, 『朝鮮農業發達史』(政策編), 鮮光印刷株式會社, 1944, 부록 1~84쪽에서 발췌하여 정리함.

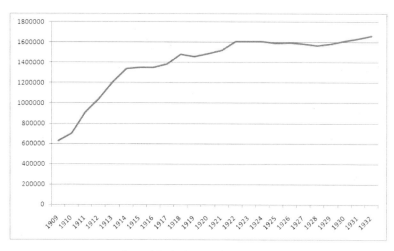

그림 3. 전국 소의 두수 변동(1909~1930)

자료 :『조선총독부 통계연보』(1910~1930), 통계청 광복이전 통계자료 활용하여 작성함(단위 : 두).

2) 전시체제 이후

전시체제(1937~1945)로 들어오면서도 조선총독부는 '조선시국대책 조사회'의 자문을 받아 '축산의 적극적 장려' 정책을 더욱 강화했다.[20]

이것은 전시체제 하에서 군수품으로 축산물품이 매우 중요했기 때문이다. 이에 따라 일제는 전시체제 이전의 축산정책을 바탕으로 하면서도 촌락단위까지 축산물 증산 정책을 적극 시행해 나갔다.[21]

전시체제하에서 일제는 첫째, 면양증식 정책을 더욱 확대하였다. 일제는 군수품인 양모의 자급문제를 국책상 급무(急務)로 설정해 조선 농민들에게 면양사육을 독려했다. 나아가 일제는 민간차원에서 필요로 하는 종양구입비와 양 사육축사 설치비를 지원하거나 양모 가공 산업 및 면양 생산 단체에 대해 국고 보조금을 지급하면서 면양사육을 전국에 확대시켰다.[22]

둘째, 면양 외에 돼지, 토끼에 대한 증산 정책도 실시했다.[23] 돼지와 토끼는 고기보다 가죽이 중요해 방한복과 신발 제조 원료로 이용되었다.

셋째, 일제는 1938년에 통과된 '국가총동원법'에 근거해 축산분야에서도 사료와 말을 강제로 동원할 수 있도록 조치했다.[24] 1944년에는 「농산촌생산보국운동지도방침」에 근거하여 마을을 실행단위로 하는 축산물 증산계획도 시행했다.[25]

넷째, 일제는 전쟁수행에 필요한 군마확보에도 더욱 집중했다. 이를

20) 안자코유카, 「조선총독부의 '총동원체제'(1937~1945) 형성정책」, 고려대 박사논문, 2006, 87쪽.

21) 김용달, 『농민운동』, 한국독립운동사연구소, 2009, 163쪽.

22) 김옥근, 『日帝下 朝鮮財政史論攷』, 일조각, 1997, 203쪽.

23) 近藤釼一 編, 『太平洋戰爭下の朝鮮』(1), 社團法人 友邦協會 朝鮮史料編纂會, 1962년, 39쪽.

24) 김승태, 앞의 책, 2009, 57~58쪽.

25) 이송순, 『일제시기 전시 농업정책과 농촌경제』, 선인, 2008, 88~90쪽. 「농산촌생산보국운동지도방침」은 公益優先, 職域奉公의 정신에 따라 生産報國을 구현하는 조치로, 국방국가체제 완성을 위해 생산력 확충을 도모함으로써 농산촌 민중생활의 안정과 향상을 내걸고 추진되었다. 이 방침 중에서 마을단위로 전시물자 증산계획을 세워 실행하도록 한 것은 결국 마을별로 연대책임을 지워 戰時物資를 효과적으로 동원하려는 의지가 반영된 것이라 할 수 있다.

위해 1937년부터 15년 동안 개량마 4만두 증식을 목표로 「조선마정제일
기계획(朝鮮馬政第一期計劃)」을 실행했다. 그리하여 1938년부터는 말
증식을 더욱 확대하기 위해 농회, 읍면, 마을단위에서 공동방목지와 채
초지를 확보하려고 할 경우, 국유지를 대부해주거나 저렴하게 불하하도
록 했다.[26]

다섯째, 조선총독부는 1938년 8월 군수축산자원의 확보를 명분으로
축산과를 독립시켜[27] 축산물 증산과 확보에 혈안이 되었다. 아울러 식
육 및 피혁자원 확보를 위해 조선산 소를 일본 각지로 반출했다.[28] 실례
로, 1935년부터 1945년까지 조선우(朝鮮牛)들은 일본 고지현(일본 시코
쿠 남부에 있는 현)으로 3만 8,995두나 이출되었다.[29] 태평양전쟁이 장
기화되자 축산품 및 축산가공품에 대한 수요가 더욱 급증하면서 일제는
전국 축산농가에 군수용 축산품 및 축산가공품 생산을 독려했다.

3) 목장설립 정책

일제는 특정 장소에서 근대적 목축시설을 구축한 다음, 가축개량을
시험하고 우량 가축을 생산하기 위해 시범목장을 만들어 운영했다. 특히
조선으로 이주한 일본인들에게 목장설립을 유도해 낙농제품도 생산해

---

26) 朝鮮總督府, 「朝鮮總督府時局對策調査會諮問案參考書」(畜産 ノ 積極的 獎勵 ニ 關
   ス ル件), 1938년, 『日帝下戰時體制期 政策史料叢書 産業政策과 統計資料 4』, 한
   국학술정보(주), 2005, 86쪽.

27) 박성진·이승일, 『조선총독부 공문서』, 역사비평사, 2007, 128~129쪽.

28) 조선총독부, 1941년, 「生産計劃等調書」, 민족문제연구소 편, 『日帝下 戰時體制期
   政策史料叢書産業政策과 統計資料 11』 제81권, 2005, 한국학술정보(주), 233쪽.

29) 조선총독부 식산국, 앞의 책, 1921, 11쪽. 이것은 1922년과 1923년에 함경북도
   길주군과 전남 영광군에서 산업기수로 일했던 도라노스케(下元虎之輔)가 작성한
   『高知縣에 있어서 朝鮮牛에 관한 조사』(1946)에서 확인된다. 조선우들은 부산,
   원산, 목포, 인천항을 통해 일본 山口, 廣島, 東京, 大阪, 高知, 岡山, 福島 등 10
   개 府縣으로 이출되었다.

공급하도록 했다(표 2). 다음은 일제가 조선에서 전개한 목장설립 정책의 개요이다.

첫째, 조선총독부는 1917년 강원도 북부지역에 권업모범장 난곡 목마지장과 세포 목양지장을 설치해 종마와 종양 생산에 주력했다. 난곡 목마지장(1917~1928)은 제1차 세계대전이 발발해 육운(陸運)이 늘어나 만마(輓馬)와 역마(役馬)에 대한 수요가 점차 확대되는 상황에서 강원도 회양군 난곡면(현재 북한 영토)에 설치되었다. 이것은 기존의 권업모범장 난곡출장소를 난곡목마지장으로 재편한 것이다. 강원도 평강군 고삽면 세포리에 위치했던 세포 목양지장(1917~1924)은 조선의 자연환경에 적합한 기초면양을 생산한 후 일반농가에 약 70만두 정도를 보급하기 위해 설치되었다. 이를 위해 면양생산을 담당할 전임기사와 기수를 증원했으며, 몽골산 양과 북미산 종양도 수입해 면양 개량시험을 본격화했다.[30]

둘째, 일제시기 목장설치와 운영에는 조선총독부, 축산동업조합, 조선농회(군도농회), 지방행정기관 그리고 동양척식회사와 일본이주민 등이 참여했다. 실례로, 1926년 전라북도 남원군은 축우증식을 목적으로 남원군 소재 동양척식회사 소유의 원야(原野) 45정보를 대부받아 목장을 설치했다.[31] 1933년 함경남도 영흥군 축산동업조합에서는 축우증식을 위해 국유림을 대부받아 대규모 목장을 운영했다. 특히 이 조합에서는 축우 약 1,000두 생산을 목표로 산야 718정 6단보 규모의 국유림을 10년 동안 대부받아 방목장을 운영해 농민들의 유축농업(有畜農業)에 도움을 주려 했다.[32] 1934년 축우 다산지(多産地)로 유명했던 함경북도 길주군 농회에서도 공동목장을 설치해 축우생산을 장려했음이 확인된다(그림 4).[33]

---

30) 朝鮮總督府 殖産局, 위의 책, 1921, 29쪽.

31) 『每日申報』 1926년 10월 22일자, 「南原에 牧場設計」.

32) 『每日申報』 1933년 5월 18일자, 「國有林貸付바다 大牧場經營」.

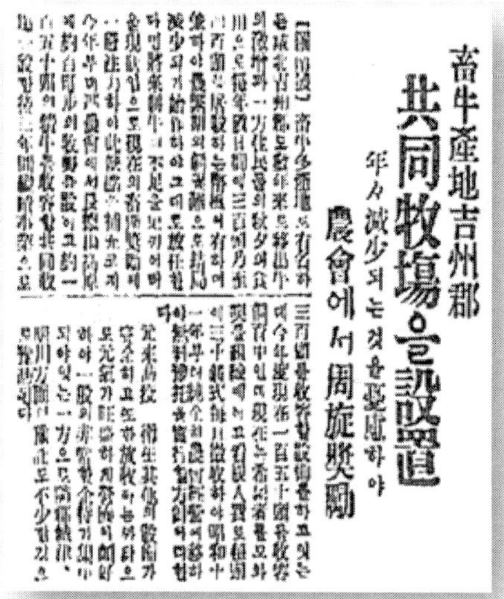
畜牛産地吉州郡
共同牧場을設置
年々減少되는것을憂慮하야
農會에서周旋奬勵

그림 4. 농회의 공동목장 설치장려 보도자료

자료 : 『每日申報』(1934년 8월 5일자)

셋째, 일제는 조선에 진출한 자국민과 총독부 협력단체로 하여금 목장을 만들도록 요청했다. 일본인이 운영했던 대표적인 목장은 경기도의 황정목장과 황해도의 냉정목장 그리고 강원도 삼교목장 등이다(표 2). 이 목장들은 젖소를 길러 우유를 보급하는 낙농업에 참여했다. 면양을 길렀던 황해도 암기목장, 말을 길렀던 충청남도 적성목장도 있었다.

〈표 2〉 전시체제 이전 일본이주민의 목장운영 사례

목장명	소재지	경영자	목장운영 내용
荒井牧	경기도 용강면	荒井初	乳用牛 사육목장으로서 生乳의 판매, 乳用牛의 번식을 행했다. 荒井初太郎은 조선에서 牛乳搾取業의 선구자로, 1906년 경성

33) 『每日申報』 1934년 8월 5일자, 「畜牛産地吉州郡 共同牧場을 設置」.

場	汝矣島	太郎	남대문 밖 萬里峴의 고지에 유우목장을 설치했다. 1920년 러시아산 우량마필 수십 두를 구입해 産馬사업을 했다.
冷井農場	황해도 옹진군 마산면 냉정리	岩崎俊彌氏	1919년에 창업했다. 岩崎俊彌氏가 경영하며 佛堂山麓 약 150정보를 소유하여 면양사육에 종사했다. 사료는 자급하고 목초, 大豆, 燕麥, 玉蜀黍(옥수수) 등을 재배했다. 장래에 크게 확장할 목적으로 국유임야 130여 정보에 대한 대부출원 및 부근 토지를 매수했다.
赤星牧場	충남 천안군 성환면	赤星鐵馬氏	1914년에 창업하고, 목장 총면적은 939町餘이며, 1917년 純血種 牝馬(암말) 5두, 牡馬(숫말) 3두를 미국에서 수입했다. 목장소유의 朝鮮牛를 농민에 예탁하기도 했으며, 우량종 牡牛를 목장내에서 사육하여 축우개량을 도모했다. 현재 純洋種馬 44두, 조선마 12두, 조선우 134두, 洋種豚 18두, 洋種鷄 80羽를 가지고 있다. 돼지, 닭은 매년 各道郡 및 축산조합 등에 공급하고 있다.
三橋牧場	강원도 경원선 세포역 부근	三橋康守氏	1912년에 창업했다. 牛乳牛 飼育牧場으로서 전국 제1일로 불리워진다. 겨울철 근하천의 凍水(얼음)을 저장한 다음 여름철에 이를 이용해 生乳를 각 도시에 공급해 이득을 얻었다. 또 조선 내 수요에 대비해 乳牛의 번식을 도모한 결과 현재 약 500두를 사양하고 있다.

자료 : 朝鮮總督府, 『調査資料 第二輯 朝鮮に於ける內地人』, 大和商會印刷所, 1924, 62~
       63쪽 내용을 재정리함.

넷째, 일제는 1915년 7월 「조선중요물산동업조합령」을 발포해 그동안 임의단체에 불과했던 축산조합에 법인격을 부여한 군·도(群·島) 단위 축산동업조합을 출범시킨 다음 이 조합에게 공동목장을 운영하게 했다. 당시 이 조합 정관에는 축우의 개량증식을 도모하기 위해 공동 목야지를 운영하도록 한 내용이 있었다. 이 목야지가 바로 공동목장으로, 경상남도 통영군과 고성군, 경기도 강화군, 평안북도 초산군 축산동업조합에서 제1종 불요존 임야를 조선총독부로부터 대부받아 공동목장을 운영했던 사례가 확인된다.[34] 이 조합들이 조선총독부에 제출한 「국유림대

---

34) 慶尙南道 固城郡畜產同業組合, 「國有山野貸付願」, 1919 ; 江華郡畜產同業組合, 「國有林野貸付願」, 1918 ; 慶尙南道 統營郡畜產同業組合, 「國有山野貸付願」, 1916 ; 平安北道 楚山郡畜產同業組合, 「國有林野貸付願」, 1928.

부원」에 축우방목장, 목야, 공동목장이라는 용어가 등장하고 있는 것은 이런 사실을 뒷받침 해준다.[35]

다섯째, 군수용 면양과 말을 생산하기 위해 목장들이 운영되었다. 전시체제하에서 양모에 대한 수요가 급증함에 따라 면양목장이 전국으로 확대되었다는 점은 널리 알려진 사실이다. 충청남도 예산목장, 황해도 암기농장, 함경북도 영홍군 송전농장, 강원도 애지산업주식회사 농장에서 면양사육을 했다. 이와 함께 조선총독부는 조선에 진출한 동양척식주식회사에게[36] 함경북도 경원·은성·훈융 및 황해도 곡산에 목양장을 설치해 수입면양을 사육하도록 했다.[37]

산마개량을 위해 종마장도 개설되었다. 일제는 군수용 말 생산에 필요한 종마를 생산하기 위해 이왕직 수원목장(1915),[38] 함경북도 웅기 종마소(1919) 그리고 군마보충부지부(1922)를 운영했다.[39] 이중 웅기 종마소는 일본 마정국에서 들여온 종마를 번식시킨 다음, 1920년 4월부터 함경북도 민간목장에 종부(種付)를 개시하여 우량 품종의 말을 생산했다. 웅기는 지리적으로 만주와 국경을 접하고 있어 대형마들이 많아 종

---

35) 그러나 축산동업조합이 운영한 공동목장은 조선총독부로부터 대부받은 국유림 즉, 제1종 불요존임야를 이용해 만든 것이다. 이 국유림은 비교적 접근이 용이하지 않아 주민들이 관행적으로 방목을 해오던 곳이 아니었다. 이것은 「國有林野貸付願」 첨부문서인 「제1종 불요존임야조서」에 입회관행이 없다는 기록을 통해 알 수 있다.

36) 동양척식주식회사는 토지매매 및 임차, 한일 간 이주민 모집과 분배, 금융업 참가를 통해 조선농업을 장악하려 했다.

37) 강면희, 『韓國畜産獸醫史硏究』, 鄕文社, 1994, 285쪽.

38) 이왕직(李王職)은 일제 강점기 조선 왕족을 관리하던 직제로, 일본정부에 소속된 기구였다. 일제는 1910년 12월 30일 황실령 제34호로 <이왕직관제>를 공포해 만들었다. 1915년 수원에 있는 花山에다 馬牧場을 설치해 일본 동부지방에서 基礎牝馬와 種牡馬를 들여와서 왕가 및 일반의 만마(輓馬) 개량을 담당했다.

39) 박옥윤, 「우리나라 근대목장에 관한 사적 고찰」, 『晋州農專大 論文集』 25, 1987, 6쪽.

마생산에 유리한 지역이었다. 1938년 조선총독부는 「현행마정확충계획」을 시행해 조선농민들에게 군마용 목장설치를 독려했다. 아울러 국유지를 민간에 대부해주거나 저액불하(低額拂下), 종마대부 및 당해 년에 태어난 망아지 판매를 알선해주는 정책을 통해 민간목장 설치를 유도했다.[40]

여섯째, 일제는 조선농회의 축산사업과 농촌진흥운동을 전개하며 목장설치를 확대했다. 실례로, 조선농회 산하 조직인 제주도농회는 제주지역 중산간 초지대가 목축의 최적지임을 인식해 「국유임야대부허가원」을 조선총독부에 제출한 다음 국유임야(제1종 불요존임야)를 대부받아 목장을 운영했다. 1932년에 제1차 농촌진흥운동이 전개되는 과정에서도 목야조합과 함께 목장이 설치되었다.

일곱째, 조선총독부는 1933년 전라남도 제주도청에 「목야지정비계획」을 수립하도록 지시했다. 이에 근거해 해발 200~400m 일대에 펼쳐진 넓은 목야지에 공동목장을 만들 수 있도록 정비작업을 지시했다. 이곳은 대한제국기 동안 무주공야(無主空野)나 다름없어 주민들이 자유롭게 개간해 토지를 사유화했던 지역이었다.[41] 그러나 점차 개간이 확대되면서 자연초지가 감소하는 문제점이 대두됨에 따라 제주도 당국이 중산간 목야지(牧野地)에 대한 정비사업을 대대적으로 추진한 것이다. 다시 말하면, 이 사업은 한라산 중산간 지대의 목야지를 재정비한 다음 이곳에 일본의 공동목장 제도[42]를 이식하기 위한 선행작업이었다고 할 수 있다.

---

40) 조선총독부, 『朝鮮總督府時局對策調査會諮問案參考書』, 1938, 87쪽.

41) 송성대, 『문화의 원류와 그 이해』(제주인의 해민정신 제3판), 도서출판 각, 2001, 224쪽. 제주도민들은 중산간 지대의 무주공야를 개간해 '친밭', '새밭', '목장밭'이라 불리는 밭을 소유함으로써 자작농이 되어 갔다.

42) 일본식 공동목장의 실체에 대해서는 연구된 바가 없어 속단할 수 없다. 다만 조합을 구성해 목축을 하며, 조합비를 징수해 조합운영비로 충당하고, 윤환방목을 통해 초지 보호를 했을 뿐만 아니라 정기적인 화입을 통해 지난해의 잔초를 제거하는 운영형태가 일본식 공동목장이라고 판단된다. 이러한 일본식 공동목장 운영방

그런다음 일제는 이곳에 마을공동목장을 만들어 우마를 생산하게 하면
서 자국이 필요로 하는 축산품(통조림)과 화물운반 및 탄광 갱도내 석탄
운반용 말을 안정적으로 확보하려고 했다.

일제가 제주도청에 명하여 강력히 추진한 목야지 정비 사업은 명칭만
정비일 뿐 실제로는 주민들의 사유개간지를 공동목장 예정지에 편입하
기 위한 선행조치였다고 판단된다. 즉 다수 주민들이 중산간 국영목장
터에서 개척한 사유개간지가 점차 확대되면서 목축 가능 용지가 축소되
는 현상이 나타남에 따라 일제는 중산간 지역 초지환경에 대한 재점검과
함께 공동목장 예정지에 포함된 사유개간지를 수용해 공동목장으로 만
들려고 시도한 점이 목야지 정비 사업의 핵심이었다고 할 수 있다.

전시체제하에서 조선총독부는 군수품 생산에 필요한 우마의 증산을
확대하기 위해 방목장 설치를 독려했다. 이에 따라 1939년 1월 강원도
당국에서는 정선, 평창 지역 고위평탄면(高位平坦面)[43]을 이용해 면양과
축우를 생산하는 대규모 목장을 설치했다.[44] 1940년 함경남도 지역에서
사료부족, 농경지 경작 사역 등으로 인해 폐사하는 우마수가 늘어남에
따라 조선총독부와 함경남도가 주체가 되어 방목장을 설치했던 사례도
있었다. 함경남도 당국은 조선축산개발회사[45]와 일본자본을 유치해 고
지대의 광범한 임야를 방목장으로 만들어 우마를 대량으로 증식하려 했
다.[46] 1941년 함경남도농회는 1949년까지 16개 군 지역에 방목장을 설

식이 일제시기에 제주도에 이식되어 현재도 일부 이루어지고 있다.

43) 고위평탄면은 저위평탄면이 신생대 제3기 경동성 요곡운동을 받아 융기되어 형성
    된 평탄면으로, 해발고도가 높기 때문에 병충해 피해가 적으며, 겨울에 내린 눈이
    4월까지도 남아있어 수분공급이 충분하여 목축의 적지로 이용되었다.

44) 『每日申報』 1939년 1월 20일자, 「旌善 平昌 高地帶에 大規模의 牧場設置」.

45) 『東亞申報』 1939년 9월 8일자, 「朝鮮畜産開發會社 十月十日 創立豫定」. 조선축
    산개발회사는 1939년 10월 10일에 창립된 회사로, 자본금은 1천만원 정도였으며,
    동양척식회사 지사 내에 근무했던 岡崎哲郎이 세운 회사였다.

46) 『每日申報』 1940년 11월 17일자, 「牛馬大增産에 大放牧場을 開放」.

치해 축우를 생산했다.[47]

이상과 같이 전시체제하 일제는 '축산증식', '축산증강', '농우증산', '축산왕국건설' 등으로 대변되는 축산정책을 통해 조선에서 생산된 우량 우마들을 일본으로 반출시켰으며, 공출이라는 명분을 내세워 전쟁수행에 필요한 군수품을 확보했다.[48]

전시체제를 전후하여 이루어진 조선총독부의 목장설립 및 운영정책들은 <표 3>과 같이 『매일신보』에 보도되었던 목장관련 기사들을 통해 알 수 있다. 조선총독부는 소, 말, 면양을 생산하기 위해 목장설립 적지를 선정해 동양척식회사와 재벌기업을 참여시켜 목장을 운영했음을 알 수 있다.

〈표 3〉 『매일신보』에 나타난 목장관련 기사

시기	게재년도	기사제목
전시 체제 이전	1915	虎襲牧場
	1917	牧場과 防風設備
	1922	高興謙氏 牧場經營
	1926	南原에 牧場設計
	1929	蘭谷牧場 産馬
	1929	李王職所有 水原牧場
	1931	咸北各地에는 緬羊牧場 簇出
	1932	咸南은 牧場이 遍滿 一頭에 年收十圓
	1932	東拓會社에서 綿羊牧場을 經營
	1932	畜牛肥育牧場 設置適地를 選定하고저

---

47) 『每日申報』 1941년 4월 5일자, 「十六郡에 大放牧場」.

48) 1940년대초 일제의 축산정책은 「畜産增殖에도 萬全」(『每日申報』 1944년 3월 24일자), 「畜産增强에 邁進」(『每日申報』 1944년 6월 14일자), 「農牛增産에 拍車」(『每日申報』 1944년 5월 6일자), 「畜産王國을 建設」(『每日申報』 1940년 5월 11일자)이라는 기사를 통해 알 수 있다.

	1933	畜牛獎勵코저 牧場設置
	1933	一千町步牧場에 緬羊一千額飼養
	1934	慶源 東拓牧場 飼料補充에 專力
	1934	畜牛產地 吉州郡 共同牧場을 設置
	1934	東拓 慶源 緬羊牧場 施設을 大擴充
	1934	大財閥의 緬羊牧場 經營
	1935	平壤附近에 牧場
	1935	東拓 隱城牧場의 綿羊剪毛 納入
	1935	種馬牧場을 二個所 增設
	1935	世界有數한 牧場地方一擧에 全滅慘禍
	1936	南鮮地方에는 小規模 牧場設置
	1936	東拓 第三訓戒 牧場
전시 체제 이후	1939	旌善 平昌高地帶에 大規模의 牧場設置
	1940	牛馬大增產에 大放牧場을 開放
	1941	十六郡에 大放牧場
	1941	軍莊山 牧場工事進步
	1943	牧場地帶를 設定
	1944	種馬牧羊牧場視察

자료 : 국립중앙도서관 지식정보통합검색시스템(dibrary)을 이용해 작성함.

2. 축산동업조합의 축산사업

1) 축산동업조합의 설립과 해산

조선총독부는 1912년 3월 「축우개량증식의 장려에 관한 훈시」를 내려[49] 보호우(保護牛) 제도[50], 우계(牛契) 장려, 축산조합조직을 장려하면

---

49) 朝鮮農會,『朝鮮農業發達史』, 1944, 249쪽. 훈시내용은 ① 종모우 선택, 배치 및 種付 보호 ② 牝牛의 대부 ③ 축우예탁의 장려 ④ 사료의 공급 ⑤ 거세의 장려 ⑥ 牸牛도살 取締 ⑦ 獸疫 방지이다.

서 축우마 개량정책을 시행했다.[51] 이중 축산조합은 1911년부터 설립된 조직으로, 조선총독부에서 설립 보조금을 지원받아 경남 밀양과 언양에 1개씩 조직된 것이 최초라고 알려졌다.[52] 1911년~12년에는 경기도, 충남·북, 평북, 함북, 강원도 등에 10개 축산조합이 설립된 후, 1916년 2월에는 전국 군소재지마다 축산조합이 설치되었다. 이것은 조선총독부가 설립 보조금을 지원하는 등 적극적인 축산조합설립 장려정책에 기인한 것이었다. 이를 통해 조선총독부는 축산조합의 조직과 운영에 개입하면서 조선의 축산업을 지배하려 했다.

일제는 축산조합에 대해 일본인 기술원을 배치해 병든 가축 치료, 축산 강연회와 강습회 개최, 우시장 경영, 목초재배, 우적(牛籍) 조사 등 축산 전반에 걸쳐 축산사업을 전개했다.[53] 제주도축산조합(濟州島畜産組合)에서도 우마개량장려, 종계종란(種鷄種卵)의 염가공급, 양돈개량 등을 실시했다.[54]

한편, 조선총독부는 1915년 7월 13일 「조선중요물산동업조합령」을

---

50) 이것에는 국비 또는 지방비로 우량 種牡牛(씨숫소)를 구입, 이를 篤農家에 대부하거나 道廳에서 순회하며 種付하기, 기타 민간이 소유하고 있는 우량모우에 대해 약간의 保護料를 교부한 다음 일정기간 足留(외출금지)시켜 종부(씨숫소)로 이용하기 등이 포함된다. 1916년에 보호우 규칙을 제정했으며, 우량한 종우를 보호해 축우개량의 기초를 확실히 했다. 또한 보호우 규칙제정은 牝牛(암소) 및 송아지를 함께 보호하여 장래에 종모우 보충을 하기 위해서 이루어졌다(朝鮮總督府 殖産局, 『朝鮮之畜産』, 大和商會印刷所, 1921, 13쪽).

51) 朝鮮總督府 殖産局, 위의 책, 1921, 13~17쪽.

52) 축산조합에는 일본인 기술원 1명을 배치하고 사업내용은 ① 종모 배치와 종부 ② 종계, 종란, 종돈 배부 ③ 병든 가축 치료 ④ 축산 강연회와 강습회 개최 ⑤ 우시장 경영 ⑥ 가금 사양관리 개선 ⑦ 목초재배 ⑧ 건초 저장 및 초지 보호 ⑨ 우적(牛籍) 조사 ⑩ 이밖에 가축개량에 필요하다고 인정되는 사항 등 대체로 축산 전반에 걸친 것이었다(畜産業協同組合中央會, 『韓國畜産發展史』, 三省印刷株式會社, 1992, 116쪽).

53) 축산업협동조합중앙회, 『한국축산발전사』, 삼성인쇄주식회사, 1992, 116~117쪽.

54) 高禎鍾, 『濟州島便覽』, 瀛州書館, 1930, 62쪽.

발포했다.[55] 이에 근거해 축산분야에서도 1918년경부터 축산조합이 축
산동업조합으로 재편되기 시작했다. 이 동업조합은 군·도(郡·島) 지역을
단위로 하여 조직되었으며, 이 조치에 의해 축산동업조합이 법인체로 인
정되면서 조합비 강제징수가 가능하게 되었다. 일제는 이 조합을 매개로
조선의 축산업에 대한 전반적인 통제와 함께 소를 비롯한 축산자원을 효
율적으로 확보하려 했다. 이 동업조합은 회비와 수수료 수입을 통해 운
영되었으며(표 4), 당시 조선에 있었던 산업단체 중 건실한 재정구조를
가진 단체로 평가되었다.[56]

축산동업조합장은 군수 또는 도사(島司)가 맡았다. 부회장은 군·도 서
무주임 또는 참사(參事), 축산기수는 이사 또는 간사, 각 면장은 평의원
에 임명되었으며 사무소는 군청 내에 설치했다. 이를 통해 식민지 지방
행정기관이 이 조합 운영에 개입할 수 있었다. 이 조직 역시 일본인 및
친일인사들이 주요 요직에 포진되어 총독부 및 각도의 방침에 따라 가축
개량 증식 사업을 수행하는 데 협력했음을 알 수 있다. 각 도내(道內)의
축산동업조합을 회원으로 하는 연합회가 출범하여 소속회원에 대해 자
금융자와 함께 조합업무 일체를 지도했다.[57]

<표 4>는 1920년을 기준으로 본 전국 축산조합과 축산동업조합 수
를 나타낸 자료로, 1920년 말까지도 경기도, 전라북도, 평안남도 지역에
는 축산조합이 축산동업조합으로 편입되지 못한 채 병존하는 모습을 보
였음을 알 수 있다. 이러한 현상은 축산조합을 해산할 경우 기존 축산조

---

55)「조선중요물산동업조합령」의 구체적인 내용은『조선총독부관보』제883호에 상세
   히 나와 있다. 총29조와 부칙으로 구성되어 있으며, 중요산물의 생산, 제조 또는
   판매에 관한 일을 운영하는 자는 공동이익을 증진하기 위해 동종의 사업을 영위
   하는 자 또는 이와 밀접한 관계를 가지고 있는 자들과 함께 동업조합을 설치하도
   록 하고 있다.

56) 문정창,『한국농촌단체사』, 일조각, 1961, 33쪽.

57) 축산업협동조합중앙회, 앞의 책, 1992, 116~118쪽.

합 조합원들의 권리가 제대로 지켜질 수 없다는 판단에서 나온 것으로
보이며, 축산조합 해체 과정에 진통이 있었음을 알 수 있다.

〈표 4〉 전국의 축산동업조합 설립상황(1920)

도명	축산조합	축산동업조합	축산동업조합연합회
경기도	20	0	0
충청북도	0	10	0
충청남도	0	14	0
전라북도	14	0	0
전라남도	0	20	0
경상북도	0	22	1
경상남도	1	19	1
황해도	0	17	0
평안남도	14	0	0
평안북도	0	19	0
강원도	0	21	0
함경남도	0	13	0
함경북도	2	0	0
합계	51	155	2

자료 : 朝鮮總督府 殖産局, 『朝鮮之畜産』, 大和商會印刷所, 1921, 49~50쪽.

이러한 축산동업조합은 산업단체의 정리 및 통일에 관한 조선총독부
의 정책에 따라 해산되어 해당지역에 설립된 농회(農會)에 편입되었다.
이 과정에서 황해도 곡산 축산동업조합의 경우처럼 농회편입을 반대한
사례도 있었다. 당시 상황에 대해 『동아일보』는 농회편입이 축산동업조
합의 의견이 아니라 상부에서 정한 방침에 따라 이루어졌으며, 비록 조
합원의 동의서를 받아 이루어졌다고 해도 조합비 부담과 함께 기존 축산
조합원들의 이익을 제대로 보장받을 수 없다고 판단하여 반대의견을 나
타냈다고 보도했다.[58]

「고원군축산동업조합 해산에 관한 건 자문서」에도 축산동업조합 해산에 대한 내용이 기재되어 있어 조합해산이 어떤 방법으로 이루어졌는지를 심작하게 한다. 이에 따르면, 조선총독부가 발표한 「산업단체의 정리통일에 관한 법」에 의해 축산동업조합이 해산되어 사업 일체가 군농회(郡農會)로 이관되었음을 보여주고 있다. 즉 조선총독부가 축산동업조합의 사업 일체 및 재산 전부를 농회로 인계하도록 명시한 것이다. 조합해산을 위한 사전 단계로, 조선총독부는 고원군축산동업조합에게 평의원회 의원들의 조합해산에 관한 동의서를 제출하도록 지시했다. 이에 따라 당시 조합장 김영석(金永碩)은 1935년 11월 30일 조합관할지구인 상산면, 군내면, 산삼면 평의원들이 날인한 동의서를 동년 12월 15일 조선총독부에 제출했다. 이 동의서는 법적으로 고원군축산동업조합 평의원회의 의결을 받은 것으로 간주되었다.[59] 농회 문서인 「농제117호」는 1933년 3월 31일 조선총독 우카키(宇垣一成)가 1933년 1월 26일부로 고원군축산동업조합이 신청한 해산 건을 인가했음을 보여준다.

2) 축산동업조합의 축산사업

축산동업조합은 우량우 보호, 목야 경영, 우시장 운영, 축우 및 축산물 매매중개, 강습·강연·품평회 개최 등과 같은 사업을 전개했다. 이중 우시장은 조선시대 전국에서 열려오던 전통 가축시장의 하나였으나 일제강점기에는 축산조합 또는 축산동업조합에 의해 운영되었다. 이 조합에서는 우시장 장소선정 및 가축 매매에 개입해 수수료 수입을 올렸다. <그림 5>는 경상북도 김천군에서 열렸던 1920년대 우시장의 모습을 보여주고 있다.

---

58) 『동아일보』 1932년 12월 8일자, 「谷山畜組에선 農會編入反對」.

59) 高畜 第272號, 「高原郡畜産同業組合 解散二關スル件 諮問書」(국가기록원 문서 관리번호 : CJA0011083).

그림 5. 경상북도 김천 우시장
사진 : 한국향토문화전자대전 디지털김천문화대전(김천시청 사진제공)
동아일보에 보도된 「김천우시장 개혁」이라는 신문기사로 볼 때 이 우시장은 1920년대에도 열렸던
것으로 보인다. 조선시대부터 김천 소전의 명성을 이어오던 우시장으로 현재 경북 김천시
황금동 수도사업소 일대에 위치했던 김천우시장 모습임.

축산동업조합이 실시한 축산정책의 주요 내용은 다음과 같다. 첫째, 축우공제(家畜保險에 해당) 사업을 실시했다. 이것은 축우 증가와 함께 교통로가 확충되며 수역(獸疫) 전파가 빨라 축우가 폐사하는 사례가 나타나면서 도입된 제도라 할 수 있다. 이 사업은 축우의 상호구제법에 따라 질병이나 재해로 축우가 폐사할 경우 그 손해를 보전하도록 했던 장치로, 일제는 이 사업이 축우의 개량증식과 나아가 수역예방에도 효과가 컸다고 자평했다.[60] 그러나 축우공제 사업은 결국 축우구입과 상호 공제에 필요한 비용을 조합원들에게 부담하게 했다.

둘째, 축산개량증식을 위해 축산품평회를 전국에서 경쟁적으로 개최했다.[61] 축산품평회는 1912년 12월 4일자 「조선총독부관보」에 경상북

---

60) 「朝鮮農會報」 第13卷 第8號(1918.8.9), 16~17쪽.

도 금산군 축산조합이 개최한 제1회 축산품평회가 기록되어 있어 축산
동업조합의 전신인 축산조합에서 먼저 실시했음을 알 수 있다.[62] 이 품
평회는 우량한 축우의 생산을 장려하고 나아가 일제가 전개한 축산정책
을 널리 홍보하는 기회로 활용되었다. 이밖에 이 조합은 축우 개량과 증
식을 위한 강습회와 강화회 등을 실시했다.[63]

셋째, 국유산야를 조선총독부로부터 대부받아 목장을 운영했다. 즉
이 조합에서는 일정금액의 대부료를 식민지 당국에 지불하고 국유산야
를 목장용지로 이용했다. 실례로 <표 5>는 경상남도 통영군축산동업조
합에서 사등면과 거제면의 국유산야를 10년간 대부받아 목축지로 이용
했음을 보여준다.

〈표 5〉 국유산야 대부를 통한 목장운영 사례

대부허가지		마을(里)	면적	1개년 대부료	대부 기간	용도
경상남도 통영군	사등면	덕호리	6정 0600	1엔27	10년	목장 ·통영군축산동업조합에서 목축용지로 이용하기 위해 제1종 불요존임야 대부신청 ·통영군축산동업조합원은 총수 8천 백9인이고 1인당 출원면적은 대략 5반 8무정도 였음
		조량리	17정 6400	4엔05		
			44정 0300	9엔24		
		청곡리	16정 2600	3엔41		
		지석리	11정 1800	2엔57		
			13정 2800	2엔78		
			13정 0600	3엔00		
		성포리	42정 4700	8엔91		
		사등리	57정 8900	14정47		
			5정 5900	1정11		

61) 경상북도축산동업조합연합회 편, 『경상북도축산요람』, 1918, 27쪽.
62) 『조선총독부관보』(1912.12.4),「畜産品評會槪況」. 당시 경상북도 금산군 축산조
합 제1회 축산품평회는 912년 10월 7일부터 11일까지 5일 동안 열렸으며, 여기
에 참가한 축우 총수는 685두였다.
63) 조선총독부편, 『朝鮮の市場』, 조선인쇄주식회사, 1924, 197쪽.

	사곡리	55정 8600	12정56		
	계	283정 3200	63정37		
巨濟面	소랑리	28정 9반3무	6엔07전	10년	목장
	조수리	9정 8반7무	2엔07전		
	내간리	37정 7반5무	7엔92전		
	옥산리	24정 2반1무	5엔56전		
		8정 2반7무	1엔73전		
		24정 6반8무	5엔18전		
	(旧화원리)	23정 4반1무	5엔38전		
	서상리	5정 5반8무	1엔28전		
	법동리	15정 5반3무	3엔57전		
		10정 3반1무	2엔16전		
	(旧산달리)	5정 8반	1엔81전		

자료 : 『朝鮮總督府記錄文書 136號(1916)』, 「甲 農商工山林國有林野 慶南貸付許可」(국가
기록원 문서관리번호 : CJA0010413).

특히 이 조합은 국유림을 대부받아 공동목장을 운영했다. 이것은 평
안북도 초산군[64]과 경남 통영군 축산동업조합 사례를 통해 재차 확인할
수 있다. 이중 1916년에 설립된 경남 통영군 축산동업조합이 총독부에
제출한 「국유림대부허가원」에 따르면, 국유산야(제1종 불요존임야)를
대부받아 공동목장으로 활용했음을 알 수 있다. 이 조합에서는 경상남도
통영군 거제면 소랑리 28정9반3무를 대부받아 공동목장으로 사용한 것
이다. 이 문서자료를 통해 공동목장이라는 용어가 이미 1916년에 사용
되고 있었음을 알 수 있다. 따라서 공동목장은 제주도보다 육지부(한반
도) 지방에서 먼저 형성되었을 가능성이 있으며, 공동목장의 구체적인
운영방법 역시 육지부에서 제주도로 전파되었을 개연성도 있다. 1916년

64) 평안북도 초산군 축산동업조합에서는 1928년(소화3년) 국유임야를 대부받아 축우
공동목야 즉 공동목장으로 활용했다(「國有林野貸付及其他書類」, 국가기록원 문
서관리번호 : CJA0011043).

11월 20일 통영군 축산동업조합장 유상범(兪相範)이 조선총독 하세가
와 요시미치(長谷川好道)에게 삼림령 시행규칙 제2조에 근거해 제출한
「사업계획서」에는 다음과 같은 공동목장의 구체적인 운영방법이 제시
되어 있다.

이에 따르면 사업목적은 공동목장을 설치해 축우의 사양번식과 개량
을 도모하는 것이었다. 목장을 운영하기 위해 토석 또는 목재를 이용해
4척 높이의 울타리를 만들고 목장 외측에는 대묘(大苗)를 3척 정도의 묘
간거리로 식재했다. 목장 내에서는 지형에 따라 돌담을 축조하거나 나무
울타리를 만들어 목장 안을 몇 개의 구역으로 구분해 윤환방목(輪換放
牧)을 했다. 이 방목형태는 초생상태에 따라 목장 내에서 구역별로 번갈
아가면서 목축하는 형태로, 제주지역 공동목장에서도 확인된다.

또한 목장 내 적당한 장소에 아카시아 등 생장이 왕성한 나무를 식재
해 그늘(日陰)을 만들었으며, 산야에 적당한 목초를 길러 이용하도록 했
다. 목장 운영 첫해는 소를 방목하고 적당한 계절에 풀베기를 하여 건초
로 저장했다. 방목기간은 4월부터 10월까지이며, 이 기간 내 관계리민들
이 교대로 번인(番人 : 망보는 사람)을 맡아 방목하는 소를 관리하도록
했다. 목장운영에 필요한 식묘(植苗) 및 목초종자는 경상남도로부터 무상
배부를 받아 이용하며, 필요한 인부는 관계리민들을 부역시켜 확보했다.
목장을 만드는 사업의 착수는 허가 후 2개월 안에 할 예정이며, 지역민이
종래부터 이용해오던 리민공동목장(里民共同牧場)에 피해를 주지 않도록
했다.65)

이상과 같이 운영되던 축산동업조합의 조합원수는 <표 6>과 같다.
이 자료는 1924년을 기준으로 한 군별 주요 축산동업조합의 조합원수와
축우수를 보여주고 있다. 조합원수가 가장 많았던 곳은 함경남도 단천군

---

65) 『大正六年(1916) 朝鮮總督府記錄文書 136號』, 「甲 農商工山林國有林野 慶南貸
　　付許可」(국가기록원 문서관리번호 : CJA0010413).

축산동업조합이며, 축우수가 가장 많은 축산동업조합은 26,976두의 축
우를 보유했던 제주도축산동업조합이었다.

〈표 6〉 주요 축산동업조합원수 및 축우수 일람표(1924)

축산동업조합명	조합원수				축우수
	생산자	매매자	중개자	계	
수원군	9,815인	55인	88인	9,758인	-
금산군	6,686	8	13	6,707	-
무안군	6,273	2	25	6,300	6,723
제주도	8,952	-	-	8,952	26,976
달성군	5,938	38	24	6,000	-
해주군	8,790	8	34	8,832	-
영변군	10,106	44	31	10,181	17,000
희천군	8,700	50	10	8,760	16,000
강계군	11,389	2	10	11,401	20,026
북청군	12,038	兼	兼	12,038	12,400
단천군	15,484	10	40	15,534	18,400

자료 : 조선총독부편, 『朝鮮の市場』, 조선인쇄주식회사, 1924, 200~201쪽.

축산동업조합의 1년 활동상은 <표 7>과 같이 축산동업조합의 세입·
세출예산 구조를 통해 확인할 수 있다. 이를 구체적으로 검토하면, 세입
은 조합비, 수수료 및 사용료, 보조금, 재산수입 등으로 구성되었음을 알
수 있다. 축산동업조합 소유의 목야지를 목축민들에게 빌려주어 사용료
를 받았다. 수수료는 가축매매 중개수수료, 병우 치료 및 우피검사 수수
료, 조합비 독촉 수수료로 구성된다. 조합비를 정해진 기일 내에 납부하
지 못한 조합원들에게 조합비 독촉이 이루어진 사실을 통해 볼 때 조합
비 징수가 제대로 이루어지지 못했음을 알 수 있다. 세출은 사무비(월급,
여비 등)와 사업비로 구성되었다. 사업비 지출내역을 통해 축산동업조합

이 종우(種牛) 구입, 가축매매 중개, 병우치료, 수역예방과 축우개량을
위한 강습회와 품평회를 주도했음을 알 수 있다.

〈표 7〉 축산동업조합 세입·세출예산구조(1921)

예산	과목		세부내역	예산	과목		세부내역
	관	항			관	항	
세입	조합비		조합비	세출	사무비	급료	서기급료 1인 월액
		사용료	목야 사용료			여비	관내출장, 관외출장
		중개수수료	매매 중개수수료			잡급	상여 : 역원·서기, 수당, 實費辨償, 소사·사무용인부
	수수료 및 사용료	치료수수료	병우 치료수수료			수용비	비품비, 소모품비, 도서 및 인쇄비, 통신운반비
		검사수수료	우피 검사수수료			수선비	
		독촉수수료	조합비 독촉수수료			잡비	借家料, 수도료, 청결비, 소송비
	보조금		지방비보조금, 토지대부료		사업비	급료	기수급료, 조수 급료
	재산수입		가옥대부료, 적립금이자			여비	관내출장, 관외출장
	과년도수입	조합비				잡급	상여 : 기수·조수, 수당, 사업용 용인급
	이월금					종우비	
	적립금		산물매각, 불용품 매각대, 예금이자			사료개량비 축산물개량비	
	잡수입					매매중개비	축우매매 중개비
						위생비	병우치료비, 수역예방비
						강습회비 품평회비	

자료 : 朝鮮總督府 殖産局, 『朝鮮農務提要』, 1921, 279~283쪽에서 재정리함.

한편, 축산동업조합이 실시한 축산사업의 구체적인 내용은 조합정관
을 통해 알 수 있다. 이 정관은 축산동업조합 활동의 기본방향을 제시한
것으로, 1931년 3월 조선총독부 식산국에서 교열하고 조선농회가 발간
한『조선농무제요』에 수록되어 있다.[66] 따라서 이 정관에는 조선총독부
의 축산정책이 반영되어 있다고 볼 수 있다. 이 조합의 정관은 1930년대

조직된 제주지역 마을공동목장조합 정관과 유사점이 많다. 다음은 축산
동업조합 정관의 주요 내용이다.

첫째, 이 조합은 축우의 개량증식을 도모하고 조합원 공동의 이익을
증진하기 위해 조직되었다. 이를 위해 조합소유의 종우(種牛)를 조합원
에 예탁하여 번식을 유도하거나 조합원 소유의 우량모우(牡牛 : 숫소)를
선정해 종우로 지정한 다음 보호료를 지급하면서 관리했다. 보호료를 받
은 조합원은 조합 승인을 얻지 않고서는 축우를 함부로 처분할 수 없었
다. 목야지를 만들어 조합원들로 하여금 축우를 방목하게 했다. 축우 또
는 축산물 매매중개를 위해 만든 규정을 적용해 가축시장을 운영했다.
조합원들이 가축 또는 축산물 매매를 원할 때 중개수수료를 받았다. 조
합원들이 요청한 기술원을 파견해 병우를 치료하거나 수역을 예방하기
위한 노력도 병행하면서 수수료를 징수했다.

둘째, 조합원은 조합 지구 내에서 소를 생산 또는 매매, 중개하는 자
로 했으며, 모든 조합원은 조합이 발행한 소정의 조합원 증표를 소지하
도록 했다. 만일 증표를 훼손하거나 잃어버리는 경우 또는 기재사항에
변동이 생기는 경우 조합장에게 알려 재발급을 받도록 했다. 동시에 조
합원은 조합비를 반드시 납부해야 했으며, 만일 조합비를 기한 내에 납
입하지 않은 경우 50전 이상 5원 이하의 과태금이 부과되었다. 조합원이
소유하거나 관리하는 축우가 타지역으로 이동될 경우 조합장에게 알리
도록 해 축우의 변동 상황을 파악할 수 있도록 했다.

셋째, 축산동업조합의 역원으로는 조합장 1인, 부조합장 1인, 평의원
약간명(各區1人)을 두었다. 조합장은 조합을 대표하여 조합 일체의 사무
를 맡았다. 부조합장은 조합장을 보좌하고 조합장 사고 시 그의 직무를
대리했다. 평의원은 조합장의 자문에 응하고 또는 업무의 집행 및 재산
상황을 감사했으며, 조합장 및 부조합장 사고 시에는 연령 순서에 의해

---

66) 朝鮮總督府 殖産局 校閱, 『朝鮮農務提要』, 1914, 273~278쪽.

직무를 대행했다. 역원은 도장관(道長官)에 신청하여 선임을 받으며 역원의 선정은 임기만료 전 1개월 내에 조합장이 했다. 임기는 2년으로 하고 처음에는 명예직이었으나 실비를 지급받을 수 있도록 했다. 사무원으로 서기와 기수를 두었다. 서기는 조합장의 지휘를 받아 서무 및 회계의 사무에 종사했다. 서기와 기수는 유급으로 하되 조합장이 임면할 수 있었다.

넷째, 축산동업조합은 조합운영을 위해 자문기구로 평의원회의를 두었다. 이 회의는 조합장이 매년 2회 소집하며, 조합장이 필요하다고 인정될 경우에도 소집되었다. 평의원 반수이상 출석하지 않으면 개회할 수 없었다. 조합장은 정관의 변경 또는 조합의 해산, 합병 또는 분할, 조합경비의 수지예산, 조합비 및 기타요금의 징수에 관한 사항, 기채(起債) 발행, 이자 상환방법, 재산의 관리방법, 기본재산 또는 적립금의 설치, 관리, 처분에 관한 사항 등에 대해 평의원회로부터 자문을 받았다.

이러한 조합의 정관은 제주지역 마을공동목장조합 규약에 직접적인 영향을 주었다고 판단된다. 이들을 상호 비교한 결과, 역원구성, 평의원회의 12개 역할, 회계연도가 동일하다는 점에서 제주도 목장조합 규약이 축산동업조합정관을 토대로 작성되었음을 알 수 있다. 특히 12개 평의원회의 역할 중 각주 67)의 ⑨번만 다를 뿐 기능 배열순서와 항목수, 내용이 모두 동일함으로써 이 정관은 제주도 목장조합 규약의 모델이었음을 입증해주고 있다.[67] 이것은 제주도축산동업조합장을 겸임했던 제주도사가 이 동업조합의 정관을 이어받아 마을공동목장조합 규약을 만들도록 한 결과라 할 수 있다.

---

67) 축산동업조합 정관과 제주도 목장조합 규약 비교한 결과는 다음과 같다.

3) 제주도축산동업조합의 축산사업

1920년대 제주도의 축산업은 축산동업조합, 계란반출조합, 양봉협회, 양계조합, 보통학교 아동양계회, 양계청년회 등에 의해 이루어졌다.[68] 이중 제주도축산동업조합은 조선총독부 고시 제85호[69]에 따라 1918년 4월 설립되었다.[70] 이 조합에서는 다른 지역에서와 같이 격년전환식 방목, 수소 거세,[71] 목초재배, 우마적 정리, 가축시장 개설, 수역 예방 등의

명칭	축산동업조합정관	목장조합규약
작성시기	소화6년경	소화10년경
조합원 자격	축우생산자, 매매자, 중개자	축우생산자(마을주민)
사무소 위치	郡廳 또는 面事務所 내	해당마을
역원구성	조합장 1인, 組合副長 1인, 평의원 약간명, 서기, 기수	조합장 1인, 組合副長 1인, 평의원 약간명, 목감, 간사
평의원회 성격	자문기관	의결기관
평의원회 역할	① 정관의 변경 또는 조합의 해산, 합병 또는 분할 ② 조합경비의 수지예산 ③ 조합비 기타요금 징수에 관한 사항 ④ 起債 및 그의 방법, 이율·상환방법 ⑤ 재산의 관리방법, 기본재산 또는 적립금 설치, 관리, 처분에 관한 사항 ⑥ 부동산의 취득 또는 처분 ⑦ 조합이 소유하는 종우의 예탁방법 ⑧ 조합이 소유하는 종우의 보호 및 우량우의 표창, 보호의 방법 ⑨ 목야 또는 가축시장의 경영에 관한 사항 ⑩ 정관위반자의 처분에 관한 사항 ⑪ 급여에 관한 사항 ⑫ 전 각호의 이외에 조합장에 있어서 필요하다고 생각되는 사항	① 규약의 변경 또는 조합의 해산, 합병 또는 분할 ② 조합경비의 수지예산 ③ 조합비 기타 요금징수에 관한 사항 ④ 기채 및 그의 방법, 이율 및 상환방법 ⑤ 재산의 관리방법, 기본재산 또는 적립금의 설치 관리, 처분에 관한 사항 ⑥ 부동산의 취득 또는 처분 ⑦ 조합이 소유한 종축의 예탁방법 ⑧ 조합원이 소유한 종축 보호표창 방법 ⑨ 목장시설 사업에 관한 사항 ⑩ 규약위반자의 처분에 관한 사항 ⑪ 급여에 관한 사항 ⑫ 전 각호의 이외 조합장에 있어서 필요하다고 생각되는 사항
회계연도	4월 1일~익년 3월 31일	4월 1일~익년 3월 31일

68) 젠쇼 에이스케(善生永助), 『生活狀態調査(其)二. 濟州島』, 1929, 홍성목 역, 『濟州島生活狀態調査』(調査資料 第29輯), 제주시 우당도서관, 2002, 43쪽.

69) 총독부 고시 85호의 내용은 "1918년 4월 8일 「조선중요물산동업조합령」 제3조에 의해 축산동업조합 설치를 인가함"이다.

70) 濟州道, 『朝鮮總督府官報 中 濟州錄』, 1995, 80쪽.

71) 마수다 이찌지(桝田一二), 「濟州島の地理學的研究」, 『桝田一二地理學論文集』, 弘詢社, 1976, 60쪽. 제주도축산동업조합에서 실시한 雄牛去勢 통계를 보면,

축산사업을 실시했다.[72] 1933년 4월 15일 조선총독 우카키(宇垣一成)
가 발포한 총독부 고시 제162호에 따라 해산되어[73] 제주도농회에 통합
되었다.

이상과 같이 논의한 일제시기 축산관련 조합들은 <표 8>과 같이 변
동했다. 제주지역 마을공동목장조합은 제주도축산조합과 제주도축산동
업조합에 뿌리를 두고 있으나, 마을단위로 설립된 '비법인 사단'이었다
는 점에서 이전의 축산조직들과 근본적인 차이를 보였다.

〈표 8〉 제주도 축산관련 조합의 변동과정

등장시기	1910년대초	1910년대말	1920~30년대
단체명(등장시기)	축산조합(1912)	축산동업조합(1918)	마을공동목장조합 (1930년대)
단체성격	임의단체	법인체	비법인 사단
제주지역 축산단체	제주도축산조합 (1913~1915)	제주도축산동업조합 (1918~1933)	제주도 마을공동목장조합 (1931~1943)
조합원 자격	가축생산·사양자	축우생산·매매·중개자	축우생산주민
사무소 위치	군청 내	군청 또는 島廳 내	리사무소 내

3. 농촌진흥운동의 축산사업

1930년대 초 일본발 경제공황의 여파가 조선에 파급되면서 조선의
농촌경제 상황 역시 악화되었다. 전국에서 소작쟁의가 분출하는 등 농촌
지역에 위기가 발생함에 따라 조선총독부는 농촌의 사회, 경제적 위기를

1923년 1,060두, 1924년 794두, 1925년 549두, 1926년 693두, 1927년 439두,
1928년 635두, 1929년 144두로 모두 4,314두 였다.
72) 善生永助, 『生活狀態調査 其二 濟州島』, 1929, 제주시 우당도서관, 2002, 44쪽.
73) 제주도, 앞의 책, 1995, 253쪽.

타개해 보려는 정책의 하나로 1932년부터 행정력과 각종 관변단체를 참
여시켜 농촌진흥운동(農村振興運動)을 전개했다.[74] 일제는 이 운동의 성
공적 정착을 위해 전국 각 지역 마을단위에서 실행조합을 설치하거나
기설 단체를 적절히 이용했다.[75] 이에 따라 제주도청에서도 「농어촌갱
생지도계획」에 근거하여 마을주민들의 자력갱생을 도모한다는 명분을
내세워 각종 좌담회(座談會)를 수시로 열며 농촌생활환경 개선을 독력
했다.

　1935년 제2차 농촌진흥운동부터는 심전개발운동(心田開發運動)[76]을
전개함과 동시에 마을 주민을 농촌진흥회(農村振興會)[77]로 편입시키며
이 운동에 박차를 가했다. 제주도 당국 역시 마을의 우수한 인재를 중견
인물(中堅人物)로 선정해 교육시킨 다음 각 마을에서 전개하는 농촌진흥
운동을 지도하도록 했다. 그리고 갱생지도 촌락[78]을 선정해 주민들을
공립소학교와 제주도공제회가 주최하는 야학회(夜學會)에 참석시켜 읍
면직원, 공립소학교 직원들로부터 한글과 산술 등 생활개선에 필요한 강
습을 듣게 했다. 이 시기에 각 식민지 행정기관의 대표들과 고위직 직원
들은 어업조합, 금융조합, 산업조합에 대한 지도를 담당하며 조합조직을

---

74) 문영주, 「조선총독부의 농촌지배와 식산계(殖産契)의 역할(1935~1945)」, 『역사와
　현실』 46호, 한국역사연구회, 2002, 171쪽.

75) 양영환, 「1930년대 조선총독부의 농촌진흥운동」, 『숭실사학』 Vol.6, 1990, 126쪽.

76) 한긍희, 「1935~37년 일제의 '心田開發' 정책과 그 성격」, 『민족문제연구』 11, 민
　족문제연구소, 1996, 5~13쪽.

77) 이것은 농촌진흥운동을 촌락단위에서 효율적으로 진행시켜 식민지 지배체제를 공
　고하게 하기 위해 전국의 촌락을 대상으로 설치되었던 관제 조직이었다.

78) 윤해동, 『지배와 자치』, 역사비평사, 2006, 192~193쪽. 본래 부락이라는 용어는
　일본의 '차별 부락'을 가리키는 것으로 한국에서 부정적으로 사용된 사례가 있다.
　일본에서는 정촌제가 실시되면서 촌으로 통합된 대자촌(大字村), 소자촌 등을 部
　分村落 즉, 部落으로 불렸으며, 한국에서는 면제시행 이후 면의 하위단위인 행정
　동리 속에 재편된 洞里를 부락으로 부르기도 했다. 이 연구에서는 부락이 일제시
　대 용어임을 감안해 마을 또는 촌락으로 대체해 사용했음을 밝힌다.

식민지 통치체제로 포섭해 나갔다.[79]

이 운동에서 전개한 대표적인 축산정책은 목장과 목야조합의 설치였다.[80] 목야조합은 일제가 1931년 이후 농촌진흥운동을 실행하면서 조직한 것으로 판단된다. 당시 제주도청에서도 산업진흥 차원에서 목야조합을 설치하도록 했음이 『제주도세요람』(1937)에서 확인된다.

이밖에 <표 9>에서와 같이 목우(牧牛)의 개량과 증산을 위해 우량우 종부(種付)와 사양관리 및 열등우(劣等牛) 개선을 위한 정책을 시행했다. 농가 각 호마다 1두 이상의 경우(耕牛, 밭갈쇠)를 기르도록 권장했으며, 돼지와 닭에 대한 개량과 증산을 위해 우량종 갱신을 시도했다.

---

79) 제주도청, 앞의 책, 1939, 128~132쪽.

80) 調査資料協會, 『內外調査資料』(「農林畜水産業諸團體の槪況とその統制問題」), 內外調査資料印刷所, 1939, 229~231쪽. 일본의 '목야조합'은 1931년 공포되어 동년 11월 1일부터 시행된 목야법에 의해 설치되었다. 일정한 목야를 조합지구로 삼았으며, 조합원들 간의 협동을 통해 목야의 유지 및 개량을 도모하는 것을 목적으로 설립되었다. 1936년 3월말 일본 내 목야조합 수는 모두 67개였다. 조합을 창설하기 위해서는 조합지구가 되는 목야를 확보하며, 목야는 방목지와 채초지로 구분된다. 조합원이 되는 자격을 갖춘 자 2/3이상의 동의를 얻어 정관을 작성한 다음 행정관청의 인가를 받는다. 목야조합에는 의사기관으로서 총회, 대표기관으로서 이사, 감사기관으로서 감사(監事)가 있다. 조합원의 경비분담방법은 정관에 의하며, 정부는 목야조합에 대해 예산의 범위 내에서 장려금을 교부한다. 목야조합은 조합목적을 달성하기 위해 ① 목야 유지 또는 개량에 필요한 공동설비 설치 ② 초생(草生) 개량 ③ 荊棘, 土石 기타 장해물 제거 ④ 해충 구제예방 ⑤ 목야에 관한 이용통제 ⑥ 前 各號에 게재된 것 이외에 목야 유지 또는 개량을 도모하기 위한 시설 등을 했다. 조합의 사업 년도는 4월 1일부터 익년 3월 31일까지였다. 현재 일본에는 마을 주민들의 지원조직(地元組織)으로 야초지 보전을 위해 설립된 목야조합이 남아있다.

〈표 9〉 농어촌 자력갱생 요목 중 산업진흥 정책

요목	자력갱생 요목	
산업진흥	공동경작	공동경작포 설치
	휴한지 이용	휴한지 조사 및 이용 연차계획 수립
	자급비료 증산	녹비 재배면적 확장연차계획, 퇴비증산, 퇴비사 설치, 변소개량
	생산물 공동판매	각종 단체 이용
	전작 개량 증산	종자갱신, 경종법 갱신, 작물 선택
	상원(桑園) 조성	각호 소규모 상원 설치, 適期肥培 관리
	면작 개량	경종법 개선, 종자 갱신
	감귤 증산	작부반별 확장, 종자 갱신
	특용작물 재배	적지작물(適地作物) 연구
	가내공업 진흥	적업(適業) 연구
	목장·植樹지역 설정	목야조합(牧野組合) 설치
	목우(牧牛) 개량증산	우량우 종부, 사양관리 개선, 열등우 개선
	경우(耕牛) 사양	각호 1두 이상 사양
	돈계 개량증산	우량종 갱신, 사양관리 개량
	특수수림 조성	적지수종 연구조림
	송모충 구제	출역
	죽림 조성	죽림 설치, 죽림 이용
	파종조림 실행	종자 공동구입
	산화방지	방화선 설치
	어업어구 개량	개량어구 공동구입
	생산품평회	적기개최

자료 : 濟州島廳, 『濟州島勢要覽』, 1937, 51~53쪽.

목야조합과 마을공동목장조합과의 관계에 대해서는 신중한 접근이 필요하지만, 제주지역에서 농촌진흥운동 시기에 등장한 목야조합은 바로 마을공동목장조합을 의미한다고 볼 수 있다. 이러한 판단의 근거는 두 조합의 사업내용과 사업회계 년도가 일치하는 등 조합의 구성과 운영에 있어 양자 간에 유사성이 매우 높다는 점 그리고 무엇보다 제주도내

에서 1933년을 전후한 시기에 마을공동목장조합이 마을별로 설립되었
다는 점을 들 수 있다.

한편, 제주도사 고천정길(古川貞吉, 재임기간 1935.9~1940.8)은 제2
차 농촌진흥운동을 전개하면서 제주도를 '축산왕국'으로 건설하기 위한
계획을 구체화했다. 이를 위해 제주도청 계원들을 직접 각 읍면에 파견
하여 현지에서 읍면장들의 책임아래 목야지에 대한 정비사업을 진행하
도록 지시했다. 이 사업의 원만한 실행을 위해 제주도청에서는 3만원 이
상의 예산을 투입해 이미 설치된 마을공동목장에 급수장 227개소 설치
등 우마사육 기반시설을 측면 지원했다.[81]

목장조합 설립과 농촌진흥운동의 관련성은 1934년 8월 16일 제주도
사가 각 읍면에 보낸 「공동목장조합 설립 및 기설조합규약개정의 건」이
라는 문서에서도 다음과 같이 확인된다.

> (가) 목장조합의 활동성적은 그 기관에 속한 역원의 인격과 노력에 달려있
> 기 때문에 「자력갱생 촌락지도방침」에 의해 중견인물을 선정해 활용
> 한다.
> (나) 목장조합은 목장을 기반으로 농산촌의 갱생개혁을 행하며 촌락의 번
> 영을 도모하기 위해 사업을 실시한다. 자력갱생 즉, 조합원의 자력으
> 로 목장용지 매수 시 발생하는 부채를 파타하며, 부득이 부채를 쓸 경
> 우 소액에 그치게 한다.[82]

---

81) 『매일신보』 1935년 10월 19일자, 「畜産王國目標로 大牧場設置計劃 濟州島서 補
助額 三萬圓申請乎」: 濟州新任島司 古川貞吉氏는 目下 自力更生의 大綱에 應하
야 從來 産業政策은 前島司의 計劃을 踏襲 하야 進行中인 바 就中 牧畜은 當島
의 必要한 事業임을 覺悟하야 係員을 各面에 派遣, 牧畜에 關한 場所整理에 努
力하야 畜産王國을 만들 豫定으로 補助로 三萬圓 以上의 金額을 申請하고 三年
에 分하야 牛馬의 飲料水도 二百卅七個所를 掘鑿하는 同時에 飼育上의 機關을 施
設하야 農村振興의 關鍵이 되게하고저 努力하고 잇다는 바 이제 그 內容을 들으
면 就中 朝天面에서부터 率先着手하되 牧場을 略 三千五百三十五町步를 設置하
야 牧畜擴張에 盡力하기로 方針이 거의 決定되엿다한다.

82) 濟州島司, 「共同牧場組合設立竝旣設組合規約改定ノ件」(1934.08.16).

(가)와 (나)를 통해 제주지역 목장조합 중 일부는 농촌진흥운동에 영향을 받아 성립되었다고 할 수 있다. 즉 목장조합 설립 사업 자체가 농산촌의 갱생개혁을 실행하는 농산어촌 진흥운동의 한 방법으로 이루어진 것이다. 나아가 조합원 자력으로 목장용지 매수 시 발생하는 부채타파에 노력해야 한다는 점, 중견인물들을 일제가 제시한 「자력갱생촌락지도방침」에 따라 목장조합 직원들로 활용하도록 했다는 점에서 마을공동목장조합과 농촌진흥운동은 연관성이 매우 높다고 할 수 있다.

특히 (가)와 (나)에서 언급된 '자력갱생'(自力更生), '중견인물' 등은 농촌진흥운동의 정책을 대변하는 용어들임을 감안할 때 목장조합 결성과 농촌진흥운동이 서로 무관하지 않았음을 보여준다.[83]

당시 제주지역에 존재했던 농어촌갱생지도 촌락은 <표 10>과 같다. 후술할 목장조합의 설립인가 시기를 고려할 때 총 53개 갱생지도 마을 중 60%인 32개 마을에 목장조합이 조직되었음을 알 수 있다.[84]

〈표 10〉 제주도 농어촌 갱생지도 촌락의 실태(1936)

선정년도	읍면별	마을명	*공동목장조합유무	총호수	지도농어가수	선정년도	읍면별	마을명	*공동목장조합유무	총호수	지도농어가수
1	제주읍	용담리 정평동	X	95	18	1	제주읍	도두리 사수동	○	113	20
9	애월면	신엄리 1구	X	182	18	9		이도리 동광양동	X	81	13
3	한림면	수원리. 서동	X	131	8	3	애월면	금성리 상동	X	110	25

---

83) 김학수, 「1930년대 일제의 농촌조직화와 조선농민의 대응」, 경북대 석사논문, 1994, 51쪽. 조합직원으로 활용하도록 한 중견인물은 농촌진흥운동을 담당했던 '민간인 지도자'들이었다. 이들은 일선 행정기관의 일방적, 강제적 지도에 반발하는 조선농민들을 무마하기 위해 채용된 사람들로 보통학교 졸업생이거나 일반 농민 중에서 선정되었다.

84) 1933년에 12개에 불과했던 농어촌갱생지도 마을이 불과 3년 후인 1936년에 27개로 늘어나는 상황 속에서 마을공동목장조합이 전도적으로 설립되어 확대되었다고 할 수 있다.

	면	리			
3	대정면	무릉리 2구	○	165	20
	안덕면	덕수리 서동	X	180	10
	중문면	중문리 전숫동	○	46	10
	서귀면	서호리	X	216	5
		법환리	X	468	6
	남원면	태흥리 2구	○	171	15
	표선면	하천리	X	157	12
	성산면	난산리	X	203	15
	조천면	함덕리 평사동	X	58	15
	소계	12	3	2,014	137
1 9 3 5	제주읍	오라리 월구동	X	42	15
		아라리 인다라동	○	62	25
	한림면	대림리 木洞	○	145	15
		한림리 2구	○	64	15
	대정면	무릉리 大洞	○	141	30
	안덕면	서광리 應田洞	○	50	30
	중문면	대포리 중동	○	99	20
		대포리 하동	○	103	20
	서귀면	호근리	X	241	30
	남원면	의귀리 하동	○	247	28
	표선면	세화리 상동	○	90	30
	성산	수산리 천내동	○	150	30
	구좌면	평대리 선입동	○	145	30
	조천면	와산리	**○	119	30
	소계	14	15	4,086	289

	면	리			
6	한림면	곽지리 2구	X	141	25
		신엄리 송랑동	○	74	22
		수원리 상동	X	198	30
		귀덕리 寺洞	○	299	30
		귀덕리 城路洞·新西洞	○	122	53
		귀덕리 長路洞	○	256	30
	대정면	무릉리 前旨洞	○	46	20
		영락리 하동	○	93	30
	안덕면	화순리 서동	○	110	19
		대포리 상동	○	41	16
	중문면	회수리	○	92	20
		월평리	X	98	20
	서귀면	하효리 1구	X	185	30
		하효리 2구	X	175	30
	남원면	한남리	○	134	30
		위미리 상동	○	237	20
	표선면	성읍리 북성동	X	147	15
	성산면	수산리 천외동	○	103	30
		신산리 서동	○	110	30
	구좌면	평대리대수상동	○	29	20
		평대리 적지동	○	32	25
	조천면	와산리 1구하동	**○	91	30
	추자면	묵리 남부	X	51	51
		대서리 남부	X	13	13
	소계	27	17	3,168	684
	총계	53	32	9,439	1,168

자료 : 濟州島廳, 『濟州島勢要覽』, 1937, 53~57쪽 재정리함.
    * 공동목장조합설립 유무는 필자가 조사하여 첨가함.
    ** 조천면 와산리는 조천 제2구 면공동목장조합에 포함.

4. 제주도농회의 축산사업

제주도농회(濟州島農會)는 조선농회의 산하조직이었다. 조선농회는 조선총독부의 농축산 정책을 수행했던 단체로, 조선총독부가 1922년 4월 제정된 자국의 「농회법」에 근거하여 1926년 1월 「조선농회령」과 「조선농회령 시행규칙」을 발포하면서 등장했다.[85] 이에 따라 기존에 있던 농업단체들이 통폐합되면서 부·군·도(府郡島)농회(1926.6), 도농회(道農會)(1926.10), 조선농회(1927.3)라는 계통체제가 완성되었다.[86]

1920년대 전국적인 농업 단체로 부상한 조선농회는 일본의 농축산 정책을 국내로 이식시키며 소위 조선의 농축산 개량사업에 앞장섰다. 한마디로 조선농회는 식민통치 당국의 직접적인 참여와 통제로 성립한 관제단체였으며, 식민지 관리와 식민지 지주층이 연대한 형태의 관주도, 지주위주의 식민농업단체였다.[87] 이 농회가 전국을 대상으로 실시한 식민지 농정의 핵심적 4대 부문에는 미작·면작·양잠과 함께 축우개량 사업도 포함되었다. 다음은 조선농회의 지방지회 중 하나인 제주도농회의 운영조직과 축산사업을 요약한 것이다.

1) 제주도농회의 운영조직

1933년 제주도축산동업조합을 통합한 제주도농회는 조선농회의 하위 농업단체로, 조선농회의 계통조직상 도농회(島農會)에 속했다.[88] 이것은 전국에서 울릉도와 제주도에만 존재했던 조직이었다.[89] 여기에서는 전라남도청이 보관했던 『예금부 자금차입신입 설명서 첨부물(군도농회분)-제주도』(1943)에 나타난 제주도농회의 축산정책과 조선총독부가 발행한

---

85) 문정창, 앞의 책, 1942, 78~81쪽.

86) 김용달, 『일제의 농업정책과 조선농회』, 2003, 112쪽.

87) 김용달, 「조선농회의 계통체계 수립과 초기사업(1926~32)」, 『한국근현대사연구』 제4집, 1999, 264쪽.

88) 김용달, 「日帝下 朝鮮農會 研究」, 국민대 박사논문, 1995, 164쪽.

89) 강만익, 「일제하 濟州島農會의 운영실태와 성격」, 『탐라문화』 제38호, 제주대 탐라문화연구소, 2011, 191~248쪽.

「국유임야대부서류」를 근거로 제주도농회의 목장 운영을 중심으로 축산
사업을 검토하고자 한다.[90]

제주도농회는 「조선총독부전라남도고시 제89호」에 근거하여 1926년
4월 17일에 설립인가를 받은 단체였다. 설립당시 농회 사무소는 제주도
청 내에 있었으며, 회원 수는 22,196명이었다.[91] 이 조직은 회장·부회
장·이사·감사·통상의원·특별의원 등에 의해 운영되었다(표 11).

〈표 11〉 제주도농회의 운영조직(1943)

직위	운영진 명단	인원
농회장	板本二五一	1
부회장	曲正文	1
특별의원	康永益作(5번), 三矢久彌(2번), 宮本允雄(3번), 吉田舜河(4번), 山津元淳(7번), 倉元大喜(8번), 渡辺□也(1번), 西原誠一(6번)	8
통상의원	金城正武(9번), 文村普吉(12번), 金本大有(15번), 金澤昶宇(13번), 金岡義宗(19번), 吳宮雲平(22번), 金城万□(23번), 金原鶴松(28번), 金井大洪(30번), 高田英作(31번), 岩島義夫(29번, 김인홍), 野山仁錫(25번, 송인석), 廷山浩珍(26번), 山本益男(21번), 德山有道(10번), 豊田家齊(11번), 德山淳汶(17번), 池田漢休(18번), 賀□義夫(24번), 秀山淳愼(27번), 大島敏煥(32번), 木村炳林(34번), 武岡己一郎(14번), 乃村道一(16번), 平野性鍾(20번), 番吉村昇(33번)	26

90) 제주도농회의 가축방목장 운영에 대한 문서로는 「國有林野貸付願許可 ノ件」과 「不
要存國有林野處分二關スルノ件」, 「國有林野貸付願實地調査書」가 있다. 「國有林
野貸付願許可ノ件」(1944.3.2)은 朝鮮總督府政務總監이 濟州島農會長에 발송한
문서로, 「復命書」(1944.11), 「不要存國有林野處分調査」, 「貸付料査定調査」, 「전라남
도 濟州島所在 林野貸付 出願地 位置圖」가 포함되어 있다. 「不要存國有林野處分
二關スルノ件」(1943.12.29)는 전라남도지사가 조선총독부 鑛工局長에 발송한 문
서로, 제주도농회의 가축방목장으로 활용하기 위한 제주도 17개소 불요존 국유임
야처분 면적을 보고하고 있다. 「國有林野貸付願實地調査書」는 대부신청한 12개
지역에 대한 실지조사서로, 여기에는 「事業計劃書」(어음리 산20, 21 국유임야
지), 「林野臺帳謄本」(1943.8.10, 제주세무서장이 발행한 임야대장 등본), 「林野
圖謄本」과 「지적도」(1943.8.16 : 제주세무서장 발행) 등이 포함되어 있다.

91) 善生永助, 1929, 앞의 책, 홍성목(역), 2002, 제주시 우당도서관, 99쪽.

주사	小岡一夫	1
서기	松田文錫, 三井漢洙, 德原□珩, 平島芳隆	4
촉탁기사	竹內國一	1
주무서기	□川王□□	1
기수	高田雲石, 金村精允, □金明德, 永島亨柱, 水戶云周, 松田辰附	6
촉탁기수	林誠, 高原秀光, 金島寬典, 林順元, 宮本洪琳, 木村實, 馬場俊一郎, 古澤千代司, 松原如玉, □山隆夫, 森□祝雄	11
합계	60명	60

자료 : 「濟州島農會通常總會會議錄」(1943.3.30)에서 발췌하여 정리함.

이에 따르면, 제주도농회는 회장 1명, 부회장 1명, 특별의원 8명(1번~8번), 통상의원 26명(9번~34번)으로 구성되었음을 알 수 있다. 이밖에 주사와 서기, 기수 등 모두 합해 60명이 농회업무를 담당했다. 회장, 부회장과 주사, 서기 등 주요 역원은 대부분 일본인이 맡았으나 특별의원과 통상의원에는 제주인이 일부 임명되었다.[92]

통상의원에는 면장들이 임명되었다.[93] 이를 통해 지방행정조직(읍면)도 농회업무에 참여했음을 알 수 있다. 이 농회는 크게 권업과와 총무과로 구성되었다. 권업과에는 축산계, 전작계, 양잠계, 면작계가 있었으며, 각 계의 책임자를 주임이라고 불렀다. 축산계에는 목장조합기수, 농회서

─────────────

92) 당시 특별의원과 통상의원에 임명된 제주인들은 대부분 각종 경제활동에 참여하며 자본을 축적한 신흥 자본가들로, 1920년대 이후 각종 읍면협의회를 주도하고 조선인에게 주어진 읍면장 자리를 차지하기도 했다(박찬식, 「일제강점기의 도정과 민생」, 『濟州道誌』 제2권(역사), 제주도, 2006, 612쪽). 실례로, 특별의원에 임명된 康永益作는 서귀포를 무대로 第一澱粉(株)(1939년 6월 7일 설립) 사장, 濟州島貝釦(1940년 4월 24일 설립) 이사를 역임했던 사업가였다(『朝鮮銀行會社組合』, 1942)(참조 : http://db.history.go.kr).

93) 고찬화 편저, 『지난 歲月의 濟州人物錄』, 성민출판사, 2002, 334쪽. 이들 중 金本大有(대정면장), 金澤昶宇(한림면장), 金岡義宗(중문면장), 金城万華(남원면장), 金原鶴松(성산면장), 金井大洪(30番), 高田英作(조천면장), 岩島義夫(金仁洪 구좌면장), 野山仁錫(25番), 宋仁錫, 표선면장), 德山淳汶(안덕면장)은 면장을 겸임했다.

무, 마사회 직원 등이 배치되었다. 각계의 주임기수는 대부분 제주공립
농업학교 출신들로 채워졌다.[94] 목장조합기수는 각 마을별로 조직된 마
을공동목장조합이 목장에서 방목하는 우마개량에 대한 기술 지도를 담
당했다. 군도농회는 각 면에 지회 또는 분구를 두도록 했기 때문에 제주
지역에서도 13개 읍면 소재지에 농회분구가 설치되었다. 분구장은 해당
지역을 관할하는 면장이 맡았다. 면직원에게 농회사무를 촉탁하거나 전
임직원을 두어 농회사업을 수행했다.[95]

제주도농회에서는 농회사업을 추진하기 위해 주사, 서기, 기수, 촉탁
기수, 지도원 등을 고용했다(표 12). 이들 외에도 1943년에는 약 600여
명이 고용되어 농회사업을 수행했다. 농축산 증산사업을 위해 경작회,
강습회, 품평회 등을 열어 농민들에게 농축산 기술 전수 및 계몽운동을
전개했다. 강습회는 대개 5일 이내에 20세 이상의 성인남자 농민들을 대
상으로 면이나 마을들을 순회하면서 개최되었다.[96]

〈표 12〉 제주도농회의 고용직원 실태(1943)

관	항	고용직원의 종류
道費 보조	잠업비 보조	잠업지도원
	畑作費 보조	식량 畑作物 지도원, 감저 지도기술원
	축산비 보조	거세기술원, 護蹄 기술원
道農會 보조	농업비 보조	비료장려 지도원
	축산비 보조	마필단련 기술원

---

94) 남인희, 『촌부의 20세기』, 서강총업(주), 2000, 27~28쪽. 1910년 5월에 제주공립
    농림학교로 개교한 후 1920년 10월 제주공립농업학교로 승격했다. 일제시기 제
    주도의 대표적인 학교였으며, 이 학교에서 농업과 축산을 배운 학생들이 제주도
    농회와 제주도청에 농축산 분야 기수로 채용되기도 했다.
95) 이한기, 「일제시대 농촌지도사업에 관한 연구」, 서울대 박사논문, 1992, 129쪽.
96) 이한기, 위의 논문, 53~58쪽.

사무비	잡급	임시고원, 촉탁고원
	庸人給	급사, 소사, 임시용인
	여비	역원, 서기, 산원, 촉탁서기
	위로금	분구장, 분구촉탁서기, 분구촉탁産員, 産員, 급사, 소사
농업비	기수급	일반지도기수, 비료장려기수, 특용작물재배장려기수, 촉탁기수
	퇴비개량증식 장려비	녹비재배 독려원
	특용작물재배 장려비	제충국재배 독려원
	농산물판매 구매알선비	녹비판매 독려원, 사무원, 판매사무원
면작비	기수급	촉탁기사, 촉탁기수
	육지면재배 개량장려비	파종 독려원, 임시지도원
	면작장려제비	면화출하 독려원
잠업비	기수급	잠업지도기수, 植桑 지도기수, 촉탁기수
	植桑 장려비	桑苗 구입 독려원, 상전비배 독려원
畑作費	기수급	식량전작물 지도기수, 감저장려기수
	畑作物증산 장려시설비	종자배부 및 파종지도 독려원, 비배관리지도 독려원, 麥 종자대 징수원
	甘藷 재배장려비	苗床 설치지도 독려원, 植付지도 독려원
축산비	기수급	병축진료기수, 産馬 개량기수, 면양지도기수 양모가공 지도원, 양모가공 임시지도원
잡지출		회비부과 임시고원, 고원 지도원

자료 : 『預金部資金借入申込說明書添附物(郡島農會分)-濟州島』(1943)(국가기록원 문서
관리번호 : CJA0003831)에서 발췌하여 정리함.

2) 제주도농회의 축산사업

제주도농회는 산마(産馬) 강습회와 농축산업 기술의 개량결과를 평가
하기 위해 농축산물 품평회를 열었다. 실례로, 이 농회에서는 1935년 3
월 29일 퇴비, 상원(桑園), 공동목장 등을 대상으로 품평회를 열어 그 결
과에 대해 상품을 수여 했다. 특히 1935년 4월에 공동목장조합을 대상
으로 열린 품평회에서는 1등에 정의면 난산리 공동목장조합,97) 2등에

제주읍 연동리 공동목장조합이 선정되었다.[98] 3등에는 우면 서호리와 신우면 어도리 공동목장조합, 4등에 동중면 가시리, 좌면 도순리, 신좌면 대흘리, 중면 상천리, 5등에 구좌면 세화리, 구우면 저지리, 좌면 중문리, 좌면 강정리1구 공동목장조합이 선정되었다.

이 농회는 또한 급수장, 돈피처리장, 공동약욕장, 돈사 등을 설치해 운영했다.[99] 약욕장은 면양을 사육하는 장소에 설치되었다.[100] 이것은 양털을 깎은 후 발생할 수 있는 병충해를 방지하기 위해 양에게 약욕을 시키는 장소였다. 돈피처리장은 태평양 전쟁이 일어나면서 군화수요가 증가되어 군화를 제작할 소가죽이 부족해지자 돼지가죽으로 군화를 제작하기 위해 세워진 시설이다. 돼지와 면양사육을 위해 돈사, 양사(羊舍) 그리고 이를 관리할 목부들을 위한 목부사(牧夫舍)를 지어 농회회원들에게 임대하여 수수료를 받았다.

이 농회에서 제주지역 축산업이 조선본토에 비해 상대적으로 비교우위에 있다는 사실을 인식해 축산업을 제주도 대표산업으로 육성하려는 계획 하에 축산개량 정책을 실시했다.[101] 특히 전시체제하에서 이루어

---

97) 1934년(소화9년) 9월 26일에 설립인가를 받은 마을공동목장조합이다. 1943년 현재 조합원수 179명, 총목장면적의 93%가 사유지였으며, 면유지는 7%에 불과했다. 매수지의 비율은 전체의 86%, 차수지와 기부지는 각각 7%로, 전형적인 사유지형, 매수형 공동목장조합에 해당된다. 공동목장 용지 중 매수지의 비율이 높다는 점은 마을주민들이 매수비용 확보에 동참했다는 것을 의미한다.

98) 『매일신보』 1935년 4월 7일자,「濟州島農會 各種品評 賞品授與式盛大」.

99) 제주도농회는 농축산 관련 사업을 실현하기 위해 판매소, 지도포, 채종포, 채종전, 급수장, 돈피처리(豚皮處理)장, 양사(羊舍), 특수목장, 경작포, 전습소, 원종전, 공동상전, 공동사육소, 파종전, 약욕장, 돈사, 공동창고, 건충장(乾虫場), 가축구사(厩舍), 목부사(牧夫舍), 정호(井戶) 등을 만들어 운영했다.

100) 제주도에서 면양사육의 효시는 제주읍 아라리, 오등리 지역으로 1939년 4월 아라리 175두, 오등리 49두가 사육되었다. 애월읍 금덕리에는 호주산 100두가 사육되었다(제주도청, 『제주도세요람』, 1939, 제주시 우당도서관, 『제주도의 경제』, 1999, 228쪽).

진 이 농회의 축산정책은 제주도농회 회장 겸 제주도사였던 사카모토 니고이치(板本二五一, 재임기간 : 1940.8~1943.9)가 1943년 3월 30일에 열린 농회 정기총회에서 행한 개회사에 드러나 있다. 여기서 제주도사는 전시체제 하에서 축산자원 확보가 매우 시급한 과제임을 다음과 같이 역설했다.

"축산자원이 현 시국 하에서 가장 중요한 부문을 점하고 있으므로 축산 개량증식과 함께 (우마를) 확보하는 것은 정해진 계획을 완수하는 것이다. 축우 및 말 생산을 시작하고 면양, 양돈, 토계, 기타 축산 개량증식을 실천하며, 본도 축산 개발에 힘을 다한다."[102]

이 농회가 전개한 축산정책의 구체적인 내용들은 1943년을 전후한 시기의 제주도농회 예결산 내역 중 경상부 지출구조를 통해 확인할 수 있다. <표 13>에 따르면, 이 농회에서는 소, 말, 면양, 돼지와 토끼의 증식과 개량장려, 가축매매 교환알선, 우마적 정리 사업을 했음을 보여준다. 축우의 증식개량을 위해 종모우(씨수소) 확보, 송아지 예탁사업, 대부경우(貸付耕牛), 축우거세 사업을 실시했다. 이 과정에서 제주도농회는 농회회원을 대상으로 가축판매수수료, 거세수수료 그리고 우마에 이표(耳標)를 장착해준 다음 수수료를 받았다. 가축판매수수료는 농회가 주도한 가축시장에서 거래된 축우에 대해서는 상대적으로 수수료를 낮게 책정하여 농회회원들에게 가축시장에서 거래하도록 유도했다. 이 농회는 수수료 징수를 통해 부족한 재원을 확보하려 했으며, 징수한 수수료는 축산개량 사업에 소요되는 비용으로 충당했다.

---

101) 이를 구체적으로 실행하기 위해 축산기수, 축산진료기수, 거세기수, 産馬 개량기수, 護蹄(말발굽) 기수, 면양지도기수를 전면에 배치했다. 이들은 일본인이거나 제주농업학교 출신들로 충당되었다. 이중 축산기수는 일반지도기수, 병축진료기수, 거세기수, 산마개량기수, 호제기수로 구분되었다.

102) 사카모토 니고이치(板本二五一), 「제주도농회 통상총회회의록」(1943.3.30).

〈표 13〉 제주도농회의 축산비 지출구조(1943)

관	항	목	예산액(円)	결산액(円錢)
축산비	기수급		18,689	16,618엔68
	지도원급		7,398	6,771엔17
	축우증식개량 장려비	종특우(種特牛) 설치비	10,500	5,759엔50
		독예탁(犢預託) 사업비	10	-
		대부경우비(貸付耕牛費)	100	100엔00
		축우거세비	700	553엔50
	산마(産馬)개량 장려비	농마(農馬) 설치비 보조	19,800	-
		농마조합(農馬組合) 경영비 보조	1,100	1,100엔00
		종모마(種牡馬) 설치 및 관리비	6,905	7,184엔47
		마구(馬具) 구입비	2,820	-
		마필거세 장려비	3,750	3,154엔60
		산마(産馬) 개량 제비	996	871엔40
	면양장려비	기초 면양구입비	62,723	38,112엔24
		면양사육 장려비	5,141	3,980엔42
		양모가공 전습비	2,125	2,119엔54
		면양장려비	700	429엔80
	돈토(豚兎) 증식개량장려비	양돈장려비	2,070	1,456엔57
		양토(養兎) 장려비	1,050	1,031엔57
	가축매매교환 알선비		860	824엔85
	위생비		1,000	960엔20
	목야비		1,100	1,100엔00
	우마적 정리비		1,271	1,507엔40
	축산제비		1,250엔37	992엔92
합계	축산비		152,076	95,413엔66
	경상부		959,739	291,397엔05

자료 : 『預金部資金借入申込說明書添附物(郡島農會分)-濟州島』(1943)(국가기록원 문서 관리번호 : CJA0003831)에서 발췌하여 정리함.

제주도농회는 1943년 조천면, 애월면, 한림면, 남원면, 구좌면, 표선면 중산간 지대에 위치한 국유임야(불요존임야)를 가축방목장으로 이용하기 위해 모두 17건의 「국유림야대부허가원」을 총독부에 제출했다.[103]

그리하여 이 농회는 총대부허가지 면적 1,213정 3반7무14보를 이용해 방목장을 운영했다.[104] 당시 이 농회가 조선총독부에 제출했던 서류에는 삼림령시행규칙 제2조에 근거하여 준비한 대부지 도면과 「사업계획서」가 있다.[105] 이 문서에 따라 조선총독부는 제주도농회의 대부출원지에 총독부 농림국 임정과 기수를 파견해 조사하게 한 다음 그가 제출한 「복명서」 내의 「불요존임야처분조서」[106]와 「대부료사정조서」[107]에 기초해 허가여부를 결정했다.[108] 「불요존임야처분조서」에 나타난 대부요

---

103) 「檀紀4276年(1943) 林政乙種記錄第688號 貸付關係書類」(국가기록원 관리번호 : CJA0011523).

104) 1943년 6월 2일 林政 제676호에 근거해 총독부로부터 대부허가를 받은 實地는 첫해 분 대부료를 납입한 후에 전라남도지사로부터 인도받도록 했다. 그러나 정해진 기간 내에 대부료를 납입하지 못하거나, 국유임야를 사용하고 있지 않는다고 인정될 경우, 법령과 대부조건에 위반될 때 대부지를 반환하도록 했다. 그리고 가축방목장 조성 과정에서 借受人 또는 사용인들이 대부지 부근 임야에 있는 나무들을 손상시킬 경우, 그 가격에 상당하는 금액을 배상금으로 내도록 했다. 대부기간은 1944년 3월부터 1953년 2월까지 10년간이며, 대부료는 1년당 303원 24전이고, 납입고지서로 대부료를 납부했다.

105) 이 문서에는 「사업계획서」, 「임야대장등본」, 「지적도」 등이 포함되어 있다. 「임야대장등본」은 1943년 8월 10일 제주 세무서장이 발행한 것이다.

106) 「복명서」 내 「불요존임야처분조서」에는 대부출원지의 地況, 林況, 地上産物의 종류 및 수량, 교통운반관계, 삼림령 제1조와의 관계유무, 입회관행 유무, 대부료 등이 기록되고 있다. 지황은 해당 국유림의 방위, 경사, 토질, 습도를 나타낸다. 임황은 식생상태를 나타낸 것으로, 국유임야는 미입목지(초생지)로서 잡초, 관목류, 叢生이라고 기록하고 있다. 여기서 입회관행은 「森林令施行細則 제35조」에 등장하는 용어로, 관습적인 산림이용 즉, 地元住民(임야부근에 거주하는 자)의 전부 또는 대부분이 국유삼림의 일정 구역을 永年 부락용 또는 自家用으로 임산물 채취와 방목 용도로 제공했던 관행을 의미한다(배재수 외, 『한국의 근·현대 산림소유권 변천사』, 임업연구원, 2001, 98쪽).

107) 「貸付料査定調書」에는 대부예정지의 1정보당 지가와 가격이 나타나 있다.

면적		1정보당 지가	가격	1개년 대부료
123町	3714	5円00	6,066円873	303円344

108) 이 문서는 1943년 11월 농림국 임정과근무 기수 藤善次郞이 제주도농회가 제출

청 17개소 국유림 위치와 면적은 <표 14>와 같다.

제주도청에서도 농회의 요청에 대해 도기수 김산병두(金山秉斗)를 현지로 보내 대부예정지의 토지와 식생상태를 세밀하게 조사하도록 했다.[109] 이에 도기수가 보고서를 통해 "제주도농회가 대부 요청한 국유임야는 모두 제1종 불요존 국유임야로, 종래부터 제주도농회에서 우마 방목지로 사용해 왔기 때문에 대부요청을 별도로 하지 않아도 권리주장을 할 수 있다고" 적시했다. 이 내용에 근거할 때 이 농회는 1943년에 「국유림야대부원」을 제출하기 이전에도 제1종 불요존 국유임야를 방목지로 활용했음을 짐작할 수 있다.

이 농회는 방목장 운영을 위해 경계선 축조, 피서용 식림, 급수장 설치, 기타 가축 방목에 필요한 목축기반 설비를 구비했다. 경계선 축조를 위해 100명의 인부를 하루에 2엔씩 주고 고용해 돌담을 두르거나 나무를 심었다. 또한 17개 방목장에서 임야 및 가축감시를 위해 365명을 고용했다. 한여름철 방목기간에는 무더위가 가축방목에 지장을 줄 수 있었기 때문에 더위를 피할 수 있도록 나무를 심었다. 방목장 운영을 위해 책정한 총예산 규모는 3,982원 25전이었으며, 방목장 조성 사업을 착수한 시기는 1944년 3월부터였다. 아울러 이 농회가 방목장에서 생산하는 가축들은 마을공동목장으로 공급될 계획임을 분명히 했다.

한 대부원 제출지에 출장, 조사하여 작성한 다음 조선총독부 농림국장 塩田正洪에게 보낸 것이다.

109) 실례로, 애월면 어음리 산 20, 21번 임야의 임황을 보면, 이 번지의 중앙부분 약 10정보에는 천연활엽수인 躑躅(진달래)과 胡頹子(보리수나무 열매), 잡목 수종(數種), 관목이 散生하고 있으며, 기타 면적의 땅은 초생지로 되어 있어 우마 방목지로서는 최적지임을 지적하고 있다.

〈표 14〉 제주도농회 대부요청 국유림의 소재지와 대부면적(1943)

번호	국유림명	소재지					대부면적	
		도	군	면	리	지적	정	반무보
1	발이악(바리메오름)	전남	제주	애월	어음	산20	6	30
2	발이악				어음	산21	77	83
3	中門*				소길	산258	68	78
4	녹고악(놉고메오름)				금덕	산138	173	96
5	묘악(궤미오름)				어도	산41	95	39
6	묘악			한림	저지	산29	155	25
7	묘악				월령	산13	80	67
8	영아악(영아리오름)			남원	수망	산188	55	89
9	민악산				수망	산189-1	116	47
10	민악(민오름)			구좌	송당	산156	51	40
11	비치악				송당	산255	78	99
12	부소악			조천	교래	산2	56	24
13	부소악			표선	성읍	3250-1	64	0514
14	부소악			조천	교래	산114	43	67
15	부소악				교래	산118	7	96
16	부소악				교래	산120	45	55
17	발이악			애월	상가	산123	34	97
計							1,213	

자료 : 「檀紀4276年(1943) 林政乙種 記錄 第688號 貸付關係書類」(국가기록원 문서관
리번호 : CJA0011523)(*中門은 녹고악 부근에 위치한 곳임).

제2장

일제시기 목장조합의
설립과정

　제1장에서 검토한 바와 같이 제주지역 마을공동목장조합은 조선총독부, 제주도축산동업조합과 제주도농회가 실시한 축산정책에 영향을 받아 설립되었음을 알 수 있다. 이 장에서는 목장조합이 구체적으로 어떠한 배경하에 어떤과정을 거쳐 설립했으며 이 과정에서 제주도민들은 어떻게 대응했는지에 대해 제시하고자 한다. 이러한 논의는 조합설립 초기 제주지역 마을의 구체적인 사회, 경제적 상황과 읍면행정조직 그리고 공동목장 예정지 실태를 알려준다는 점에서 의미가 있다.

　목장조합의 설립과정을 분석하기 위해『濟州島共同牧場關係綴』(1943)과 제주도목장조합중앙회가 작성한 구좌면과 애월면 지역『목야대장』그리고 연구사례 마을의 향토지, 1920~1930년대 신문자료 등을 이용했다.[1] 특히『제주도공동목장관계철』(1943)에 포함되어 있는 제주도사와 서귀포지청장, 제주도농회장, 읍면장 간에 오고 간 구체적 문서기록들을 토대로 목장조합 설립과정을 세밀히 파악했다. 아울러 이 문서에 들어있는 제주읍 해안리 주민들의 진정서를 중심으로 목장조합 설치과정에서 나타난 주민들의 대응양상을 살펴보고자 한다.

---

1) 제주도,『제주도지』제4권, 2006, 219쪽. 일제시기의 제주도 축산자료는 제2차 세계대전 말기에 일본인 관헌들에 의해 소각 처리되었으며, 일부 나머지 자료는 1947년 제주도청 화재로 소실되었다. 따라서 이 연구에서 분석한 1차 자료들은 그 내용면에서 한계를 가질 수밖에 없으나 제주특별자치도청과 국가기록원이 보관하고 있는 1차 사료들과 일제시기 제주도 축산관련 주변 자료들을 상호 연결하여 1930년대 마을공동목장의 설립과정과 양상을 재구성했음을 밝힌다.

1. 목장조합의 등장배경

1) 대한제국기 제주지역 관유목장

제주지역의 공동목장은 조선시대부터 대한제국기까지 유지되었던 국영목장에 뿌리를 두고 있다. 특히 대한제국기 제주지역 '관유목장'들은 일제시기에 등장한 공동목장의 '원시상태'에 해당하는 목장이었다는 점에서 당시 목장운영 상황을 구체적으로 검토할 필요가 있다.

이 시기 관유목장은 앞선 시기에 이루어진 갑오개혁(1894~1896)에 영향을 받아 목축기능이 현저히 약화된 상태였다. 즉 이 개혁 조치로 인해 조선시대 국영목장을 유지시켰던 마정(馬政)제도, 공마(貢馬)제도, 점마(點馬)제도[2]가 폐지되면서 마침내 국영목장(십소장)의 운영이 사실상 종지부를 찍게 되었다. 이후 대한제국기에 국영목장지대는 '무주공야(無主空野)' 상태로 놓여 있었다. 이 시기의 관유목장(官有牧場)[3]은 조선시대 국영목장[4]에 비해 대부분 방치 상태에 있었다고 해도 과언이 아니었

---

2) 점마란 말들의 건강상태와 수효를 일일이 확인하는 것을 의미한다. 이것은 중앙에 진상할 공마를 선정하고 국마장의 말들을 점검하기 위한 작업이었다. 점마는 절제사(정3품, 무관직)와 점마별감이 담당했으며, 점마제도의 폐지는 바로 공마의 폐지 나아가 국영목마장이 문을 닫았음을 의미한다.

3) 제주도 관유목장이라는 용어는 1904년 5월 주경일본공사 하야시겐죠(林權助)가 대한제국 정부에 제주도 관유목장에서 사육되고 있는 소를 일본 군대에게 방매해 달라고 요청한 문서에 나타난다(「光武八年五月十四日起案」(照會第七號), 『宮內府案第十冊』, 서울대 규장각, 1992, 595쪽). 당시 하야시겐죠(林權助)는 1891년에 제주도 영사를 역임했기 때문에(『大阪每日新聞』 1891년 9월 21일자에서 확인됨) 제주도 관유목장에 소가 방목되고 있다는 사실을 알고 있었다고 추정된다. 또한 이 용어는 1905년 1월말 대한제국 황제가 제주도 관유목장 확장특허권을 일한동지조합에게 넘기려 했던 계약서에 나타난다(국사편찬위원회, 『駐韓日本公使館記錄』 25, 문영사, 1998, 124~125쪽. 이 계약서의 한국측 당사자는 황제의 密勅을 받은 궁내부대신 이재극이었고, 계약 체결일은 1905년 1월 29일이었다.

4) 강만익, 「조선시대 제주도 관설목장의 경관연구」, 제주대 교육대학원 석사논문,

다. 당시 관유목장 상황에 대해 1906년 6월 일본의 지방신문인 『신호우
신일보』는 다음과 같이 결론지었다.

　　한국조정은 10년 전부터(1896) 공마 대신 5천냥, 장세 7천량, 낙마세 150
냥을 과할 뿐 목사는 징세를 맡아보는 일만 하고 목축의 성쇠에는 관심이 없
다. 제주도의 목축업은 현재 쇠미한 상태이고, 한라산 산록에는 관유목장 11
개소가 있어 제1부터 제6까지는 제주군에, 제7, 8은 대정군에, 제9, 10은 정
의군에 속하며 별도로 정의군과 대정군 사이에 걸쳐있는 산장이라는 것이 있
다. 이상 11개의 목장은 몹시 광활하다. 현재 이 목장 내에 있는 말은 불과
300~400필에 지나지 않는다. 장감이라는 사람이 말을 감독하도록 되어 있으
나 자기 관구 내에 말이 얼마 있는지 모르고 있다. 관업으로서의 목축은 쇠퇴
하고 목장은 현재 도민의 자유개간에 맡겨 관유지의 소작료와 같은 세를 징
수하고 있다. 도민은 이를 개간할 뿐만 아니라 자기 사유의 우마를 방목한다.
부유한 자는 10~20마리를 가지고 있으며, 산간에 사는 많은 사람들은 2~3
마리 소와 말을 키우고 있다.[5]

2001 : 조선시대에 들어와 한라산지에는 국영 목마장이 설치되었다. 이것은 충렬
　　왕 2년(1276) 원조(몽골)가 현재 제주특별자치도 성산읍 수산리 수산평에 설치했
　　던 '탐라목장'을 재구성한 것으로 판단된다. 조선시대 제주도 국마장은 십소장,
　　산마장, 모동장, 천미장, 우도장(牛島場), 가파도별둔장(加派島別屯場) 등으로 이
　　루어졌다. 이중 제주도 국마장의 대명사라 할 수 있는 십소장은 해발 200m~600m
　　범위에 설치되었던 10개의 소장을 통틀어 말한다. 여기서 소장(所場)이란 중산간
　　지역에 형성된 대목장(大牧場) 또는 마정구획(馬政區劃)으로서 그 안에는 자목장
　　(字牧場, 군[群] 단위 목장)이 있었다. 자목장은 둔마(屯馬)를 천자문의 글자로 낙
　　인한 후 편성하여 만든 소규모 목장으로, 소장에 포함되었다. 둔마란 25필 규모로
　　무리를 지어 방목되는 말을 의미한다. 1개의 자목장은 암말 100필과 숫말 11필로
　　구성되었으며, 군두 1명과 군부 2명, 목자 4명이 자목장[군(群)]을 관리하였다. 조
　　선후기에 제주도에는 이형상(李衡祥)·이원진(李元鎭)의 지적처럼 58~64개 자목장
　　이 존재하였다. 이러한 십소장은 감목관·마감·군두·군부·목자로 이어지는 수직적
　　마정조직을 통해 철저히 운영되었다. 제주목 지역에는 1소장부터 6소장까지 그리
　　고 대정현 지역에는 7소장과 8소장, 정의현 지역에는 9소장과 10소장이 있었다.
5) 『神戶又新日報』, 1906년 6월 14일자, 「濟州島の牧業」 ; 제주사정립추진위원회·
　　제주특별자치도, 『자료집·일본신문이 보도한 제주도 : 1878~1910』, 2006, 216쪽
　　에서 인용.

이 자료에 언급된 바와 같이 제주지역에서 관업(官業)으로서의 목축
은 이미 쇠퇴했으며, 이에 따라 제주도민들은 목장 내로 들어가 우마를
방목하거나 목장토를 농경지로 개간해 이용하면서 관청에 소작료를 납
부했다. 당시 제주도 관유목장을 관리했던 제주부(濟州府, 1895~1896)
에서는 농민들에게 목장토를 개간하도록 허용한 다음 일종의 소작료를
징수해 재정확충에 이용했다.

관유목장 내 목장토에 대한 개간이 지속적으로 이루어지면서[6] 지방
관아에서는 목장운영보다 세금징수에 관심이 더 많았다. 그리하여 목
장지 개간을 한 농민들에 대해 화세(火稅)를 징수했다.[7] 이 과정에서
봉세관(封稅官)의 과도한 화전세 징수와 관리들의 가렴주구가 방성칠
난(1898)과 같은 민란을 유발하기도 했다. 민란이 종료된 뒤에도 제주
도민들은 여전히 구목장지대에서 자유방목과 함께 농경지 개간을 지
속했다.[8] 그 결과 종래의 관유목장지대는 점차 농경지 또는 공동 방목
지로 변용되었다. 이후 일제하로 들어가면서 마을공동목장이 관유목장
을 대체했다. 이로써 조선시대 이래 유지되어 온 제주도 중산간 국영목
장지대는 대한제국기의 관유목장을 거쳐 1910~1930년대에 들어 마을
공동목장지대로 재편되었다.[9]

---

6) 진관훈, 「제주도 화전연구를 위한 예비적 고찰」, 『濟州島史硏究』 제12집, 濟州島
   史硏究會, 2003, 53~54쪽. 제주지역에서는 1894년 공마제도가 폐지되어 목장토
   개간이 활발해지면서 중산간 지역에 마치 머리 띠를 두르듯이(이를 혹자는 말발굽
   형이라 한다) 화전이 확대되어 갔으며, 일제시기에 들어와 일제가 삼림보호를 명목
   으로 화전을 금지시킴에 따라 제주도 화전은 1930년대를 기점으로 축소되었다.

7) 「領收證 一金 拾陸圓 柒拾貳錢貳里也右는 道順里八所場火稅領收홈 明治四十三
   年 十二月十五日 納人 梁元海 領收員 姜弼鎬」. 서귀포시 도순동 마을회관에는 領
   收員 姜弼鎬이 1910년 12월 25일 발행한 화전세 영수증 문서가 남아있어 8소장
   국마장터에서 화전이 이루어졌음을 입증할 수 있다.

8) 제주사정립사업추진협의회, 『자료집·일본신문이 보도한 제주도 : 1878~1910』,
   2006, 186쪽. 일본 오사카 지방신문인 『大阪每日新聞』가 1903년 5월 4일 「濟州
   島事情」이라는 제목으로 보도한 기사를 통해 알 수 있다.

2) 1910~20년대 공동목장 등장

일제시기에 시작된 공동목장은 마을주민들이 일정한 조직을 만들어 우마를 방목했던 목축지였다. 조선시대에도 제주지역에 공동목장과 유사한 형태가 존재하지 않았던 것은 아니나 특정한 조직과 규약에 의해 운영된 공동목장은 1910~20년대부터 비로소 등장했다.

한반도에서 공동목장은 1910년대부터 출현했다. 이러한 사실은 조선총독부 식산국이 발간한 『조선농무제요』(1914)를 통해 확인된다.[10] 이 자료는 일본의 공동목장 제도가 이미 1910년대에 조선으로 이식되었음을 말해준다. 일제는 조선을 자국의 식민지로 재편하는 과정에서 조선의 축산구조를 바꾸려는 계획 아래 공동목장 제도를 조선에 이식한 것이다. 이 공동목장은 조선총독부가 1917년 경남 통영군 축산동업조합에 발송한 「국유임야대부허가서」,[11] 조선총독부 관료 지촌원태랑(志村源太郎)이 출간한 『산업조합문제』(1927),[12] 일본 아시아 역사자료센터 국립공문서관의 1941년 문서에도 나타난다.[13] 이 목장은 일본의 식민지였던 사할린에도 54개나 존재했으며[14] 현재 일본 북부 아모리현 시리야기(尻

---

9) 국마장 지역이 마을공동목장으로 재편성된 실례를 보면, 2소장 지역은 선흘 공동목장, 3소장 지역은 봉개 공동목장과 월평 공동목장, 4소장 지역은 해안 공동목장, 5소장 지역은 고성·장전·유수암·소길 공동목장, 6소장 지역은 어음·어도(봉성)·금악 공동목장, 7소장 지역은 동광·서광·상천·색달 공동목장, 8소장 지역은 중문·대포·하원·도순·강정·영남 공동목장, 9소장 지역은 동홍·토평·하례·상효·신효·위미·한남 공동목장, 10소장 지역은 성읍 공동목장 그리고 산마장 중 녹산장(특히 갑마장)은 가시리 마을공동목장이 입지했다.

10) 조선총독부 식산국, 『朝鮮農務提要』, 1914, 108쪽.

11) 조선총독부 농상공부, 「國有林野貸付願許可ノ件」, 『國有林野貸付許可書類』, 1917 (국가기록원 문서관리번호 : CJA0010413).

12) 志村源太郎, 『産業組合問題』, 日本評論社刊行, 1927, 154~156쪽.

13) アジア歴史資料センタ 國立公文書館(참조: http://www.jacar.go.jp.).

14) 市川健夫, 「周年放牧されている尻屋崎の寒立馬」, 『日本の馬と牛』, 東京書籍株式會社, 1984, 117쪽. 이곳은 海岸段丘에 위치한 마을로 단구면에서 방목이 이루

屋崎)에도 실재하고 있다.

한반도 지역에서 공동목장의 일면은 1925년 6월 16일자『시대일보』
에서 확인할 수 있다. 당시 이 신문은「공동목장 설치, 삼군사업으로 6
백두를 수용」이라는 제목으로 함경북도 삼군(경원군, 온성군, 종성군)에
서 공동목장을 설치하기로 했음을 알렸다.[15) 해당 군청에서는 이곳 공
동목장 내에 유호사(留護舍), 간시사(看視舍), 사무실을 설치해 목장을
운영한다고 발표했다. 5월 상순부터 10월말까지의 방목기간에 목축민들
에게 입목료를 받아 목장운영을 위한 재원으로 이용했다.

제주지역에도 1910년대에 이미 공동목장이 존재했을 가능성은 충분
하다.[16) 비록 이를 입증해주는 문서가 아직 발견되지 못하고 있으나

어졌다. 이곳의 496ha에 달하는 공유지(共有地) 중 30%가 공동목장으로 이용되
었다. 1931년에는 말 122두, 소 82두가 있었지만 전후 대폭 감소했다. 1980년 현
재 말은 33두, 소는 200두 정도 방목되었다. 이곳의 목장운영 규약을 보면 방목권
은 공유자 중 33가구에만 부여되었으며, 1호당 방목할 수 있는 우마 수는 7두 이
내로 제한했다. 이 보유제한 조치는 농어민의 계층분화를 막았으며, 과방목(過放
牧)에 의한 목장황폐를 억제하는 긍정적 기능을 했다.

15)『시대일보』1925년 6월 16일자,「共同牧場設置 三郡事業으로 六百頭를 收容」:
"慶源, 穩城, 鐘城 三郡의 共同事業으로 牧場을 設置하기 爲하야 工事中인 建築
과 諸般設備는 今後 二週日 以內로 完成되리라는데 建築은 留護舍 2, 看視舍 1,
事務室 1이고 留護舍의 四面에는 鐵網을 張하고 光明燈을 設置하야猛獸의 侵入
을 防備하며 收容牛馬는 六百頭豫定이라는데 看視監督 2인으로 傭人을 監督케하
고 事業의 時期는 매년 5月上純으로부터 10월말까지라 하며 牧畜料는 大略左記
와 여히 豫定하얏다: 牡牛(숫소) 1두 1원 50전, 牝牛 1원, 牡犢 75전, 牝犢 50전."
16) 김동균,「濟州道 部落共同牧場의 實態調査」,『韓畜誌』16, 1974, 375쪽. 1920년
대 제주도 우면 신효리(1925), 좌면 회수리(1920), 좌면 도순리(1927), 대정면 보
성리(1925)·서중면 신례리(1929), 구우면 동명리(1924), 1910년대 대정면 상모리
(1914), 구좌면 송당리(1919)·하도리(1917) 등에 공동목장이 설립된 것을『향토지』
및 현지조사에서 확인된다. 이 시기보다 앞선 조선시대에도 주민들에 의해 목축
이 이루어졌다는 점에서 유사 공동목장이 존재했을 가능성이 있다. 즉, 중산간 국
영목장지대를 제외한 마을 인근 해안지대에 마을주민들이 자유롭게 공동으로 방
목했던 목축지가 존재했다고 볼 수 있다.

1910년대부터 이루어진 일제의 공동목장 운영정책이 제주지역을 제외하고 실시될 이유가 없었기 때문이다. 북제주군 구좌면장이 북제군수에게 발송한 「리공동목장 산지조림계획」 문서는[17] 구좌면 하도리에서 1919년 구좌읍 송당리 213-1번지에 위치한 '높은오름'(해발 405.3m) 일대를 공동목장으로 이용했음을 보여준다.[18]

1920년대에도 공동목장이 존재했음을 알려주는 문서로 구우면장(한림면장)이 제주도축산동업조합장에게 발송한 (가)「공동목장 기부수입 관리경영에 관한 건」(1928.2.29), (나)「공동목장 기부수입 관리경영에 관한 건 회보」(1928.3.3), (다)「구우면 협의회원 결의록」(1928.3.17) 등이 있다. 이 중 (가)문서에는 공동목장 기부수입 내용과 공동목장 경영요령, 공동목장 기부채납원 양식이 포함되어 있다. 이를 구체적으로 검토하면, (가)문서는 제주도축산동업조합이 조건부로 공동목장에 대해 시설개선 사업을 전개했음을 보여준다. 실례로, 공동목장에서 여름철 무더위와 수원(水源) 확보 및 겨울철 추위에 대비하기 위해 식림(植林)사업이 이루어졌다. 목장 내 나무심기 사업은 본래 마을주민들이 공동사업으로 시행할 계획이었으나 주지하다시피 1920년대 제주지역의 마을들은 경

---

17) 1976년 구좌면장이 북제주 군수에게 발송한 「리공동목장 산지조림계획」 문서는 다음과 같다.
　　구좌 1152.12-355　수신 : 북제주군수　참조 : 산림과장
　　제목 : 리공동목장 산지조림계획
　　본면 송당리 지선 213-1, 지적 74헥타아르(속칭 : 높은오름)는 구좌면 하도리에서 1919년부터 계속 공동목장으로 사용하고 있는 바 동번지에 76년도 산지조림계획이 되고 있음에 동리 주민들의 반발이 있사오니 조속한 시일 내에 조림계획에서 제외 조치하여 주시기 바랍니다.
　　1976.2.26. 구좌면장
　　(자료: 북제주군 산림과, 「추가조림사업」, 1976(국가기록원 문서관리번호: BA0246990).
18) 하도향토지 발간위원회, 『下道鄕土誌』, 태화인쇄사, 2006, 379쪽. 당시 하도리 출신 구좌면장과 면서기에 의해 높은오름 일대 토지가 하도리 소유로 사정되었다고 한다.

제적 여력이 충분하지 못해 공동목장 시설개선에 투입할 자금이 부족한
실정이었다. 이러한 상황에서 제주도사가 회장을 겸임했던 제주도축산
동업조합에서는 공동목장을 축산동업조합에 기부채납[19]한 마을에 한해
목장내 설비개선을 지원해주겠다고 선전했다. 그러나 공동목장 기부채
납 추진사업이 당초 예상보다 호응이 부족하자 이 동업조합에서는 공동
목장 기부채납 신청을 독려하는 유인책의 하나로 기부채납신청을 빨리
한 2개 목장을 선정해 식림용 아카시아 나무를 무상으로 제공해 줄 뿐만
아니라 목장 경계림 식재작업, 목장표식 설치, 목초이식 사업을 지원
해주겠다고 발표했다.[20] 그러는 한편 공동목장을 기부채납할 마을의
운영주체는 필요한 서류를 구비해 축산동업조합에 제출하라고 독촉
했다.[21]

　제주도축산동업조합장(제주도사)은 면지역에 공문을 발송해 기존에

---

19) 기부채납(contributed acceptance)은 본래 국가 또는 지방자치단체가 무상으로 재산
　　을 받아들이는 것을 말한다. 이 경우 기부는 민법상의 증여와 같은 것이며, 채납
　　은 승낙에 해당된다. 따라서 당시 기부채납된 금악리 2개 공동목장은 일시적으로
　　제주도축산동업조합 소유재산이 되었다고 볼 수 있다. 「공동목장기부채납원」을
　　보면 다음과 같다.

共同牧場寄附採納願

從來 下名 等 所有 左記牧場ヲ 貴組合ニ寄付致度候.
□何卒御採納ノ上 貴組合ニ於テ 牧場御經營相成 下名等 何マ里ノ爲ニ牧場使
用セシメラレ度
此段 連署ヲ以テ 奉頭上候也
年　月　日　連署　濟州島畜產同業組合長　前田善次　　殿

20) 濟州島畜產同業組合長, 「共同牧場寄付受入管理經營ニ關スル件」(濟畜第125號,
　　1928년 2월 29일).

21) 축산동업조합에 기부할 공동목장의 실태를 파악하기 위한 자료에는 ① 목장명 ②
　　면적 및 필수 ③ 지목, 지번 ④ 입회관행, 부락명, 인원, 우마별 放牧槪數 ⑤ 현
　　재 소유자 ⑥ 기부방법 ⑦ 목장내 樹木有無 및 樹種樹齡, 槪略本數 ⑧ 목장내
　　우마음료수 유무 種別個數(飮料水 種別은 天水瀦溜, 噴水, 河川 等) ⑨ 牧場見取
　　圖 등이 있다.

존재하던 공동목장에 대한 시설개선을 약속하며 공동목장 기부채납을 권장했다. 이것은 마을주민들이 운영했던 공동목장에 대한 소유권을 넘겨받으려는 시도였다고 판단되며, 기부채납 정책을 통해 제주도축산동업조합장(제주도사)은 마을주민들이 관행적 목축지로 활용했던 공동목장 연고임야도 차지하려 했다. 이 동업조합에서는 주민에 대한 회유책으로 공동목장을 기부채납한 마을에 대해 공동목장과 관련된 일체의 권리와 의무를 승계할 것임을 표명했다. 이러한 일련의 조치들은 공동목장 기부채납을 더욱 확대하려는 일제 식민지 당국의 축산정책에 근거한 것으로 보인다. 이 조합에서는 기부채납 받은 공동목장에서 자생하고 있는 땔감용 나무들을 벌채한 후 목축민들에게 판매해 수입을 올리기도 했다. 이러한 근거로 볼 때 1920년대 일제는 제주지역에서 공동목장 기부채납 사업을 전개하며 공동목장 연고임야에 대한 소유권 확보와 동시에 공동목장 내에 존재했던 자원(초지, 땔감 등)들을 제주도민들에게 판매해 수익을 창출했음을 알 수 있다.

(나)문서는 제주도사가 1928년 2월 29일 구우면에 발송한 문서에 대한 회신문이다.[22] 여기에는 구우면이 축산동업조합에 기부채납할 금악리 중가시('셋가시') 공동목장과 정수악 공동목장의 실태[23] 및 「공동목

---

22) 舊右面長, 「共同牧場 寄付受入管理經營ニ關スル件回報」(1928.3.3).
23) 중가시 목장과 정수악(정물오름) 목장의 실태는 아래 표와 같다.

구분	금악리 기부목장	
목장명	중가시('셋가시') 목장	정수악 목장
면적 및 필수	40정보(120,000평), 1필	94정보(282,000평), 5필
지번과 지목	금악리 42번지, 전과 임야	금악리 52번지, 임야(정물오름)
입회관행, 마을명, 인원 우마별 방목수	옹포·명월리·금악리 소4□수 말□수	금악리, 소8□
소유상황	목장(옹포+금악)연고임야 면장명의로 당국에 양여원 제출 중	공동연고임야, 현재 당국에 양여원 제출 중
목장내 수목의 유무	나무없음(無木)	나무없음
목장내 우마음료수	하천수	하천수

장기부채납원」이 기재되어 있다. 이 문서를 통해 첫째, 당시 기부채납된 금악리 산 42번지 중가시 공동목장은 인근 옹포리, 명월리 주민들도 함께 관행적으로 우마를 방목했던 장소였음을 알 수 있다(그림 6).[24] 또한 금악리 산 52번지 정수악(정물오름) 공동목장은 본래 금악리 소유의 공동 연고임야(共同緣故林野)[25]로, 기부채납 여부를 결정하기 이전에 이미 제주도 당국에 대해 소유권을 넘기라는 양여원(讓與願)[26]을 제출 중에 있었다.

「공동목장기부채납원」에는 구우면장 임창현이[27] 제주도사에게 금악리 임야 42번지 40정보의 중가시 공동목장을 기부채납한 내역이 기록되어 있다. 이 목장은 본래 금악리가 인근 옹포리와 함께 이용했던 연고임야로, 구우면장 명의로 제주도청에 양여원을 제출 중에 있던 것을 축산 동업조합에 기부채납하기로 결정한 것이다. 여기서 금악리 마을 대표가 기부채납원을 작성한 것이 아니라 이 마을을 관할했던 구우면장이 작성

자료 : 舊右面長, 「共同牧場寄附受入管理經營ニ關スル件回報」(1928.3.3).

24) 금악리 노인회장 홍군석씨에 의하면, '셋가시'는 금악리 산 40번지로 과거 명월리 공동목장터(현재는 Castlex 골프장)와 붙어 있는 장소였다. 공동목장 간 경계가 뚜렷하지 못했던 1920년대에는 금악리와 인접한 옹포리, 명월리 주민들도 이곳에서 공동방목했다고 한다(2010년 10월 25일 전화면담). '셋가시'를 한자로 표기한 중가시 목장은 이곳 산 40번지에서 산 42번지를 연결했던 장소로 판단되며, 2010년 현재 금악리 공동목장은 금오름과 당오름에 위치한다(양일화, 81세, 금악리 1099번지, 2011년 1월 19일, 금악리 마을회관에서 면담).

25) 연고임야는 일제가 1926년 「조선특별연고삼림양여령」을 내려 특별연고삼림을 사유림으로 전환하는 과정에서 등장한 임야이다. 금악리 연고임야는 이 마을이 임야조사사업(1917~1924) 이전부터 연고를 가지고 우마 방목을 해왔던 임야로, 금악리는 제주도 당국에 특별연고삼림양여사업(1926~1934) 기간을 이용해 연고임야에 대한 소유권을 넘겨 줄 것을 요구했다.

26) 양여란 국유 잡종재산에 대한 소유권을 국가 이외의 자에게 이전하는 것으로서 민법상 증여에 해당한다.

27) 1928년에 구우면장 임창현은 대림리 출신으로 구우면 소재지를 명월리에서 옹포리로 옮긴 인물이다.

했다는 사실에 주목할 필요가 있다. 즉 이것은 금악리 주민들이 제주도 축산동업조합에 공동목장 소유권을 넘기는 기부채납 결정을 하지 않는 상황에서 구우면장이 금악리에 공동목장 기부채납을 종용하며 금악리를 대신해 직접 기부채납원을 작성했을 수도 있었음을 암시한다.

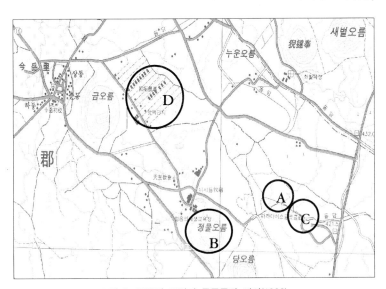

그림 6. 구우면 금악리 공동목장 위치(1928)

A : 중가시 공동목장(1928), B : 정수악 공동목장(1928), C : 한림면 명월리 공동목장이었으나
현재는 골프장으로 이용(1995). D : 이시돌 목장(1961). 지도에 나타난 지역은 조선시대
6소장이었으며 정물오름과 당오름 사이에는 목장의 경계선인 잣성이 남아있음.

(다)문서에는 구우면협의회[28]에서 결정한 공동목장 연고임야에 대한 처리방침이 제시되어 있다. 당시 구우면 내 연고임야는 모두 2,300여 필지가 있었다. 이중 420여필은 각 연고자가 양여원을 제주도 당국에 제출 중에 있었으나 잔여 1,880여필은 활용이 곤란하다는 이유로 각 리에서 사용을 거의 포기한 상태에 있었다. 이에 따라 제주도 당국에서는 연고

---

28) 1928년 당시 舊右面協議會員으로는 金錫奎, 金彰國, 金啓鶴, 申伯敏, 秦斗千, 朴文吉, 韓仁河, 康錫潘 高珍植, 高尙鉉, 朴京祚, 張萬林, 李東喬 등 13명이었다.

권을 가진 해당 마을을 설득해 수수료 390원을 면에 납부하도록 한 다음, 면이 행정주체가 되어 1,884필지에 달하는 연고임야 양여원을 제주도 당국에 제출하도록 했다. 이러한 상황에서 구우면협의회에서는 제주도축산동업조합으로부터 지원을 받아 구우면 내 공동목장 시설을 개선한다는 명분으로, 1928년 3월 17일에 면명의로 양여원을 제출했던 구우면 관내 공동목장 연고임야 중 일부를 제주도축산동업조합에 기부채납하기로 결정한 것이다. 결국 일제는 면협의회 조직을 내세워 마을이 연고권을 가지고 있었으나 방치상태에 있었던 연고임야를 제주도축산동업조합에 기부채납하도록 유도했다고 볼 수 있다.

이상과 같은 구우면 공동목장 문서를 토대로 1920년대 제주도에는 금악리 공동목장의 사례에서 확인되는 바와 같이 공동목장이 실재했음을 알 수 있다. 다만 당시 공동목장은 규모가 영세하고 목축시설이 빈약했으며, 체계적인 규약과 조직을 구비하지 못해 결합도가 낮은 상태였다.

1920년대 공동목장에 대해 목장조합을 조직하여 운영하라는 지시는 1933년 제주도축산동업조합이 해산되어 제주도농회에 편입된 시기를 전후해 내려졌을 것으로 판단된다.

마을별 공동목장조합 설립에 대한 구체적인 논의들은 당시 신문자료들을 통해 알 수 있다. 『조선중앙일보』는 1934년 11월 제주도 당국에서 200리에 달하는 돌담(大石垣)을 구축해 45,000 정보에 달하는 대목장을 건설할 계획임을 알렸다. 여기서 대목장은 공동목장을 의미한다. 이것은 전라남도 제주도청이 발간한 『제주도세요람』(1937)에 공동목장 총 소요 면적이 45,000 정보라는 기록과 일치하기 때문이다.

원래 제주도는 목양지로 유명한 곳이지만 새로히 목장을 설치하려고 도민(島民)이 협력하야 연장 이백리에 달하는 노피 6척 내지 8척의 돌담을 쌓고 농경에 적당하지 않은 사만오천정보를 공동목장으로 건설할 방침으로 지금 3분지 1은 준공해 년 내에 완성할 예산이라는데 그것이 준공되면 소 만두, 말

2만두를 방목할 계획으로 매우 주목을 끈다고 한다.[29]

『매일신보』는 1935년 6월 전라남도 관할지역인 제주도(濟州島)에서 방목지가 확정되지 못해 가축 때문에 임야와 농경지 피해가 많다고 보도했다. 이에 제주도민들이 문제해결을 요구하는 궐기를 함에 따라 제주도 당국에서는 1934년부터 설립 예정인 목장조합에 대해 국유임야 대부와 촌락소유 임야에 대한 기부유도 정책 등을 실시하며 목장조합을 마을별로 조직하도록 했다. 이렇게 하여 제주도 당국에서는 45,000 정보에 달하는 중산간 초지대에 공동목장을 설치하고, 1936년까지 마을별 공동목장조합 설립을 완성시키기 위해 공동목장 내에 나무를 식재하고 급수설비를 갖출 계획임을 밝혔다(그림 7).[30]

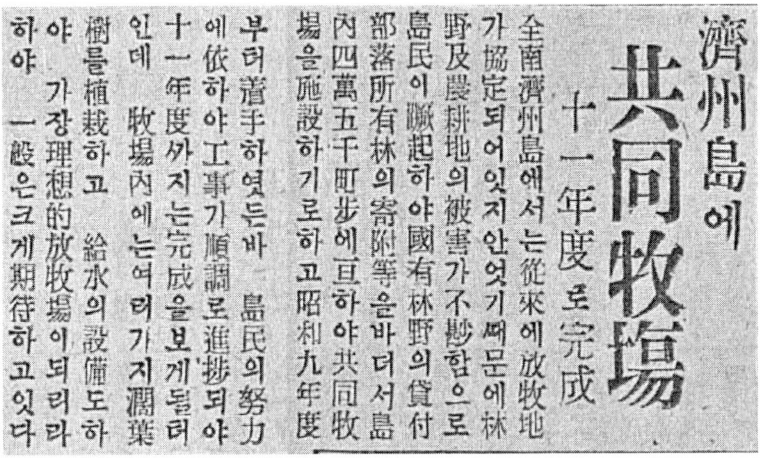

濟州島에
共同牧場
十一年度로完成

全南濟州島에서는從來에放牧地가協定되어잇지안엇기때문에林野及農耕地의被害가不尠함으로島民이蹶起하야國有林野의貸付部落所有林의寄附等을바더서島內四萬五千町步에亘하야共同牧場을施設하기로하고昭和九年度부터着手하엿든바 島民의努力에依하야工事가順調로進捗되야十一年度까지는完成을보게될터인데 牧場內에는여러가지潤葉樹를植栽하고 給水의設備도하야 가장理想的放牧場이되리라하야 一般은크게期待하고잇다

그림 7. 제주도 공동목장 설치 보도자료
자료 : 『매일신보』(1935년 6월 16일자)

29) 『조선중앙일보』 1934년 11월 6일자, 「四萬五千餘町步에 桓한 濟州島의 大牧場 蜿蜒二百里 大石垣을新築코 農耕地의 區域決定」.

30) 『매일신보』 1935년 6월 16일자, 「濟州島에 共同牧場 十一年度로 完成」.

그러나 제주도 당국에서 우마방목으로 인한 임야와 농경지 피해를 막아달라는 제주도민들의 요구를 수용해 목장조합을 설립한다는 기사내용은 일제 식민지 낭국이 조합설립의 당위성을 강조하기 위해 내세운 명분에 지나지 않는다. 다시 말하면, 당초 목장조합 설립은 제주도민들이 자발적으로 요구해서가 아니라 일제의 명령에 의해 그리고 일제의 필요에 따라 반강제적으로 이루어졌다는 점을 인식할 필요가 있다. 당시 『매일신보』가 조선총독부 기관지였다는 점을 감안할 때 이 신문의 보도내용들은 조선총독부와 제주도 당국이 표면적으로 내세운 목장조합설립 필요성을 일방적으로 대변한 것에 불과하다.

『조선신문』도 조선총독부 농림국에서 제주도의 산업자원 개발을 지원한다는 취지하에 현장답사반을 보내 중산간 지역 45,000 정보에 대목장을 개척할 예정임을 알렸다.[31] 『동아일보』도 조선에 주둔한 일본군이 필요로 하는 군마를 안정적으로 공급받기 위해 1935년 3월 제주도를 총독부가 추진하는 제1기 마정계획[32]에 편입시켜 주도록 총독부에 요청했다는 사실을 보도했다.[33] 이러한 일제의 마산(馬產) 정책은 제주지역이 말 사육에 적합한 기후조건과 초지대가 넓은 자연환경 그리고 무엇보다 말 사육 기술을 가진 목축민들이 많았다는 점을 반영한 것이라 해석된다.[34]

---

31) 『조선신문』 1937년 6월 11일자, 「濟州島にて大牧場を開拓, 漢拏山を中心に四萬五千町步を利用」.

32) 배민식, 「조선마정계획」(참조 : http://contents.archives.go.kr). 총독부는 1935년 3월 조선마정(馬政) 제1기 계획을 수립하여 ① 기초 빈마의 충실 유지 및 종부(種付) 장려 ② 말 이용 장려 ③ 말의 사육 개선에 관한 시설 ④ 말의 거세 실시 ⑤ 목초지 개량 유지에 관한 시설 ⑥ 말에 관한 공제사업 조성 ⑦ 말 위생에 관한 시설 ⑧ 말의 거래 알선 ⑨ 마적(馬籍) 설정 ⑩ 말 관련 단체 조성 ⑪ 민간 목장 설치조성 ⑫ 공진회, 경기회 개최 ⑬ 우량마 추천 장려 ⑭ 말에 관한 공로자 표창 ⑮ 경마의 지도 조장 등과 같은 조치를 취하기로 하였다. 그러나 중일전쟁이 터지자 1937년 9월 軍 요청으로 내용이 갱신되었고 명칭도 '조선마정확충계획'으로 변경되었다.

33) 『동아일보』 1936년 6월 20일자, 「馬政計劃中에 濟州島編入要請」.

1930년대 제주지역 공동목장 설치에는 동양척식주식회사도 관심을
보였다. 동척은 식민지 수탈에 앞장섰던 회사로, 당시 소속 기사를 제주
도에 파견해 목축사업에 대한 타당성을 조사한 다음, 조선총독부와 협의
해 경우(耕牛, 밭갈쇠)를 전문적으로 생산하는 목장을 건설하려고 했
다.35) 그러나 제주도에 대규모 공동목장을 설치한다는 계획은 조선총독
부와 전라남도청이 주도했으며, 이에 따라 동양척식주식회사의 계획은
제대로 실현되지 못했다.

3) 1930년대 공동목장 등장

이렇게 하여 일제시기 제주역사 무대에 등장한 공동목장은 한라산
지36)의 자연환경과 이곳을 배경으로 전개된 고려시대, 조선시대 목장사
(牧場史)의 산물이라고 할 수 있다. 여기에서는 제주지역 공동목장이 등
장하게 된 자연적, 인문적 배경에 대해 간략히 제시함으로써 공동목장조
합 등장배경 이해에 도움을 주고자 한다.

1930년대 제주지역 마을공동목장조합은 한라산 초지대를 배경으로
등장한 조직체였다. 이 지역 목축민들은 전근대시기부터 한라산 초지대
를 여름철 방목지로 이용해오는 전통을 가지고 있었다. 이곳에는 넓은
초지대와 함께 오름(측화산)·하천·삼림·곶자왈·화산회토·완경사지(용
암평원)가 발달해 목축활동에 도움을 주었다. 무엇보다 이곳은 방목우마
를 위협하는 짐승이 없었기 때문에 다른 지역에 비해 목축이 활발하게
전개될 수 있었다. 방목지가 위치한 중산간 지대의 경사도는 5~15°정도

---

34) 『매일신보』 1936년 6월 20일자, 「馬政計劃中에 濟州島編入 軍部가 本府에 要望」.

35) 『동아일보』 1938년 8월 11일자, 「東拓, 濟州島에 大牧場을 計劃」.
   『매일신보』 1938년 8월 11일자, 「耕牛中心으로 濟州島에 大牧場」.

36) 한라산지는 해안지역을 제외하고 대체로 중산간 지대(200m~600m : 산록부)와
   산악지대(600m이상 : 한라산국립공원, 산정부)로 구성되는 지역이다. 공동목장은
   중산간 지대에 환상(環狀)으로 분포하고 있다.

로 완만하며, 총면적은 589.0km²로 제주도 총면적의 32.2%에 해당한다.
아울러 중산간 지대 동서부에 형성된 완경사지에는 나무숲과 현무암편
(玄武巖片)으로 이루어진 '곶자왈'이 발달해 있다. 이곳은 비록 그 자체
로는 방목지로 적합하지 않으나 이곳에 자생하고 있는 식물들은 겨울철
에 방목해 놓은 가축들의 먹이가 되었으며, 나무숲은 여름과 겨울에 발
생하는 풍우설(風雨雪)을 피할 수 있었던 장소가 될 수 있었다는 점에서
방목에 도움을 주었던 곳이다. 실례로 서귀포시 안덕면 화순리·서광리·
청수리 공동목장 내에는 곶자왈이 분포하고 있다.

공동목장 내 오름들은 목장을 나누는 경계선이나 방풍기능 및 여름철
방목지로 활용되거나 우마들의 방목상태를 관찰하는 '망동산'이 되기도
했다. 하천들은 대부분 건천(乾川)이지만, 한천·도순천·효돈천과 같이
계곡이 발달한 하천들은 목장간의 경계선 및 우마들의 이동을 제한하는
역할을 했다. 우마들의 먹이인 꼴('촐'), 비수리, 망초 등이 자생하는 곳
에는 대부분 흑색의 화산회토가 발달해 있다. 서늘한 기후와 화산회토는
목초생육에 유리하여 화산회토 분포지역과 공동목장 초지대가 일치하는
특성을 보이고 있다. 중산간 지대는 초지대·낙엽활엽수림·침엽수림 순
으로 식생이 배열되며 이 중 초지대는 주민들에 의해 화전농업 지대 또
는 목축지로 이용되었다.[37)]

중산간 공동목장 지대는 해안지대보다 기온이 낮고 일교차가 비교적
심하며, 강수량과 구름의 양이 많고 바람도 강하다. 따라서 18세기 중엽
목장지대에는 피우가(避雨家)가 등장하기도 했다.[38)] 해안지역에 비해 낮

---

37) 김상호, 「한국농경문화의 생태학적 접근 : 기저 농경문화의 고찰」, 『사회과학논문
집』 4, 서울대 지리학과, 1979, 81~122쪽.

38) 『濟州三邑都總地圖』(18세기 중엽) : 이 지도에는 중산간에 위치한 10소장과 해안
지역의 천미장·모동장 등 우목장(牛牧場)이 나타나 있으며, 각 소장에는 비를 피
하던 피우가와 물을 먹이던 수처 그리고 잣성(목장경계용 돌담) 출입문이 표시되
어 있다.

은 기온특성은 오히려 목초의 성장을 돕고, 흡혈성 진드기의 번식을 막는 데 유리하지만 빈번한 지형성 강수와 안개는 오히려 방목 중인 마소들이 이동을 저해하고 생명까지 위협했다. 이곳은 다우지에 해당되지만 한해(旱害)가 발생하여 물이 부족할 경우, 공동목장 관리자인 목감(牧監)들이 방목우마를 해안의 용천대로 이동시켜야 했다.

공동목장은 진압농법과 유축농업에 필요한 우마를 방목하기 위해 요구되었다. 제주지역 토양인 화산회토가 대부분 함수율이 낮은 '뜬땅(浮燥土)'이어서 이 토양에서 조, 산듸, 피 등을 파종한 후 종자가 바람에 날아가지 않도록 하기 위해서는 우마를 이용해 토양을 밟아주는 진압농을 해야 했다. 여기에 필요한 우마를 사육하기 위한 공간으로 마을 공동목장이 출현될 수 있었다.[39] 아울러 비옥도가 낮은 토양환경에서 농경을 위해서는 가축을 이용한 퇴비생산이 필요했다. 이에 따라 농경과 가축사육을 병행하는 유축농업(有畜農業)이 적절한 대책이었기 때문에 마을주민들이 공동으로 우마를 방목할 공동목장이 있어야 했다.

이상과 같은 자연환경들은 모두 한라산 초지대에서 100여개의 마을 공동목장과 목장조합이 설치되어 운영될 수 있었던 토대가 되었다.

한편, 목장조합이 설립될 당시의 제주지역 인문적 환경 중 1930년대 인구수와 우마수의 지역별 분포실태는 <표 15>와 같다. 이들 자료는 목장조합의 등장 당시 제주지역의 마을상황을 보여주고 있다. 여기서 제주도내 소와 말의 사육호수와 두수의 지역별 분포를 보면, 우마 사육두수 모두 구좌면 지역이 최대를 보였다. 전체적으로 말에 비해 소 사육호수 및 두수가 모두 2배 정도 많았다.

---

39) 송성대, 앞의 책, 2001, 262쪽.

〈표 15〉 제주도 우마의 사육호수와 두수분포(1931)

지역	면적 (km²)	호수 (1929)	인구수 (1929)	말		소	
				사육호수	두수	사육호수	두수
제주면	250.4	8,031	35,013	1,226	1,813	2,003	2,485
신우면(애월)	204.2	4,610	21,783	1,504	3,127	2,480	3,658
구우면(한림)	164.1	6,154	30,504	973	2,422	3,257	4,434
신좌면(조천)	154.0	3,266	13,214	1,035	2,373	947	1,467
구좌면	195.0	4,317	20,864	229	3,395	1,642	5,182
우면(서귀)	140.4	2,629	14,058	742	1,299	1,752	4,748
좌면(중문)	145.3	2,242	9,865	726	1,667	1,036	3,598
중면(안덕면)	106.0	1,820	9,659	288	1,150	1,341	2,321
대정면	88.0	2,747	15,002	385	776	1,699	2,424
서중면(남원)	189.0	2,192	12,414	511	2,155	1,231	4,705
동중면(표선)	136.2	1,584	7,265	317	868	1,174	2,777
정의면(성산)	109.7	2,501	12,482	358	1,205	1,140	3,115
합 계	1,886.3	42,093	202,123	8,294	22,250	19,702	40,914

자료 : 桝田一二, 『濟州島の地理學的硏究』, 1976, 82쪽(1931년 12월말 현재). 동리수
(16쪽)와 호수 및 인구수 자료(93쪽)는 1929년에 출간된 善生永助의 『제주도생
활상태조사』에 의함. 위 자료에는 추자도가 제외되었으나 1929년 당시 759호
에 인구수 3,486명이었음.

　　목장조합이 등장한 1930년대는 조선총독부가 전국적으로 조합설립을
적극 장려한 시기였다. 일제는 농촌진흥운동의 일환으로 조합설치를 장
려하여[40] 전국 곳곳에서 조합이 확대된 결과 이른바 '조합의 범람시대'
가 되었다. 일제는 궁극적으로 조합을 매개로 식민지배를 실현하려 했던
것이었다.[41] 이를 구체적으로 보면, 일제는 1930년대로 들어와 식민권

───────────────

40) 朝鮮總督府, 『農村振興運動の全貌』, 京城, 1935, 122쪽.

41) 신기욱·한도현, 「식민지 조합주의 : 1932~1940년의 농촌진흥운동」, 도면회 옮김,
　　앞의 책, 2005, 131~136쪽. 1930년대 농촌진흥운동이 전국적으로 전개될 때 조
　　성된 국가와 농촌사회의 관계를 파악하는 관점의 하나인 '식민지 조합주의'
　　(Colonial Corporatism)는 근본적으로 조합을 사회와 국가를 연결시키는 하나의 원

력과 상품화폐경제를 촌락내로 침투시켜 촌락을 지배하겠다는 의도를
드러내면서 각지에 미작개량조합, 전작개량조합, 면작조합, 과수재배조
합, 잠업조합 등 각종 영농조합을 설립시키는데 주력했다.[42] 이러한 상
황에서 제주지역에도 1930년대에 제주산업조합[43], 제주어업조합[44], 제
주도해녀어업조합[45] 등이 설립되었다. 이 조합들은 당초에는 농수축산
개량과 증산을 목적으로 기능하기도 했으나 점차 식민지 권력 담당자들
이 조합의 요직을 맡으면서 식민지 수탈기구로 변질되고 말았다. <표

리 혹은 체제로 인식하며, 이러한 조합주의 국가는 통제된 방식으로 국가와 상호작
용하는 몇몇 관변단체의 형성을 촉진한다고 주장한다. 이 관점은 1930년대 본격적
으로 설립되어 운영된 제주지역 마을공동목장조합을 이해하는 데 시사점을 준다.

42) 김민철, 「조선총독부의 촌락지배와 촌락사회의 대응-1930~40년대를 중심으로」,
경희대학교 박사논문, 2008, 16쪽.

43) 제주도, 앞의 책, 1995, 191쪽. 제주산업조합은 1930년 6월 20일에 설립등기를
마치고 제주면 3도리 43번지에 사무소를 두었다. 조합원이 생산한 물품가공 및
매매, 산업 또는 경제에 필요한 물건을 매입하여 조합원에게 판매하는 것을 목적
으로 설립되었다. 초대 조합장은 제주면 1도리 1425번지 홍종시가 맡았다. 당시
산업조합의 설립배경에 대해 『중외일보』는 전남제주도는 기후풍토상 농경에는
부적합하나 축산 및 수산물은 천혜의 혜택을 받아 축산동업조합과 해녀어업조합
등이 설립된 반면에 산업방면에는 판매기관이 없어 산업조합령에 의해 홍종시 외
49명이 산업조합 설립허가원을 총독부에 제출해 3월 27일에 허가받았음을 보도
하고 있다(『중외일보』, 1930년 3월 29일자, 「제주도의 산업조합 설립허가」). 부
산·목포 및 오사카에 출장소를 두어 1938년 조합원수 782명, 1,967계좌(출자액
1,967원), 총자본액 11만원을 갖고 사업을 경영했다(제주도청, 『제주도세요람』, 1939,
제주시우당도서관, 『제주도의 경제』, 1999, 180쪽).

44) 제주도, 앞의 책, 1995, 190쪽. 제주어업조합은 1930년 4월 30일에 설립허가를
받아 지구별로 설립되었다. 제주면 어업조합(3도리에 위치), 신좌면 어업조합(함
덕리), 구우면 어업조합(한림리), 대정면 어업조합(하모리), 신우면 어업조합(애월
리), 정의면 어업조합(성산리), 동서면 어업조합(동중면+서중면, 남원리), 중면 어
업조합(화순리), 구좌면 어업조합(월정리)이 있었다.

45) 제주도, 앞의 책, 1995, 197쪽. 제주도해녀어업조합은 1930년 12월 16일에 설립등
기를 한 조직이었다. 사무소는 제주면 3도리 43번지, 조합장은 제주도사 田中半治
가 맡았다. 제주도내에 거주하는 採藻 및 捕貝業者들이 조합원이 될 수 있었다.

16>은 일제시기 제주도내 조합의 설립실태를 보여준다.

〈표 16〉 일제시기 제주도내 조합설립 상황

조합명	조합수	조합원수	설립목적	비고
제주지방 금융조합	-	-	조합원에 대한 농업자금 대부 및 농업발달	◦ 1907년에도 처음 등장했으나 1912년 6월 29일에 공식 설립허가 ◦ 조합장은 제주군 중면 도두리 蔡龜錫
제주학교조합	5	-	관의 감독을 받아 일본인 교육에 관한 사무처리	◦ 제주면, 서귀포, 성산포, 추자도, 모슬포에 학교조합 설치, 운영 ◦ 1914년 7월 10일 제주학교조합 구역 변경
제주도 축산동업조합	1	18,104	축우마 소유자 공동이익 실현	◦ 1918년 4월 11일 조직, 1933년 4월 15일 해산되어 제주도농회에 통합
제주도해녀 어업조합	1	-	출가해녀들의 권익보호 출가해녀의 자금융통 해조류의 공동판매	◦ 1920년 4월 16일 설립인가, 1930년 12월 16일 설립등기 ◦ 조합장 : 제주도사 田中半治
제주도농회	1	22,196	농사개량발달	◦ 1926년 4월 17일 설립인가
면작조합	1	2,240	목화재배자 공동이익 실현	◦ 1925년 말 해산
제주도 잠업조합	1	-	양잠업자 공동이익 실현	◦ 조합장 : 제주도사 ◦ 1925년 말 해산
양계조합	11	22,792	양계업자 공동이익 실현	
계란반출조합	1	20	계란반출업자 공동이익 실현	
제주도 삼림조합	1	12,169	삼림보호, 조림을 통한 공동이익 실현	
제주산업조합	1	-	조합원이 생산한 물품가공 및 매매, 산업 및 경제발달에 필요한 물품매입 및 판매	◦ 1930년 6월20일 설립등기 ◦ 사무소 : 제주면 삼도리 43번지 (도청) ◦ 초대조합장 : 洪鐘時
제주도 어업조합	9	-	어업권 취득과 어업권 대부를 받아 조합원의 어업에 관한 경제 및 救濟에 필요한 공동시설 시행	◦ 1930년 4월 30일 설립허가 ◦ 지구별 설립(제주면, 신좌면, 구우면, 구좌면, 정의면, 동서면, 중면, 대정면, 신우면) ◦ 1936년 12월 22일 조합병합 등기
마을공동 목장조합	116	22,041	조합원 소유 우마의 개량번식, 조합원의 이익증진	◦ 1933년대부터 본격 설립 ◦ 마을단위 조합

자료 : 1. 젠쇼 에이스케(善生永助), 『生活狀態調査(其)二 濟州島』, 1929, 홍성목 역, 『濟州島生活狀態調査』, 調査資料 第29輯, 제주시 우당도서관, 2002, 98~99쪽.

2. 木浦商工會議所內陸地綿栽培十周年紀念會 編, 『陸地綿栽培沿革史』, 1917, 103쪽.
3. 濟州島廳, 『濟州島勢要覽』, 1937, 125~126쪽.
4. 濟州道, 『朝鮮總督府官報 中 濟州錄』, 1995.

2. 목장조합의 설립과정

1) 자생적 목축조직의 해체

일제가 1930년대 제주지역에 마을공동목장조합 결성을 독려하기 이전에 이미 제주도에는 자생적 목축조직들이 존재했다. 목장(축)계 또는 '무쉬접'(馬牛接)이라는 조직이 그 사례이다. 실례로 현재 서귀포시 성산읍 오조리 '엉물동네 무쉬접'과 표선면 성읍리 '무쉬접'은 이미 조선후기부터 조직되어 방목우마의 공동관리를 했음을 보여준다.[46] 더욱이 일제시기 서귀면 상효리에서는 목장계를 조직하여 목축하다가 1933년경 일제 당국이 각 리민들에게 목장조합을 조직하여 목축을 하라는 명령을 내림에 따라 1935년에 목장계를 해산할 수밖에 없었다.[47] 일제는 제주

---

46) 한국문화원연합회 제주특별자치도회, 『제주도 接·契 문화보고서』, 2010, 156, 246쪽. 목장계와 유사한 조직으로 '무쉬접'(馬牛接)이라는 조직도 있었다. 다음은 자생적 목축조직의 실례이다.

목축조직명	설립시기	지역(현재)	목적
쉐번, 물번	일제강점기	제주시 화북동	수소와 암소를 가진 사람들끼리 모여 순번을 정해 목장에서 우마관리
엉물동네 무쉬접	1860년 무렵	성산읍 오조리	마소의 번식과 효율적인 우마관리
무쉬접	일제강점기	성산읍 수산리	마소의 효과적인 관리
무쉬접	1870년대	표선면 성읍1리	순번제로 우마관리
곶쉐계	1930년대	대정읍 영락리	윤번제로 목장에 올린 소에게 물주기

자료 : 한국문화원연합에서회 제주특별자치도회, 『제주도 接·契 문화보고서』, 2010, 37·156·178·246·441쪽 인용함)

47) 상효1동 마을회, 『상효지』, 전자출판 흔글, 1994, 58쪽.

도의 전통적 목축조직들이 전근대적이며, 목장조합 설립에 걸림돌이 될 수 있다는 자의적 판단에 근거해 목축관련 자생조직들을 해체시킨 다음 목장조합 설립을 각 마을에 요구했다고 볼 수 있다.

2) 기설 목장조합 설립

제주도에서 목장조합의 구체적인 설립과정은 『제주도공동목장관계철』(1943)에 포함된 「공동목장 설정예정계획」, 「공동목장 정리계획조사」, 「공동목장 설치계획」, 「임야정리계획」, 「목장조합 설립규약」 등에 상세히 나타나 있다.[48] 이 절에서는 상기 문서에 기록된 이 조합의 설립과정을 기설 마을공동목장조합 설립과정, 신설 마을공동목장조합 설립과정 및 기설·신설 마을공동목장 내 구획정리사업, 신설 마을공동목장조합설립 승인 과정으로 크게 구분하여 검토한다.

1930년대 초 제주지역의 목장조합은 설립시기에 따라 기설 공동목장 조합과 신설 공동목장조합으로 구분할 수 있다. 기설공동목장이라는 용어는 1933년 10월 7일 제주도사가 각 읍면장과 제주도농회장에게 보낸 「기설공동목장 소재리 이외의 마을에 대한 공동목장예정지의 조사 및 독려에 관한 건」에 처음 등장했다. 설립시기가 1931년부터인 점을 볼 때 제주도 마을공동목장조합은 이 시기를 전후해 형성되었다고 볼 수 있다. 이 기설조합의 존재는 1934년 8월 16일 제주도사가 각 읍면에 발송

---

48) 이 장에서 분석자료로 활용한 목장조합 문서들을 소개하면, 「旣設共同牧場所在里 以外ノ里ニ對スル共同牧場豫定地ノ調査竝監督ニ關スル件」(1933년 10월 7일), 「共同牧場設定豫定計劃調査ノ件」(1933년 11월 1일), 「共同牧場設置定豫定計劃 調査ノ件」(1933년 11월 18일), 「共同牧場設定豫定計劃ノ件」(1933년 11월 20일), 「共同牧場設定豫定計劃ニ關スル件」(1933년 12월 8일), 「共同牧場整理計劃調査 ノ件」(1933년 12월 26일), 「共同牧場設置豫定計劃ニ關スル件」(1934년 6월 25일), 「共同牧場整理計劃調査の件」(1934년 1월 6일), 「旣設共同牧場整理施設實 行成績調査ノ件」(1934년 4월 11일), 「牧場整理 指導督勵ノ件」(1934년 5월 7일), 「旣設共同牧場整理施設 實行成績調査ノ件」(1934년 5월 26일) 등이 있다.

한 「공동목장조합설립 및 기설조합 규약개정의 건」(共同牧場組合設立竝
既設組合規約改正ノ件)」[49] 문서에서도 확인된다.

상기한 1933년 10월 문서는 기설공동목장의 설립과정을 보여주는 자
료로, 제주도사가 공동목장조합 설치를 위해 수년 동안에 걸쳐 누차 조
합설립을 독려해 왔음을 알 수 있다. 즉 목장조합은 어느 날 갑자기 등
장한 조직체가 아니라 제주도사의 장기구상에 따라 사전에 치밀하게 계
획되어 출현했음을 시사해 준다.

마을별 목장조합 설치를 위해 제주도사는 제주도민들에게 목장조합
설립의 당위성을 적극 홍보함과 동시에 각 마을에서 자발적으로 조합을
설립하도록 지시했다. 조합설립을 조기에 완료하기 위해 각 읍면에 통첩
을 반복하였을 뿐만 아니라 읍면장 협의회를 소집해 목장조합 설립을 직
접 요구했다. 심지어 제주도사는 조합설립을 논의하고 있는 해당 마을을
직접 방문하여 조합설치를 독려할 정도였다. 이러한 사실들에 근거해 볼
때, 제주지역에서 목장조합 설치는 제주도민들이 자발적으로 요구해서
가 아니라 조선총독부의 지시를 받은 제주도사의 강력한 추진의지에 따
라 이루어졌다고 결론지을 수 있다.

제주도사는 제주도민들의 자유방목으로 인해 농작물에 피해가 발생
하고 있다는 점, 목장조합이 없을 경우 우마방목이 불안하다는 점을 부
각시키면서 목장조합을 설립하도록 했다.[50] 그러나 자유방목으로 인해
농작물에 피해가 발생하고 있는 지역이 어디인지 그리고 마을주민들이
조합을 구성하지 않고 목축을 할 경우 발생하는 불안요소가 무엇인지에
대해서는 구체적으로 제시하지 않은 채 목장조합 설치를 일방적으로 강
요하다시피 했다. 당시 제주도사가 강력히 추진한 목장조합의 설치는 공

---

49) 濟州島司, 「共同牧場組合設立竝 既設組合 規約改正ノ件」(1934.8.16).

50) 濟州島司, 「既設共同牧場所在里以外ノ里ニ對スル共同牧場豫定地ノ調査竝督勵
ニ關スル件」(1933.10.7).

공사업 즉 국책성 사업이었다고 판단된다.

이상과 같은 기설목장조합의 구체적인 실태는 제주도사 다구치 테이키(田口禎熹, 재임기간 1931.12~1935.9)[51]가 1934년 4월 28일 지급으로 제주읍장에게 발송한「기설공동목장 정리시설 실행성적조사의 건」에 나타나 있다.[52]

<표 17>은 1931년 초부터 1933년 말까지 2년 동안에 걸쳐 조직된 22개 기설 공동목장조합들의 지역별 분포를 보여준다. 이러한 목장조합들은 일제시기 제주도 목장조합사에 있어 제1단계로 설립된 시범적 성격의 목장조합이었다. 설치시기가 가장 빠른 조합은 제주읍 연동리 공동목장조합이었다.[53] 이 조합에서는 먼저 목장 경계림을 식재하고, 목장

51) 김봉옥,『증보 제주통사』, 2000, 471쪽. 제주도사 田口禎熹는 1932년 1월 구좌면 세화리에서 발생한 제주해녀항일운동을 탄압했으며, 대정읍 모슬포에 알뜨르 비행장을 건설한 인물이다.

52) 濟州島司,「旣設共同牧場整理施設實行成績調査ノ件」(1934.4.28). 이 문서의 원문은 다음과 같다.

旣設共同牧場整理施設實行成績調査ノ件

四月十三日附 首題ノ件 蕨堀取作業ノ爲境界ノ築造 境界林 等 實施出來サル旨 報告相成クタル處 蓮洞里牧場ハ昭和6年ノ設置ニ有之 其後 歸邑ハ1テ里モ牧場設置報告無之狀態ニ付共同牧野整理計劃ニ基キ 未設置里ノ督勵ヲ急クト共ニ 蓮洞里旣設牧場ハ追書報告ノ通 嚴重ニ督勵ヲ加へ 境界築造作業ヲ完了 スル様 督勵相成度. 追ヲ完了 次第 報告相成度.

53) 연화친목회,『연동향토지』, 신제주인쇄사, 1986, 175쪽 : 연동 목장조합은 유축농민들로 구성된 목장조합이다. 일제시기만 해도 연동마을 목장지대는 많은 사람들이 목장을 개간하여 경작지로 이용했다. 이 마을 주민들은 경작지와 일부 개간하지 않고 초지로 남아 있는 지역을 공동목장으로 운영하기 위해 계를 구성했다. 목장계는 1928년 2월에 김일평 외 18명이 속칭 '고망괘왓'을 매입하여 동년 7월부터 가축방목을 시작하였다. 이어 1930년에 와서는 대다수의 주민들이 속칭 '곰배술' 일원의 토지를 목장토로 매입하기 시작으로 하여 점차 '찬동이케, 조개물, 알물, 걸시오름' 일원의 초지를 매입, 조합을 구성함으로써 연동공동목장 조합이 탄생하게 되었다. 현재 연동리 공동목장은 존재하지 않으나 1930년대 초에는 지금의 노로손이(노루생이, 獐孫岳, 해발 616.2m) 오름을 중심으로 위치했다.

내 고사리 제거,[54] 급수장 공사를 완료한 후 마을주민 750명을 공동목
장에 출역시켜 목장경계 돌담 축조 공사를 진행했다. 마을간 공동목장
경계선을 분명히 하기 위해 경계용 나무를 식재하거나 경계돌담을 축조
함으로써 공동목장 조성을 둘러싸고 발생할 수 있는 분쟁을 예방하려 했
다. 이러한 작업들은 제주지역 대부분의 마을 공동목장에서 행해진 공통
된 일이었다.[55]

〈표 17〉 기설 마을공동목장조합 일람표(1934)

읍면	목장명	설치년월	목야면적			출역인원		1933년말 우마수		
			설치	확장	계	총인원	1정보당 평균	우	마	계
제주읍	연동	1931.02	134정	59정	193정	665인	3.4인	77두	103두	180두
신우면	어도	1931.06	139	383	522	1550	2.9	337	188	525
구우면	저지	1933.10	270	-	270	2000	6.0	252	66	318
대정면	일과	1933.12	37	-	37	254	6.3	38	2	40
	보성	1933.12	100	-	100	1365	13.6	64	22	86
	안구 (안성+구억)	1933.12	89	-	89	1848	20.0	96	25	121
	상모	1933.12	27	-	27	243	9.0	32	7	39
	신평	1933.12	115	36	151	1920	22.3	102	83	185
	무릉	1933.12	101	-	101	960	9.6	61	35	96

---

54) 소가 고사리를 먹을 경우 고창증(bloat)에 걸려 배에 가스가 차 소의 제1위와 제2
위가 팽창해 소화 기능장애를 일으킨다. 침을 흘리며 호흡이 곤란해지고 구토가
발생하며 복통으로 땅에 쓰러져 신음하기도 한다(참조 : 네이버 백과사전). 이에
따라 여러 마을에서는 봄철 마을주민들을 동원하여 고사리 뿌리를 제거하는 작업
을 진행했다.

55) 濟州邑長, 「旣設共同牧場整理施設實行成績調査ノ件」(1934.5.26). 연동리 공동 목
장의 설치상황은 다음 표와 같다.

공동목장명	설치월일	면적	경계축조 완료월일	출역인원수
연동리 목장조합	1931.03.12	192정56	5월23일	750인

자료 : 濟州島司, 「旣設共同牧場 整理施設 實行成績 調査ノ件」(1934.5.26).

중면	상천	1931.06	50	219	269	228	0.8	35	20	55
좌면	대포	1931.10	88	-	88	1200	13.8	57	63	120
	두순	1931.10	161	-	161	1770	10.9	69	33	102
	중문	1931.10	134	83	217	1230	5.6	43	30	73
	영남	1933.11	57	-	57	400	7.0	51	28	79
	강정2구	1933.01	51	42	93	1180	12.6	43	13	56
우면	서호	1933.06	205	-	205	1250	6.0	131	47	178
서중면	수망	1933.05	131	452	583	1295	2.2	251	289	540
동중면	가시	1933.05	354	646	1,000	2800	2.8	304	392	696
정의면	난산	1933.05	220	280	500	7500	15.0	307	191	498
구좌면	세화	1933.07	94	206	300	950	3.1	327	196	330.1
	한동	1931.10	70	38	108	700	6.4	208	127	214.4
신좌면	대흘	1932.07	101	-	101	1400	13.8	49	46	62.8
	계		2,728	2,444	5,172	32,708	6.3	2,934	2,006	4,940

자료 : 濟州島司, 「牧野整理計劃實行狀況通知ノ件」(1934.6.9).

　　이러한 기설 마을공동목장조합은 1931년에 7개, 1932년에 1개, 1933년에 14개가 설립되었다. 당시 기설 공동목장조합의 목야면적을 보면, 동중면(표선면) 가시리 공동목장이 가장 넓었다.

　　기설공동목장 유지를 위해 마을 노동력이 동원되었다. <표 8>에 나타난 바와 같이 당시 출역(出役)으로 동원된 총인원은 32,708명이었다. 이중 성산면 난산리 공동목장조합의 출역 인원수는 연인원 7,500명으로 최대를 보였다. 가시리 공동목장조합 2,800명, 저지리 공동목장조합 2,000명이 공동목장 돌담 수축작업 등 공동작업에 동원되었다. 1933년 말을 기준으로 한 기설 목장조합별 우마수를 보면, 소는 애월읍 어도리 목장조합, 말은 표선면 가시리 목장조합에서 가장 많았다. 총 우마 수는 가시리, 수망리, 어도리 목장조합 순으로 많았다.

　　기설 목장조합들의 지역별 분포를 보면, 제주읍 1개, 애월면(신우면) 1개, 안덕면(중면) 1개, 중문면(좌면) 5개, 서귀면(우면) 1개, 남원면(서중면) 1개, 표선면(동중면) 1개, 성산면(정의면) 1개, 구좌면 2개, 조천면(신좌면) 1개, 대정면 6개, 한림면(구우면) 1개가 있었다. 이러한 기설 목장조합들은 읍면별로 1개씩 시범적으로 설치된 것으로 보이며, 이후 이를 토대로 신설 목장조합들이 성립되었다.

3) 신설 목장조합 설립

(1) 목장조합 설치계획 수립

제주도사는 1931~1933년 사이에 설립된 22개 기설목장조합에 대한 실태파악을 지시한 후 목장조합을 제주도 전 지역으로 확산시키기 위해 모든 역량을 집중했다. 이 결과 설립된 목장조합이 바로 신설 마을공동목장조합이다.[56] 제주도사는 이 목장조합의 확산을 목표로 1933년 10월 7일 각 읍면장에게 신설 공동목장 예정지를 조사해 보고하라는 문서를 발송했다.[57] 이 신설 목장조합의 시작을 알리는 문서가 제주도 전역에 발송된 1933년은 일제에 의해 산마(産馬) 증식계획이 수립된 시기이자 제주도축산동업조합이 제주도농회라는 식민지 단체에 편입되어 축산정책이 보다 조직적으로 실행되기 시작한 때였다. 이 문서가 각 읍면장과 제주도농회장에게 전달되었다는 점은 이들이 목장조합 설립에 직접 개입했음을 증명해 준다.

---

56) 기설공동목장과 신설공동목장은 형성시기가 다르나 모두 제주도사로부터 간섭을 받았던 조직이었다는 점에서 공통적이다. 기설공동목장이 1931년부터 1933년 사이에 설립된 목장조합의 초기적 형태라면 신설공동목장은 1933년부터 1935년 사이에 집중적으로 설립된 목장조합이라 할 수 있다. 1933년 이후 제주도사가 기설목장조합의 규약이 시대에 맞지 않는다고 하여 개정을 요구함에 따라 식민지 도당국이 작성한 새로운 규약에 근거하여 규약개정이 이루어졌으며 또한 신설공동목장 내에 설치한 각종 목장시설들을 기설공동목장 내에도 설치하게 했다.

57) 濟州島司, 「旣設共同牧場所在里以外ノ里ニ對スル共同牧場豫定地ノ調査竝督　勵ニ關スル件」(1933.10.7).

제주도 당국은 전도에 걸쳐 목장조합 설치를 확대한다는 방침을 세우고 산하 행정기관과 제주도농회 그리고 읍면장협의회[58]를 적극 이용했다. 이 과정에서 제주도사는 신설 목장조합 설치를 효과적으로 수행하기 위해 공동목장 조합 설치예정 마을이 공통적으로 준수해야 할 기본세칙들을 다음과 같이 제시했다.

- 목장 소요면적은 토질·초생 상태를 반영해 우마 1두 당 1정보 이상으로 한다.
- 목장에는 반드시 목장림(경계림, 피서림, 수원림)을 식재한다.
- 목장 예정지는 종래의 방목관행에 준하며, 개인소유의 땅은 기부 또는 공동매수 등의 방법을 강구하고, 국유지의 공용허가를 받을 토지는 신속히 조사하여 제주도농회에 보고하고, 대부 또는 불하를 받아 사용하도록 한다. 읍면유지 또한 이에 준한다.
- 임야세 면세원은 각 읍면에 제출한다. 이 기회에 각 마을은 기부, 양수(讓受) 방법을 강구한다.
- 개인 목장계획자는 마을의 목축을 확립하는데 잘 협조하여 장래에 발생할 수 있는 분쟁을 방지한다. 또한 지목별 면적과 함께 현재 보유하고 있는 우마 수 및 장래의 계획서를 제출한다.
- 목장조합은 리단위를 원칙으로 하고 목장조합 설립을 미루는 마을은 그 사유를 읍면에 보고한다.[59]

---

58) 박정후, 「일제시대의 지방통치제도에 관한 연구 : 1910-1930년대 지방자치제도 개편을 중심으로」, 서울대 석사학위논문, 2006, 57쪽. 면협의회는 1920년대에 지방자치제도가 개정되면서 설치된 것으로, 면장의 자문기관이다. 면협의회의 당연직 의장은 면장이고, 임기 3년의 명예직인 면협의회의 회원수는 8~14명 정도였다. 면장은 면협의회의 안건제출권, 회의소집권과 의원의 발언금지·발언취소·퇴거명령권·해임권·상부기관 상신권 등 절대적 권한을 행사했다.
박찬식, 「제7장 일제시기의 제주」, 『제주도지』 제2권, 2006, 614쪽. 일제는 읍면협의회나 면장을 중심으로 하는 말단 통치조직에 부유한 주민이나 과거 유력계층을 포진시켜 지방민들의 반발을 무마시킴과 동시에 통치에 편리함을 꾀하였다. 일제시기 면행정은 주민을 위한 것이 아니라 일제와 총독부로부터의 명령을 집행하는 데 지나지 않았다. 농회, 해녀조합, 축산조합 등 각종 조합장은 도사가 겸임했고 각 면장이 면의 조합책임자가 되었다.

상기한 기본세칙에 따르면, 제주도사는 각 마을에서 공동목장 조성에 필요한 기본 면적을 산출할 때 우마 1두당 1정보(3,000평) 이상으로 할 것을 주문했다. 그러나 제주도사가 우마 1마리 방목에 소요되는 기본면적을 1정보 이상으로 제시한 것은 방목이 가능한 제주도의 중산간 지대 초지 면적을 감안할 때 처음부터 실현 가능성이 낮았다. 이러한 요구의 이면에는 토지조사사업 결과 국유지로 편입해 버린 불요존 임야를 목장용지가 부족한 마을에 대부해줌으로써 불요존 임야도 활용하고 동시에 대부료를 받으려는 정책적 판단이 개입되었을 여지가 충분히 있다. 이 세칙조항이 그대로 적용될 경우, 주민들이 소유하고 있는 우마수가 많은 마을에서는 그 만큼 넓은 면적이 필요했기 때문에 불가피하게 제주도 당국에 목축지로 이용할 불요존 임야에 대한 대부를 요청할 수밖에 없었다.

한편, 제주도사는 공동목장 내에 경계림, 피서림 그리고 물을 얻기 위한 수원림(水源林)을 식재하도록 했다. 이것은 일제가 전국에 실시한 식림사업에 영향을 받은 것으로 판단되며, 이 사업에 필요한 묘목구입 비용은 해당 마을공동목장조합이 부담하도록 했다. 개인소유의 사유지에 대해서는 목장조합에 기부할 것을 종용했으며, 국유임야를 이용하는 목장조합에 대해서는 해당 읍면에 임야세 면세원(免稅願)을 제출하도록 했다.[60)

일제시기에도 개인목장 계획자가 등장하고 있어 개인소유의 목장도 허용된 것으로 보인다.[61)] 토지매입 자본이 부족했던 제주인들보다는 일

---

59) 濟州島司,「旣設共同牧場所在里以外ノ里ニ對スル共同牧場豫定地ノ調査並督勵ニ關スル件」(1933.10.7).

60) 목장조합의 임야대장에 등재된 사유임야에 대해서는 해마다 일정액의 임야세를 납부하도록 했다.

61) 실례로 일본 농상무성에 근무하다 퇴직한 고흥겸(高興謙)이 목장경영을 했다는 내용이 신문에 보도되었다(『매일신보』 1922년 10월 22일자,「高興謙氏 牧場經營」). 서귀포 지역에서도 ○幸太郎氏에 의해 대규모 목장이 운영되었다(『매일신보』 1934년 2월 22일자,「濟州西歸浦에 大牧畜場 經營」).

본 이주민들이 토지를 매입해 개인목장을 보유했다. 이러한 사례는 중문면 색달리 중산간 지대에 존재했던 일본인 나카하라(中原)의 목장을 통해 알 수 있다.[62] 제주도사는 개인목장 계획자들이 마을주민들과 분쟁을 일으키지 말고 마을공동목장 조성에 협력하도록 지시했다.

그러면서 제주도사는 목장조합 설립에 유보적인 마을에 대해 그 사유를 읍면에 보고하도록 했다. 이 사실은 마을별 목장조합 설립사업이 순조롭게 진행되지 못했음을 의미한다. 아울러 이것은 목장조합 설치가 제주도민들의 자발적 의사에 의해 이루어지지 못했음을 입증하는 것이다.

이상과 같은 기본세칙에 근거하여 각 읍면에서는 마을단위 신설 목장조합 설치계획을 수립해 시행했다. 이 계획에 대한 보다 상세한 내용은 1933년 11월 1일 제주도사 다구치 테이키(田口禎喜)가 각 읍면장과 제주도농회장에게 보낸 「공동목장 설치예정계획 조사의 건」에 드러나 있다.

이 문서를 통해 첫째, 목장조합 설립에 행정기관과 제주도농회가 직접 관여했음을 다시 확인할 수 있다. 제주도사는 목장조합이 아직 설치되지 못한 마을에 대해 제주도청 소속 권업서기 및 제주도농회 지도원협의회 회원들을 해당마을에 출장 보내 공동목장 예정지 조사와 함께 조합 설치 준비 작업을 독려하도록 했다.[63]

둘째, 목장조합 설치에 리민회와 지역유지들도 적극 관여했음이 확인된다.[64] 당시 일제는 농어촌에 대한 지배전략의 하나로 마을조직과 지역유지를 동원하는 정책을 실시했다. 심지어 마을향약까지도 일제에 협

---

62) 서귀포시 색달동, 『색달마을지』, 1996, 104~105쪽.

63) 濟州島司, 『共同牧場設置豫定計劃調査ノ件』(1933.11.01).

64) 里民會는 오늘날 마을회에 해당하는 조직으로 대표자는 區長이었다. 리민회 구성원들이 공동목장조합장, 조합원이 되어 목장조합에 선도적 역할을 했다. 지역유지들도 목장조합 설치에 동원되었다. 이들은 1938년 9월 13일 제주도를 방문한 南總督이 제주도 지방유지들을 모아놓고 "畜産第一主義로써 시국에 협력하라"고 지시한 내용을 보도한 『매일신보』(1938.9.15)에서 확인할 수 있다.

력하도록 규정개정을 요구하던 상황이었다. 이러한 현실에서 제주도사
는 제주도내 마을조직과 구장, 지역유지들을 전면에 내세워 목장조합 설
치를 주도한 것이다. 이것은 목장조합 설치과정에서 야기되는 마을주민
들의 불만을 마을조직과 지역유지들이 나서서 1차 해결하도록 한 제주
도 당국의 결정이었다고 생각된다. 이 외에도 지역유지 회합 시에도 읍
면직원을 참석시켜 조합설치 당위성을 적극 홍보하는 등 조합설립에 혈
안이 되었다.

셋째, 목장조합에서는 목장용지를 기부 받거나, 차수(대부) 또는 매수
해 확보하도록 했다. 기부지는 주민들이 관행적으로 이용해 온 촌락공유
지를 마을명의로 신고한 연고임야(緣故林野), 목장예정지내 사유지 그리
고 10두 이상 소를 기르는 목축업자 및 특지자(特志者)가 제공한 토지로
구성되었다. 토지소유자들이 자발적으로 토지를 목장용지로 기부했는지
또는 강요와 회유에 굴복해 기부했는지 그리고 토지에 대한 사용권과 수
익권만을 동시에 넘긴 것인지 아니면 소유권 자체를 이양했는지에 대해
서는 추후 연구가 필요하다.

일제의 신설 목장조합 설치계획이 지역단위에서 어떻게 구현되었는
지에 대해 제주읍 지역을 사례로 검토하면 다음과 같다. 먼저 제주도사
는 1933년 11월 18일 제주읍장에게 공동목장 설치예정 계획을 빠른 시
일 내에 보고하라고 지시했다.[65] 이에 제주읍장은 우선 제주도사에게
제주읍 관내 마을별 축우사양 현황을 보고했다.[66]

<표 18>은 당시 제주읍내 마을의 축우마 사육 실태를 나타낸 자료
이다.[67] 이것에 근거해 제주도사는 제주읍내 각 마을별 우마수를 반영

---

65) 濟州島司, 「共同牧場 設置豫定計劃調査ノ件」(1933.11.11).

66) 濟州邑長, 「共同牧場 設置豫定計劃調査ノ件」(1933.11.18).

67) 濟州島舊右面 面事務所, 1933, 「親展書類 牛馬頭數調査ノ件」(국가기록원 문서관
리번호 : 0803-0804). 마을별 축우마 수는 면서기가 작성한 다음 면장결재를 받아
제주도청 서무주임에게 보고했다. 실례로, 1933년 2월 21일 구우면장은 동년 1월

한 공동목장 소요 면적을 제시한 것으로 보인다. 1933년 당시 제주읍 관내에는 1931년에 설립된 연동리 기설목장조합만 존재했음을 알 수 있다. 제주읍 관내 노형리는 축우 사양호수·축우수·마필수가 가장 많았던 마을이다. 제주읍 전체로 볼 때 말보다 소가 더 많이 사육되었다. 이것은 전국적 현상으로, 소를 이용한 농경방식의 확대와 일제의 축우증산 정책과 무관하지 않다.

〈표 18〉 제주읍 마을별 축우마 사육 현황(1933)

리명	호수	농가호수	축우사양호수	축우수			마필수	리명	호수	농가호수	축우사양호수	축우수			마필수
				암	수	계						암	수	계	
영평	175	156	82	67	44	111	52	일도	550	144	13	4	9	13	25
아라	327	327	186	130	104	234	80	이도	379	158	55	25	42	67	62
오라	439	437	192	90	167	257	144	삼도	711	392	35	5	31	36	71
오등	173	170	122	88	79	167	76	건입	417	353	40	8	32	40	44
도남	106	97	54	28	35	63	37	용담	455	430	68	22	55	77	70
연동	177	169	83	35	66	101	77	화북	760	685	188	57	150	207	154
해안	155	155	92	78	80	158	97	삼양	588	559	85	8	90	98	100
노형	637	636	251	102	166	268	177	도련	263	260	100	40	102	142	87
내도	155	155	26	7	25	32	31	회천	173	170	82	50	60	110	55
외도	346	339	89	25	81	106	93	봉개	329	319	135	108	72	180	112
도평	221	215	76	20	67	87	45	용강	127	127	92	97	53	150	68
이호	447	443	74	35	66	101	73	월평	153	153	122	111	105	216	86
도두	561	561	70	16	58	74	86								
합계	3,919	3,860	1,397	721	1,038	1,759	1,068	합계	4,905	3,750	1,015	535	801	1,336	934

자료 : 濟州邑長, 「共同牧場 設置豫定計劃調査ノ件」(1933.11.18)을 근거로 재정리함.

17일 제주도사 다구치 테이키(田口禎憙)가 각 읍면장에게 보낸 「牛馬頭數調査ノ件」에 대해 구우면 관내에는 소 2,625두, 말 936두, 합계 3,561두가 있음을 회보했다. 이 자료를 통해 제주도사가 목장조합 설립 전에 도내 마을별 축우마 실태를 점검했다는 사실을 알 수 있다.

 <표 19>은 1931년말 제주읍내 총 25개 마을에 13개 공동목장이 설립될 예정임을 보여준다. 이를 통해 이 지역에는 모든 마을마다 목장조합이 만들어진 것이 아니었음을 알 수 있다. 1개리에 1개 목장조합이 설치된 경우는 도남·영평·월평·봉개·화북 목장조합 등 5개뿐이며, 나머지 8개 목장은 2개 마을 이상이 통합해 하나의 목장조합을 만들었다. 제주읍 이도리 마을에서는 공동목장이 없었기 때문에 주민들은 인접한 오등리 목장조합에 가입해 목축을 했다.[68]

〈표 19〉 제주읍 마을공동목장 설치계획표(1933)

목장명	참가리명	참가리 축우 증가 예상수	기설 목장 면적	장래 목장설치 계획면적				매수 예상 가격	기설및 계획 목장 면적계	장래 우마 1두당 면적
				대부지	매수지(임야)	기부지(임야)	계			
해안목장	해안·도평·외도·내도·이호리	220두			445정	222정	667	2225엔	667	063
노형목장	노형1·2구	80			112	56	168	784	168	031
연동목장	연동리·도두1구	70	192정		87		87	528	279	087
오라목장	오라1·2구, 용담1·2구, 삼도리·도두2구	190		128정(읍유지)	260	65	453	1820	453	054
도남목장	도남리	20			65	17	82	350	82	068
오등목장	오등리·이도리	60			82	163	245	410	245	057

---

68) 다카하시 노보루, 『朝鮮半島의 農法과 農民(上)』, 농업진흥청, 2008, 335쪽. 일제시기 다카하시 노보루는 제주읍 이도리에서 한 주민과의 인터뷰를 통해(1939년 5월 24일) 공동목장의 가축방목 풍습을 다음과 같이 기록했다 : 제주읍 이도리에서는 공동목장이 없어 인접한 오등리 공동목장을 이용해 음력 6월초부터 8월말까지 가축을 넣어 길렀다. 방목료는 소, 말 모두 마리 수에 비례하여 40전(늙거나, 어린 소나 말 동일)이었다. 조합원은 할인하여 1인당 20전으로 했으며, 보통 방목연령은 2세이다. 오등리 공동목장에는 목감이 1명뿐이며, 3월부터 5월까지 그리고 9월부터 10월까지는 소를 가진 사람들이 순번대로 산에 몰고 가 방목을 한 후 저녁에 몰고 왔다.

아라 목장	아라리1·2구, 일도, 건입리	90			165	41	206	1300	206	048
영평 목장	영평상동	15		100 (국유림)	122	31	253	800	253	130
월평 목장	월평리	30		504 (국유림)	61	44	609	480	609	180
용강 목장	영평하동··용강리	70		53 (읍유지)	201	201	455	1000	455	190
봉개 목장	봉개리	80			154	154	308	920	308	056
회천 목장	도련리2구·삼양리 1·2구, 회천리	130			200	70	270	1000	270	044
화북 목장	화북리2구	40		336 (국유림)	71		407	568	407	185
합계		1,095	192	1,121	2,025	1,064	4,210	12,185	4,402	071

자료 : 濟州邑長, 「共同牧場 設置豫定計劃調査ノ件」(1933.11.18)을 근거로 재구성함.

경우에 따라 하나의 공동목장에는 여러 마을주민들이 공동으로 방목할 수도 있었다. 여러 자연촌락이 합해져 하나의 공동목장을 만들 경우, 보편적으로 목축지 위치, 목장조합 가입 회원수, 마을별 목장용지 소유면적 등을 고려해 가장 규모가 큰 마을 이름으로 목장조합 명칭이 정해졌다. 장래 목장설치 계획면적 중 대부지(貸付地)는 일정기간 빌려서 사용하는 토지로, 국유지 또는 읍면유지가 이에 해당된다. 매수지 확보에 필요한 매수 예상가격은 해안목장과 오라공동목장에서 높게 나타났다.

(2) 목장조합 설치계획서 제출

1933년 12월 8일 제주도사는 각 읍면장에게 「공동목장 설정예정 계획에 관한 건」을 보내[69] 제주도청 권업서기 협의회 및 읍면장 회동 때 각 읍면별 공동목장 설정예정 계획서 개요를 제출하라고 지시했다. 또한 각 목장예정지 매수 예상가격이 높게 책정되어 있어 면 또는 마을의 경

---

69) 濟州島司, 「共同牧場設定豫定計劃ニ關スル件」(1933.12.8).

영주체에게 부담을 주지 않기 위해 토지 매수가격을 낮게 평가하도록 주문했다. 제주도사는 마을 주민들의 목장용지 매입비 마련에 대한 부담을 줄이고 목장예정지에 편입할 토지가 조합원 공동의 이익을 위해 사용된다는 점을 강조하며 토지 소유자들에게 반의무적으로 목장조합에 토지를 기부하도록 독려했다. 이러한 조치는 결국 마을주민들에게 목장용지 매입에 따른 1인당 부담료를 최소화시킨다는 명분을 내세우며 토지기부를 강요한 것이라고 볼 수 있다. 목장예정지에 편입될 토지가격은 1정보 (3,000평) 당 평균 9엔 정도로 결정되었다.

제주읍장은 1934년 1월 6일 읍내 각리 구장들에게 문서를 보내 공동 목장 경영주체가 겪는 토지 매수시 발생하는 문제점과 조합 경영상 곤란한 점 그리고 목장면적의 과소상태를 조사하도록 했다.[70] 또한 마을별 목장조합 설치상태를 직접 조사하기 위해 일정한 날짜에 읍직원을 해당 마을에 파견할 계획임을 밝혔다.[71] 각 마을현장에 출장 간 제주읍 직원들은 구장들로부터 조합설치 과정에서 발생하는 애로사항을 청취하며

---

70) 濟州邑長, 「共同牧場 整理計劃調査 ノ件」(1934.1.6).
71) 다음 표는 1934년 1월 제주읍 직원의 목장조합 조직 관련 출장 시기 및 회합장소이다.

조사지명	조사일	회합리명	회합장소
회천리	1월 09일	도련2구, 삼양1·2구, 회천리	본리서동
봉개리	1월 10일	도련1구, 봉개리	구장댁
용강리	1월 11일	영평하동, 화북1구, 용강리	구장댁
월평리	1월 12일	월평리	구장댁
영평리	1월 12일	화북2구, 영평상동	구장댁
아라리	1월 13일	일도, 건입, 아라1·2구	구장댁
오등리	1월 13일	이도리, 오등리	구장댁
도남리	1월 15일	도남리	오라1구 구장댁
오라리	1월 15일	오라1·2구, 용담1·2구, 삼도, 도두2구	구장댁
연동리	1월 16일	도두1구, 연동리	구장댁
노형리	1월 16일	노형1·2구	연동 구장댁
해안리	1월 17일	해안, 도평, 외도, 내도, 이호	구장댁

자료 : 濟州邑長, 「共同牧場 整理計劃調査 ノ件」(1934.1.6)을 근거로 재구성함.

조합설립에 대한 조선총독부와 전라남도, 제주도청의 기본방침을 전달했다. 아울러 신설 목장조합 설치과정에 주민들의 적극적인 협력을 요구함과 동시에 구장들로 하여금 목장조합 설립에 참여하도록 했다. 이에 따라 각 구장들은 신설 목장조합 설립과정에서 목장용지 매입을 앞장서 주도하거나 목장조합장을 맡는 등 조합결성에 중추적 역할을 담당했다. 당시 구장들은 면장의 지시를 받아 마을사무를 처리하는 일을 담당했기 때문에 공동목장 설치에 대한 면장의 지시를 충실히 이행할 수밖에 없었다. 제주도사 역시 마을사정에 정통한 구장들을 조합설립에 적극 투입해 조합설립 과정에서 발생할 수 있는 불만들을 사전에 잠재우려 했다.

제주도 전체 면지역에서 작성된 공동목장조합 설치계획에는 장래 목장설치 계획면적과 매수예상가격, 1정보당 평균매입가격 등이 기재되어 있다(표 20).

〈표 20〉 제주도 읍면별 마을공동목장조합 설치계획표(1933)

읍면명		제주 제주읍	신우 애월면	구우 한림면	대정 대정면	중 안덕면	좌 중문면	우 서귀면	서중 남원면	동중 표선면	정의 성산면	구좌 구좌면	신좌 조천면	합계
기설 목장 면적		192町	139	270	469	54	610	105	131	354	219	164	101	2,069
		58	00	00	00	22	03	00	00	28	76	00	00	187
장래 목장 설치 계획 면적	대 부 지	1121町	4046	270	529	207	1275	290	3	610	302	2240	135	11,028
	매 수 지	2025町	514	3671	35	223	825	5	886	546	308	6187	1294	16,519
	기 부 지	1064町	-	-	-	1497	-	151	1208	38	81	1680	197	5,916
	계	3,204	4,560	3,941	564	452	2,103	295	889	1,184	686	8,427	1,429	27,734
매수 예상		12185円	3084	55065	62	825	22375	40	13770	12102	6500	33860	7189	154,872

가격	00	00	00	00	73	00	00	00	00	00	00	00	73
기설 및 계획 목장 면적계	4402町	4699	3941	564	1981	2710	652	2328	1248	910	10571	1627	35,633
	56	00	00	00	22	02	00	00	28	76	00	00	184
축생두당 면적	1町	1	1								2	1	
	42	28	43	25	92	75	18	55	88	37	48	08	97
1정보당 평균 가격	6円	6	16	2	3	9	8	3	5	12	10	5	9
	00	00	00	00	77	65	00	13	63	57	00	80	00

자료 : 濟州島司, 「共同牧場設定豫定計劃ニ關スル件」(1933.12.8).

<표 20>에는 구좌면과 애월면 지역의 목장설치 계획면적이 가장 넓게 나타나고 있다. 이러한 현상은 근본적으로 두 지역에 공동목장으로 이용할 수 있는 완경사지와 초지대가 넓게 발달되어 있는 것과 관련된다. 구좌면은 매수지와 기부지 면적이 최대인 반면에 애월면은 대부지(차수지) 면적이 최대를 보여 목장용지 구조면에서 차이를 보였다. 매수 예상 가격은 한림면, 구좌면, 중문면 순으로 높았다. 목장용지 1정보당 평균 매입가격은 대정면이 2엔으로 가장 낮은 반면, 한림면이 16엔으로 가장 높게 나타났다.

제주도사는 1934년 5월 서귀포지청장과 각 읍면장 및 제주도농회장에게 「공동목장 설치계획 촉진에 관한 건」을 발송했다. 그리하여 각 읍면에서 제주도 산업진흥을 위한 기초사업으로 전개되는 공동목장 설치에 적극 노력하도록 했다. 동시에 각 읍면장은 열성을 다해 이 사업을 추진하도록 지시했다. 제주도청에서는 조합설치 결과를 토대로 담당자들의 실적을 평가한 다음, 승진에 반영할 것임을 분명히 밝혔다. 이에 따라 읍면장들은 소속 부하직원들을 독려해 공동목장 설치사업 추진에 앞장섰다.[72]

---

72) 濟州島司, 「共同牧場 設置計劃促進ニ關スル件」(1934.05.11).

이상과 같은 제주도 당국의 신설 목장조합 설립 사업은 제주도 전역
에서 동시다발적으로 진행되었다. 그러나 각 마을 현장에서 이 사업을
수용하는 분위기는 지역차를 보였다. 이것은 <표 21>에서와 같이, 공
동목장들의 소요계획 면적과 실시 중인 면적에 차이를 보였음을 통해 알
수 있다.

〈표 21〉 제주도 읍면별 마을공동목장조합 설치 상황(1934)

계획목장 지역	소요 계획 면적	실시 중 면적	진척율(%)	부족 면적	요존림 요구면적	매수금액
제주읍	5,463정	3,188정	58	2,275정	1,718정	7,205엔
신우면	6,206	1,216	20	4,990	5,618	-
구우면	12,240	6,314	52	5,994	500	12,907
대정면	2,197	747	34	1,450	-	62
중 면	8,906	1,537	17	7,369	-	-
좌 면	1,864	1,019	55	861	942	1,793
우 면	7,913	4,099	52	3,245	-	9,246
서중면	3,218	831	26	2,387	3,580	-
동중면	1,192	124	11	821	5,255	-
정의면	8,441	1,661	20	-	2,495	-
구좌면	3,160	1,828	58	1,400	-	-
신좌면	4,757	3,906	82	851	500	-
합 계	65,557	26,470	40.42	31,643	20,608	31,213

자료 : 濟州島司, 「牧野整理計劃實行狀況通知ノ件」(1934.6.9)에서 재정리함. 진척율은 필
자작성.

<표 21>를 토대로 조합설립 진행 상황을 보면, 1934년 현재 제주도
전체적으로 당초 조합설립 계획의 약 40% 정도가 진척되었다. 신좌면
(조천면) 지역은 진척율이 82%로 가장 높은 반면, 동중면(표선면)과 중
면(안덕면)은 진척율이 10% 대를 보여 목장조합 설치가 상대적으로 지
체되었다. 신좌면의 진척율은 신좌면을 구성하는 9개 마을이 연합하여

하나의 면공동목장조합을 만들고 있었기 때문에 다른 지역에 비해 높게 나타났다. 진척율의 차이는 근본적으로 마을이 처한 사회, 경제적 상황 특히 목장용지 매입비 확보 문제와 목축환경 및 목축에 대한 의존도 차이에 기인한다. 목장조합 설치를 독려했던 제주도사와 읍면장의 지시에 대한 마을 내 주민들의 수용자세 역시 조합설치에 영향을 준 것으로 보인다. 동중면(표선면)과 중면(안덕면) 지역의 사례는 주민들이 제주도사와 읍면장이 주도한 조합설립에 적극 동참하지 않았다는 것을 보여준다. 마을별 목장용지 부족면적은 소요 계획면적의 48%에 해당되었다. 이에 따라 목장용지 부족 마을에서는 국유 불요존임야를 대부 또는 불하받을 수밖에 없었다.

(3) 목장조합 설립문서와 승인과정

이상과 같은 과정을 통해 등장한 목장조합 설립에 대한 최종 승인권은 제주도사에게 있었다. 이것은 목장조합을 제주도사의 통제 아래 두려는 조치이기도 했다. 조합설립을 해야 하는 마을에서는 주민들을 대상으로 조합장 선출(임원구성), 조합가입원서 접수, 목장용지 확보 등의 절차를 거치면서 준비한 제반서류를 해당 읍면을 경유해 제주도청에 제출했다.

실례로, 한림면 명월리 목장조합에서는 1935년 10월 10일 조합설립에 대한 승인을 요청하는 서류들을 한림면을 경유해 제주도사에 제출했다. 이후 명월리 목장조합은 1936년 3월 20일에 비로소 조합설립 승인을 받았다.

제주도 당국에서는 행정력을 총동원해 마을별 목장조합 설립을 독려하는 한편 새롭게 조직되는 목장조합에 자신들의 축산정책을 효과적으로 구현시키는 데 필요한 문서들을 구비하도록 요구했다. 이 문서들은 일제가 목장조합 설립의 당위성을 홍보하고 목장조합이 주민들에 의해 자발적으로 설립되었다는 점을 강조하는 근거로 이용될 수 있었다. 또한 조합설립 운영과정에서 발생할 수 있는 주민과 목장조합 및 행정기관 간의 분쟁을 사전에 방지하는 근거문서로도 이용되었었다.

여기에서는 1930년대 안덕면 서광리, 한림면 명월리, 성산면 신산리, 중문면 강정리 목장조합 문서들인 조합가입원서, 매도증서, 양도증서, 기부증서, 조합원명부, 목장조합규약 등을 중심으로 조합설립 문서들과 승인과정에 대해 검토하고자 한다.

첫째, 사료 (가)에서와 같이, 안덕면 서광리 목장조합에는 주민들로부터 받은 조합가입원서가 보관되어 있다. 주민들로부터 가입원서를 사전에 받은 이유는 조합설립 과정에서 발생할 수 있는 분쟁을 미리 차단하기 위해서였다. 조합 가입 예정자가 문서작성이 어렵거나 외지에 출타 중인 경우에 대리 작성도 이루어졌다. 1943년 서광리 목장조합 문서에는 목장조합명이 서광리 2구로 되어 1943년에 서광리가 1구와 2구로 분구되었음을 알 수 있다. 문서 말미에 기록된 서광리 서사동 목장조합이라는 명칭으로 볼 때, 서광리 4개 자연촌락이 하나의 목장조합을 조직했음을 알 수 있다.

둘째, 목장조합에서는 공동목장예정지 내에 토지를 소유하고 있는 주민들로부터 목장용지를 매입했다. 토지소유주가 일정한 문서형식에 따라 자필로 작성한 매도증서에는 부동산 소재지, 지목과 면적, 매매대금이 기록되어 있다. 사료 (나)에는 매도 토지의 위치가 사표(四標)로, 면적은 두락(斗落)으로 표기되고 있다.[73] 이 시기는 이미 토지사정이 종료되어 지번이 부여된 상황임에도 불구하고 전통적 위치표기 방식인 사표(동서남북)가 이용되었음을 알 수 있다.

---

73) 두락은 마지기를 말하며, 밭 한 두락은 300평, 논 한 두락은 200평을 의미한다. 밭 9두락을 매도한다고 했기 때문에 2,700평을 220원에 판 것이다.

(가) 加入願書(1943)

　　右는 本人이 貴組合에 加入하기를 願하오니 御許可하시기를 奉
　　願候也

　　昭和拾八年 四月 二十三日

　　右願人 金○○○ 西廣二區共同牧場組合長 前

(나) 賣渡證書(1936)

　　一. 不動産의 表示

　　一. 所在地 安德面 西廣里 進富洞後園境

　　一. 地目　田四標 : 東路南 梁達珍田　西路北路

　　一. 面積 年種 旧 九斗落

　　一. 賣買代金은 貳百貳拾圓也

　　右은 本人所有 不動産을 前記代金으로 貴組合殿의 永爲賣渡하며
　　該不動産에 關하야 將來何等의 故障이 發生하온 時은 本人이 一
　　切 引受處理하고 貴牧場組合殿 의게은 一毫의 損害을 不彼케할
　　意로 玆에 證書을 作成함

　　昭和 拾壹年 旧八月貳拾五日

　　賣渡人 秦○○(인) 保證人 秦○○

　　西廣里 西四洞 共同牧場組合 殿

(다) 證書(1936)

　　右는 本人의 名義에 參九番地가 牧場의 讓渡된 바 日後本人의
　　後孫갓거라도

　　相續 及 移轉을 履行치 아니하기를 玆에 證書함

　　昭和拾壹年 閏三月十二日

　　證書人 金○○○(인)

　　西廣里四洞 共同牧場組合 前

(라) 土地賣渡證書(1937)

　　濟州島 表善面 表善里 八八八 番地 賣渡人 宋子承

　　濟州島 城山面 新山里 買受者 新山共同牧場組合

　　土地所在地 濟州島 城山面 新山里 地番 一八九六　地目 林 面積
　　五九四四坪

　　賣買代金 拾壹円也

右賣渡함

昭和 拾貳年 三月二十一日

賣渡人 宋○○ (인) 買受人 新山共同牧場組合

立會人 金○○

(마) 林野賣渡證書(1936)

一. 所在地 安德面 西廣里 共同牧場也

一. 參五番地內 百九分之壹也

一. 五壹番地內 拾壹分之壹也

一. 賣渡代金 貳拾圓也

右는 前記林野內에 九町七反은 本人의 所有分인바 代金을 正
히 領收하고 貴組合에 永久賣渡한 後本人의 □課金 告知書
를 發付할 거라도 相續及移轉手□ 不履行할거이고 貴組合에
對하야 何等의 損□□被케 한 意로 保證人及連名捺印함

昭和 拾壹年 閏參月拾貳日

西廣里 九百七拾番地 賣渡人 朴○○(인)

全 里 千六百八番地 保證人 高○○(인)

西廣里 四洞 共同牧場組合 前

(바) 契約書

右는 本人의 所有한 貴牧場區界 內에 在하야 牧場地로 需要케원
卽 本牧場 竣工에 對한 本人의 賦役費로써 左記所有를 提供大僕
하오니 日後異議가 有한 時은 持此憑考하기로 爲而□□하고 署
名捺印함

記

土地所在 濟州島 城山面 新山里 牧場內 田 1779番地 1637坪
田 1772番地 1489坪 以上

昭和15年 3月20日

濟州島城山面新山里 番地 右契約人 金○○

新山里共同牧場組合長 德原徹南 前

사료 (다)는 토지소유주가 본인 토지에서 발생하는 소유권, 사용권과
수익권을 모두 목장조합에 넘겼음을 증명하는 양도증서이다. 여기에는

양도내용, 작성 년월일, 증서인, 조합명칭이 기재되어 있다. 또한 증서인 (양도인)이 목장조합에 양도한 토지는 추후 후손들이 상속 또는 이전을 조합에 요구하지 않겠다는 내용이 기록되어 있다. 이로써 목장조합에 양도한 토지는 이후 조합소유의 토지가 되었음을 알 수 있다.[74]

셋째, 성산면 신산리 목장조합에는 사료 (라)와 같이 토지매도증서 (1934~1943)가 남아 있다.[75] 매도증서에 기록된 매도일이 1934년 2월

---

[74] 목장조합에 토지를 기부했어도 목장조합이 오랜 시간이 지나도록 소유권 이전등 기를 하지 않은 경우, 목장용지 원소유자 후손들과 공동목장 조합간의 소유권 분쟁이 일어난 사례들도 있다.

[75] 신산리마을회,『그등애 사람들의 삶』, 2005, 282~309쪽. 여기에는 1953년에 목장조합을 재설립하며 작성한 공동목장조합 임원 및 조합원명단, 목장토지 지번별 소유자 명단자료도 함께 첨부되어 있다. 아래 표는 신산리 목장조합 관련 문서들이다.

문서명	작성년월일	작성인	내용
토지매도증서	1936.3.16	仁현○○ 처	1800번지 1528평 매매대금 1원
토지매도증서	불명	김○추	四標로 위치표시, 면적불명, 매매대금 4원 50전
토지매매계약서	1936.ᆊ2.8	김○백	桶岳峯 東便員, 면적 四標로 표시, 대금 5엔
토지매매계약서	1936.ᆊ2.10	김○현	난산리 桶岳峯 東員田, 면적 四標로 표시, 대금 9원
토지매도증서	1937.3.21	송○승	1896번지 林 5944평 매매대금 11엔
토지매도증서	1937.8.30	강○룡	1778번지 田 918평, 1773번지 田 4514평(단 50평 삭제), 매매대금 30원
매도증서	1938.2.13	강○양	신산리 田 1680번지 7766평 매매대금 92원
매도증서	1937.3.22	-	신산리 1808번지 1663평 매매대금 25원
매도증서	1941.3.23	김○천	성산면 신산리 1677번지 8706평, 대금 105원
매도증서	1941.4.9	채○률	신산리 1666번지, 1849평, 매매대금 25원
매도증서	1941.12.27	홍○○권	신산리 1689번지 8927평, 매매대금 110원
토지매매계약서	1942.1.18	김○은	1694번지 1002평(11원), 1696번지 1792평(19원), 대금 30원
매도증서	1942.3.3	김○○두	신산리 1771번지 田 732평, 1767번지 田 4895평, 1763번지 田 6921평, 1758번지 3453평 대금 170원
매도증서	1943.6.13	강○○승	신산리 전 1687번지 2809평 27원
매도증	1943.3.22	성○생	1702번지 林 1959평, 19엔50전
매도증	1943.3.20	홍○주	1599번지 575평, 5엔50전
매도증서	1936.9	김○삼	1976번지(학교기부 1000평 제외한 나머지) 130원
매도증서	1934.2.25	부○○화	1690번지 田 4968평, 대금 40원

자료 : 신산리 마을회,『그등애 사람들의 삶』, 2005, 282~309쪽에서 재정리함.

부터 1943년 6월까지 되어 있어 1943년까지도 지속적으로 목장용지 매입이 이루어진 것으로 볼 수 있다. 이 목장조합에서는 수시로 목장용지를 매입하며 목장을 확대해 나간 것이다. 사료 (마)는 매도인 박○○가 서광리 공동목장 내에 위치한 본인 소유 임야를 목장조합에 매도하면서 작성한 문서이다. 목장조합에 토지를 매도했음을 증명하기 위해 매도인과 보증인이 동시에 날인했다.

넷째, 공동목장 조성과정에 경계돌담을 축조하거나 식림사업을 진행할 때 조합원들은 출역(부역)이라는 이름으로 노동력을 무상 제공해야 했다. 그러나 부역에 참가하지 못할 경우, 그 벌칙으로 일정한 금액을 조합에 납부해야 했다. 사료 (바)와 같이 신산리 주민 중에는 부역비 대신 자신의 토지를 조합에 기부하는 조건으로 평생 부역을 면제받았던 사례도 있었다.

목장조합이 제주도청에 제출해야 할 필수문서로 「목장조합규약」이 있다(부록 1 참조). 이것은 1934년 제주도청이 미리 작성해 각 읍면에 배포한 소위 표준 목장조합규약으로, 해당 마을에서는 마을실정에 맞게 이 내용을 일부 수정해 사용할 수 있었다. 제주도사는 1934년 8월 서귀포지청장, 제주도농회장, 각 읍면장에게 문서를 발송해 각 목장조합에서 조합규약을 제정 또는 개정하거나 이미 설립된 기설 목장조합의 규약을 개정할 때[76] 반드시 제주도사의 승인을 받도록 했다.[77] 이러한 조치는 결국 제주도사가 목장조합규약의 제정과 개정에 관여함으로써 마을 단

---

76) 제주도사가 「共同牧場組合設立竝旣設組合規約改定ノ件」(1934.08.16)를 각 읍면에 발송하기 전에 이미 기설공동목장에는 자체적으로 마련한 조합규약이 존재했음을 알 수 있다. 이것은 문서명에 '旣設組合規約改定'이 등장하기 때문이다.

77) 한림면 명월리 공동목장 조합규약 개정에 대한 승인문서를 보면, 「翰林面邑 明月共同牧場組合 昭和十一年八月二十二日 附組合規約改正ノ件 承認ス 昭和十一年八月二十五日 濟州島司」로 되어 있어 조합 규정개정 건에 대해 제주도사가 승인했음을 알 수 있다.

위 목장조합을 지배하려 했다는 것을 말해준다. 다시 말하면, 일제는 축산에 대한 자국 내의 선행경험을 바탕으로 작성된 목장조합 규약을 각 마을에 제시해 수용하도록 하면서 목장조합을 통제한 것이다.[78]

(4) 목장조합 설립인가시기

이상과 같은 과정을 통해 설립된 제주지역 목장조합들은 일제가 제주도의 전통적인 목장계('무쉬접')[79]를 해체시키며 설치된 조직이다. 이러한 목장조합의 설립인가 시기에 대한 논의를 위해 22개 기설 목장조합과 1934년부터 설립된 신설 목장조합을 분석했다. 이 작업은 각 마을 목장조합의 최초 시작시기 즉 목장조합의 뿌리를 찾는 출발점이 될 수 있다는 점에서 개별 마을공동목장조합에게는 매우 중요한 의미를 가진다.

목장조합의 설립인가 시기는 제1단계인 기설 목장조합 설립단계(1931~1933), 제2단계인 전시체제 이전의 신설 목장조합 설립단계(1933~1936), 제3단계인 전시체제 이후의 신설 목장조합 설립단계(1937~1943)로 구분할 수 있다(표 22).

---

78) 이러한 사례는 경상남도 거문도의 어업조합에서도 확인된다(呂博東, 「일제시대 어업조합의 성립과 변천 : 거문도 어업조합을 중심으로」, 『일본학연보』 제5호, 일본연구회, 1993, 37쪽 참조). 따라서 어업조합과 목장조합의 규약제정과 개정에 조선총독부가 미리 만든 규약을 적용시켰다는 점에서 일제가 조합을 통해 농어촌 지역을 통제하려 했음을 알 수 있다.

79) 목장조합이 설립되기 이전에 주민들이 자발적으로 조직한 축산공동체가 바로 목장계이며 서귀면 상효리, 제주읍 연동리에서 목장조합 이전의 목장계 존재를 확인할 수 있다. 따라서 목장조합을 해체시켜 만든 조직이 목장조합임을 알 수 있다.

〈표 22〉 제주도 마을공동목장조합 설립인가 시기(1931~1943)

설립연도	마을공동목장조합명												
	제주읍	애월면	한림면	대정면	안덕면	중문면	서귀면	남원면	표선면	성산면	구자면	조천면	합계
1931	연동	어도			상천	도순 중문 대포 색달					한동		8
1932												대흘	1
1933	오라		저지	인성 보성 安九 신평 무릉 동일 일과 영락 상모		강정2구 영남	서호	태흥 의귀 한남 수망 남원 위미 신례 하례	가시		서김녕 세화		25
1934	화북2구 삼양 오등 도남 도두 해안				화순 덕수 서광1구 서광2구 동광 광평	하원 회수				시흥 신산 난산 수산 오조 삼달 신풍 신천	동복 동김녕 월정 행원 송당	제1구 제2구	29
1935	화북1구 회천 봉개 용강 월평 영평 아라 노형	소길 소길리 원동 상귀 장전 금덕 광령 고성 상가 수산 신엄송 랑동	한림 상대 金月 옹포 귀덕 명월 상명 대림 동명 금악 낙천 고산 용수 청수		사계 감산 창천·상창	강정1구 하예	동홍 토평 상효 신효	신흥			덕천 평대 상도 종달		46
1936		애월				상예2구							2
1937		납읍 어음 신엄					서홍		표선 하천 토산 세화 성읍				9
1938											하도		1
1939													
1940													0
1941		하가											1

1942													0
1943									고성				1
계	16	16	15	9	10	11	6	9	6	9	13	3	123

자료 : 제주특별자치도청, 『濟州島共同牧場關係綴』(1943)과 각 마을 향토지를 참고하여 작성함.

이것은 비록 『제주도공동목장관계철』(1943)에 나타난 설립시기를 단순하게 분석한 결과라 할지라도, 제주도 전체 각 마을공동목장조합의 설립시기를 이해하는 데 도움을 줄 것이다. <표 22>에 따르면, 제1단계 목장조합들은 1931년부터 설립된 것으로 나타난다. 이 해에 설치된 공동목장조합들은 제주읍 연동, 안덕면 상천, 중문면 도순·중문·대포·색달 그리고 구좌면 한동리 목장조합 등 7개 목장조합이다. 따라서 이들은 제주도에서 가장 먼저 시범적으로 설립된 목장조합군이라 할 수 있다. 대정면의 공동목장은 모두 1933년에 설립인가를 받은 것이 특징이다.

제2단계 목장조합들은 모두 77개가 설립되어 전체 목장수의 63%를 차지했다. 따라서 제주도 목장조합은 제2단계에서 사실상 설립이 완성되었다고 볼 수 있다. 제3단계 목장조합들은 12개로 전시체제 이후에 형성된 것이다. 전체의 9%에 불과하며, 표선면 지역의 5개 목장조합과 애월면 하가리(1941년) 등 4개 목장조합, 성산면 고성리 목장조합(1943년) 등이 해당된다. 이중 성산면 고성리 목장조합은 목장조합 운영실태 조사기간에 설립된 것으로 나타나 제주도 당국에 보고용으로 급조되었을 가능성도 있다.

이상과 같이 제주도 목장조합들은 첫째, 1931년 3월부터 1943년 12월까지 12년 동안에 걸쳐 지속적으로 설립되었다(그림 8). 이중 1934년과 1935년에 설립승인을 받은 조합이 75개로 전체의 61%를 차지해 이 시기에 집중적으로 조합설립이 이루어졌음을 알 수 있다.

둘째, 해방이전에 설립된 제주지역 목장조합 수는 총 123개였음을 확

인할 수 있다. 이 수치는 기설 목장조합 22개와 1934년~1943년에 설립
된 101개 조합을 합한 것으로, 『제주도세요람』(1939)에 기록된 116개
조합에 비해 1943년에 7개가 더 늘어났음을 알 수 있다.

  셋째, 조합설립 시기가 동일한 목장조합이 많은 것이 특징이다. 이러
한 현상은 각 읍면에서 마을 목장조합 설립 신청서류를 수합한 다음, 일
괄적으로 제주도청에 접수해 동일한 날에 승인을 받았기 때문이다. 따라
서 마을별로 실제 목장조합을 설립한 시기와 제주도청으로부터 설립인
가를 받은 시기는 다소 차이가 있을 수 있다.

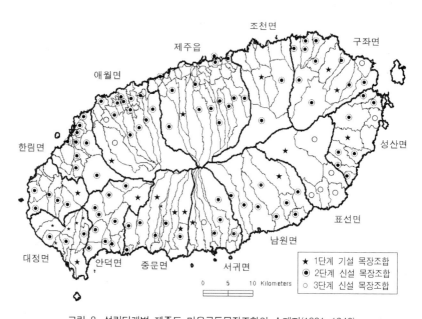

그림 8. 설립단계별 제주도 마을공동목장조합의 소재지(1931~1943)

(5) 공동목장용 목야지 정비

제주도사는 조합설립 독려와 함께 마을공동목장으로 이용할 목야지에 대한 정비사업을 병행해 추진했다. 이 사업은 목장 내 식림사업과 구획정리 사업 그리고 목축기반 조성 사업으로 구분할 수 있다. 이를 위해 제주도 당국이 제시한 목야지 정리사업의 기본방향은 다음과 같다.

* 1두당 소요면적을 1정보로 하여 전체 소요면적 69,000 정보를 확보하되 중산간 지대에서는 45,000 정보 확보를 목표로 한다.
* 공동목장용지는 공유지 대부지(주로 면유) 4,791정, 기부지 5,916정, 매수지는 27,916정보에 달하게 한다. 매수에는 15만원이 필요하다.
* 공동목장용지 부족면적은 불요존임야 중 미입목(未立木) 초생지이면서 종래부터 목축관행을 가지고 있는 지역에서 확보하고, 혼목임업(混牧林業)을 하면서 계획을 완성한다.
* 매수지 확보에 필요한 자금은 마을에서 주민들에게 할당한 공동갹금(共同醵金)을 거두거나 자금알선을 받는다.
* 경계축조와 경계림 식재는 1936년도에 약 5할을 조림하며, 윤목(輪牧)을 진행한다.[80]

제주도 당국은 1933년 10월 각 읍면의 기설 및 신설 목장조합에 대해 식림사업을 지시했다. 이 사업의 골자는 목야지 내 일정 공간에 피서림, 방풍림, 수원림을 심는 작업이었다. 나무심기에 필요한 사업비는 임야소유자들로부터 삼림조합비[81]를 받아 충당하도록 했다.[82] 또한 공동목장

80) 濟州島廳, 『濟州島勢要覽』, 1937, 128쪽.
81) 최병택, 「1930년대 전반 일제의 민유림 정책 '전환'과 임야세제 도입의 배경 및 그 의미」, 『한국사연구』 138호, 한국사연구회, 2007, 199쪽. 삼림조합은 1910년대 초반부터 지방관, 경찰, 지역유지들이 주도하여 식림장려, 남벌방지 등을 목적으로 조직되었다. 이후 임야조사사업 후 임야소유자를 중심으로 재조직되었으며, 제주지역에는 1925년(대정14년) 9월에 설치되었다. 한편, 제주도 삼림조합에는 조합장 1인, 부조합장 1인, 서기 2인, 기수 3인, 촉탁기수 3인, 기수보 12인, 단技手 1인, 기수보 12인은 각 면지부에 주재하게 했다. 이 조합은 조합원에게 삼림

예정지에 넓은 임야를 소유한 사람들로부터 기부 받은 토지 즉 임야소유권을 완전히 양도받은 장소에 나무를 식재했다. 이처럼 제주도사가 식림사업비를 해당 목장조합원들에게 부담시켰다는 점은 일제의 요구에 의해 이루어지는 식림비용 마저도 목장조합에 전가했다는 것을 의미했다.

둘째, 제주도사는 1934년 4월 목장조합에 구획정리 사업을 하도록 지시했다.[83] 이것은 공동목장 내 목구(牧區) 경계용 돌담을 쌓거나, 경계용 나무를 심는 작업으로, 구획정리가 이루어진 각 목구를 순환하면서 목축하는 이른바 윤환방목을 시행하기 위한 기초 작업이었다.

셋째, 제주도사는 목야지에 대한 정비사업을 대대적으로 전개했다. 이것은 채초지(採草地)와 방목지로 이루어진 목야지가 바로 공동목장 설치의 자연적 토대가 되기 때문이다. 정비사업은 목장예정지내에서 고사리제거, 가시덤불 제거, 돌 치우기 등을 대상으로 이루어졌다. 제주도사는 도내 각 목장조합에서 추진하는 목야지 정리 사업이 부진하다고 판단될 경우, 서귀포지청장 및 각 읍면장에게 목야지 정리 상황을 직접 시찰하겠다고 통보했다. 실제로 제주도사는 1934년 5월 16일부터 27일까지 10일 동안 목야지 정리사업이 잘 되지 못한 마을을 지정해 직접 목야지 정리사업을 점검했다.[84] 그러나 이러한 제주도사의 의지와는 달리 목야지 정리 사업은 순탄치 못했다. 이것은 목야지를 정리해 공동목장으로

조합비를 징수하여 조림사업비로 충당했다. 이 조합비는 조합원들에게 사실상 조세나 다름없는 부과금이었다. 이 때문에 "농회, 축산동업조합, 삼림 조합 등의 단체원이 되는 군민들은 단체를 애호하는 생각보다는 의혹만 가득해 단체비 부담을 일종의 조세로만 생각"하는 실정이었다(최병택, 앞의 책, 2009, 115쪽). 삼림조합비는 육지부(한반도)에서는1932년 11월에 폐지되었으나 제주도에서는 1933년 12월까지도 징수되었다. 삼림조합은 양묘사업을 담당하다 1933년 폐지되면서 산림회가 양묘사업을 담당했다.

82) 濟州邑長, 「共同牧場 整理計劃調査 ノ件」(1933.12.26).
83) 濟州島司, 「計劃共同牧場區劃整理實施ニ關スル件」(1934.4.11).
84) 제주도사의 출장 예정일과 출장지는 다음과 같다.

만드는 과정에서 주먹구구식 방목지 확장과 경계축조 과정에서 문제가
발생했기 때문이었다. 또한 무리한 출역 동원으로 인해 제주도 당국과
마을 주민들 간에 마찰이 발생했다.[85]

　마을간 공동목장 경계선 위치를 놓고서도 마을간 분쟁이 발생했다.
종래까지는 인근 마을주민들이 관행적으로 뚜렷한 경계선 없이 공동 방
목해 오던 목축지가 특정 마을 단독소유로 되어버리면서 인접 마을주민
간 경계선 확정을 둘러싼 갈등이 일어났다. 아울러 이 사업을 추진하는
과정에서 노동력을 징발함에 따라 문제점들이 노출되었다. 1934년 5월
제주도사가 마을별 공동목장 축장(築墻) 실태를 시찰하기 위해 출장 온
다는 소식을 접한 제주읍장이 관내 구장들에게 마을주민 전체를 출역시
켜 신속히 경계돌담 축조를 완료하라고 지시하면서 주민들로부터 반발
을 사기도 했다.[86] 주민들은 생계를 제쳐 놓고 경계돌담 축조에 동원되
어야 했기 때문이었다. 제주도 당국에서는 공동목장 경계림 식재 또는
경계돌담 축조를 빠른 시일 내에 완성하기 위해 출역 불참자에 대해 강
제로 벌칙금을 부과하는 조치를 취했다.

　<표 23>은 1934년 6월 현재 제주도 읍면별 목야지 정리 상황을 보

출장일	출장 예정지역
5월 16일	제주읍 해안리 외 각리(연동리 제외)
5월 18일	신우면 하귀리 외 각리
5월 19일	신우면 어음리, 구우면 금악리 외 각리, 중면 광평리 외 각리
5월 20일	중면 동광리, 대정면 각리
5월 21일	좌면 중문리 외 각리, 우면 서호리 외 각리
5월 22, 23일	서중면 각리 및 동중면 토산리, 세화리
5월 25일	신좌면 와흘리 외 각리
5월 26일	구좌면 한동리 외 각리
5월 27일	정의면 수산리 외 각리

　자료 : 濟州島司, 「牧場整理 指導督勵 ノ件」(1934.5.9).

85) 濟州島司, 「牧野整理計劃上 注意 ノ件」(1934.6.23).

86) 濟州邑長, 「牧場整理指導督勵 ノ件」(1934.5.11).

여주고 있다.[87] 제주도가 처음 계획한 목야지 정리 소요면적은 당초 69,106 정보였으나 읍면에서 계획한 정리대상 면적은 33,463정보였다. 이것은 제주도 전체 목야지 정리 소요면적의 48%에 불과했다. 이러한 차이는 결국 제주도 당국이 설정한 목야지 정리계획이 실제 읍면단위에서 제대로 실현되지 못했다는 것을 의미하기도 하나 제주도 당국에서 각 읍면별 목야지 실태를 제대로 파악하지 못한 채 목야지 정리대상 면적을 산출한 결과에서 나타난 현상이기도 하다.

대정면과 우면(서귀면)에서 제주도사가 제시한 목야지 소요면적과 정리 면적은 큰 차이를 보였다. 우면의 경우, 제주도 당국이 우면의 중산간 지역에 급경사의 지형이 발달해 목장용지로 활용할 수 있는 완경사지가 처음부터 부족하다는 점을 제대로 인식하지 못한 채, 즉 지리적 환경에 대한 고려없이 단순히 우마수만 고려해 공동목장 소요면적을 확정한 결과 큰 차이를 보인 것으로 해석된다. 구좌면 지역은 소요면적보다 오히려 마을단위의 계획면적이 많았던 유일한 지역이다. 이곳의 중산간 지대에는 목장용지로 이용 가능한 완경사지가 넓게 발달하고 있어서 가능했다.

〈표 23〉 제주도 목야지 정리 실행 성적표(1934)

읍면명	소요면적	계획면적	기설목장		1934년 실시면적		정리목야 계	
			수	면적①	수	면적②	수	면적①+②
제주(제주읍)	5,672정보	4,210정보	1	193정보	15	3,188정보	16	3,381정보
신우(애월읍)	7,264	4,560	1	522	7	1,216	8	1,738
구우(한림읍)	9,046	3,941	1	270	8	923	9	1,193
대정(대정읍)	3,439	564	6	404	4	273	10	677
중(안덕면)	3,843	1,927	1	269	10	2,199	11	2,468
좌(중문면)	6,123	2,100	5	616	3	327	7	943

---

87) 濟州島司, 「牧野整理計劃 實行狀況通知 / 件」(1934.6.9).

우(서귀면)	5,599	446	1	205	3	156	3	361
서중(남원면)	6,194	2,097	1	583	8	3,415	9	3,998
동중(표선면)	3,210	1,194	1	646	5	1,800	6	2,446
정의(성산면)	3,458	691	1	500	14	2,822	15	3,322
구좌(구좌면)	10,000	10,107	2	408	5	2,583	7	2,991
신좌(조천면)	5,258	1,626	1	101	2	3,906	3	4,007
계	69,106	33,463	22	4,717	84	22,808	104	27,525

자료 : 濟州島司, 「牧野整理計劃實行狀況通知ノ件」(1934.6.9).

<표 23>에 근거해 볼 때 실제로 정리된 목야지 면적은 계획면적의 82%, 소요면적의 40% 정도였다. 정리된 목야지의 면적 합계는 신좌면 (조천면), 서중면(남원면), 제주읍 순으로 많았다. 1934년까지 설치된 100여 개 공동목장에서 목야지 정리가 실행되었다.

제주도사는 목야지 정비과정에서 각 읍면장에게 공동목장 내 목야지 정리가 제주도 축산증식과 개량 그리고 식림을 위해 가장 시급한 과제임을 다시 한번 강조했다. 아울러 제주도내 여러 지역에서 목장용지 확보 문제가 미해결 상태에 있어 어려움이 예상되지만 목장 경계를 수축하는 돌담 쌓기 공사를 신속히 마무리해 목야지 정리 사업을 조속히 완료하도록 각 읍면에 요구했다.[88]

이상과 같은 목야지 정리 사업을 추진하면서 이루어진 목장조합의 설치상황은 <표 24>와 같다. 1936년에 설치예정이었던 목장조합은 모두 143개였으나 1938년에 실제로 성립된 목장조합은 116개로 나타나 불과 2~3년 만에 당초 계획했던 목표의 82%가 달성되었다. 이처럼 단기간에 목장조합을 설치할 수 있었던 배경은 무엇보다 제주도사가 서귀포지청, 각 읍면사무소 등 행정기관 직원들과 구장 및 지역유지들을 총동원해 목장조합 설립을 지속적으로 독려한 결과라 할 수 있다.

---

88) 濟州島司, 「牧場整理ニ關スル件」(1935.12.23).

〈표 24〉 제주도 마을공동목장조합 상황(1930년대)

구분	목장수	목장소요 총면적	취득방법	면적		%	비고
① 설치계획 (1937)	143	45,000정	공유지(차수지)		4,791정	10.6	공유지는 면 또는 리소유지
			기부지		5,916정	13.2	
			매수지		27,292정	60.7	
			요존임야		7,000정	15.5	
			합계		45,000정	100	
② 실시성적 (1937)	목장수	실시면적	조합원수	가축수		%	
	116	32,401정	22,041명	우	29,391두	67	
				마	14,508두	33	
				계	43,900두	100	
③ 설치상황 (1939)	목장조합 설치수	계획면적	내역	목야취득면적		%	
				차수지	9,215정67	27.7	
				기부지	7,132,43	21.4	
	116조	45,000정		매수지	16,942,09	50.9	
				합계	33,290정	100	
급수장	62개소		현금지출액	5,929엔32			

자료 : ①과 ②는 濟州島廳, 『濟州島勢要覽』, 1937, 125~126쪽, ③은 濟州島廳, 『濟州島勢要覽』, 1939, 89쪽을 재구성함.

또한 마을공동목장 용지는 공유지, 기부지, 매수지, 요존임야로 구성
되었음을 알 수 있다. 이 표에서 1937년 설치계획과 설치상황을 비교할
경우, 기부지는 1937년 설치당시보다(13%) 증가했으나 매수지는 오히려
60.7%에서 50.9%로 감소했다. 요존임야와 공유지를 포함한 차수지는
26.1%에서 27.7%로 소폭 증가했다. 1939년 현재 목장조합의 목야지 취
득면적은 매수지가 전체의 51%, 차수지 28%, 기부지 21%로 나타나 매
수지 비율이 상대적으로 높았다. 116개 목장조합의 조합원수는 22,041
명, 공동목장의 총면적은 33,290정으로 계획면적(45,000정)의 74%가 공
동목장으로 되었음을 알 수 있다.

3. 목장조합 설립에 대한 주민의 대응

1930년대 제주지역 신설 목장조합들은 제주도청과 각 읍면 그리고 마을이 삼위일체가 되어 설립되었다. 조합설립 과정에서 제주도민들은 식민지 당국이 주도한 목장조합 설치에 대해 관계당국에 진정서를 제출하면서 반발했다. 반면에 제주도 당국이 농촌진흥운동을 추진하며 마을별로 좌담회를 열어 조합설립의 당위성을 적극 강조하는 사회분위기 속에서 목장조합에 목장용지를 기부하거나 마을연합형 목장조합 구성에 참여하면서 암묵적으로 조합설립에 동참하기도 했다.

이러한 인식에서 출발하여 이 절에서는 『향토지』, 『濟州島共同牧場關係綴』(1943)과 1944년 제주도목장조합중앙회가 작성한 『목야대장』(애월면, 구좌읍)을 활용해 마을단위 목장조합 설립사례를 검토했다. 또한 조합 설립과정에서 드러난 반발사례와 함께 참여사례를 중심으로 조합설립 양상을 비교했다. 이러한 접근은 목장조합 설치에 대해 제주도민이 어떻게 대응했는지를 보여준다는 점에서 의미가 있다.

마을별로 이루어진 목장조합 설립상황에 대해서는 『향토지』[89) 기록을 통해 유추할 수 있다. 다음은 남원면 신례리, 서귀면 서홍리·상효리, 표선면 가시리, 중문면 하원리 조합설립 사례이다.

① 남원면 신례리에서는 1934년경 조합원들이 개인소유의 토지를 제공하여 공동목장을 만들었으며, 토지가 없는 조합원은 목장에 출역하여 경계 돌담을 쌓는 일에 참여했다. 이들은 목장조합에 노동력을 제공한

---

89) 『향토지』는 마을단위의 역사 및 마을 주민들의 일상사를 기록한 문헌자료로, 지방사를 연구하는데 유용하다. 아울러 이것은 주민들이 주체가 된 '아래로부터의 역사'를 기록한 자료이면서 '미시사', '생활사'와 관련된 주제들을 다수 포함하고 있다. 또한 주민들의 생활공간인 마을 내 역사·문화적 현상을 구체적으로 담고 있다는 점에서 자료로서의 가치를 인정할 수 있다.

대가로 공동목장에 우마를 방목할 수 있었다.[90]

② 서귀면 서홍리에서는 목장조합을 만든 뒤 '케파장' 1명을 두고 소를 관리하게 했다. 케파장은 우마의 관리에 대한 보상으로 방목 소 한 마리 당 보리 1두를 받았다.[91]

③ 서귀면 상효리에서는 목장계를 조직하여 목축하다가 1933년경 일제 당국이 각 리민들에 게 목장조합을 조직, 목축을 하라는 명령에 따라 1935년에 목장계를 목장조합으로 바꾸었다.[92]

④ 표선면 가시리 공동목장은 1933년 번널오름 주변 갑마장[93]을 중심으로 설치되었다. 조합원이 납부한 조합비로 목장예정지 내 사유지를 매입하여 조성되었다. 일제는 군수물자 조달책으로 가시리 공동목장이 기르던 축우를 공출해갔다.[94]

⑤ 중문면 하원리에서는 국가에서 경영하던 목장이 일제의 지적측량을 거치면서 개인에게 불 하된 후 '상잣' 이상에 위치한 목장예정지 내 토지를 소유한 조합원은 토지를 출자하고, 토지가 없는 조합원은 1936년 당시 10원을 투자하여(일제시기 쌀 1 가마 가격은 5원, 1원은 현재 4만원 정도에 해당 : 필자주) 180여 정보를 확보, 리공동목장을 조성했다.[95]

향토지 자료 ①~⑤를 보면, 목장조합 설치모습이 마을간 차이가 있었음을 보여준다. 여기서 서귀면 서홍리의 '케파장', 상효리의 '목장계'가 주목된다. '케'는 우마를 소유한 사람들이 공동방목을 위해 만든 돌담을 두른 목야지로,[96] 목장이라는 명칭 대신에 사용한 용어이다. '케파장'은 '케'에서 우마를 관리했던 최고 책임자를 말한다. 상효리 목장계의 존재는 목장조합이 설립되기 이전에 이미 주민들이 목축을 위해 계를

---

90) 남원읍 신례2리, 『公泉浦誌(貢泉味)』, 일신옵셋인쇄사, 1994, 219쪽.

91) 서귀포시 서홍동, 『西烘爐』, 보광인쇄사, 1996, 202쪽.

92) 상효1동 마을회, 『上孝誌』, 전자출판 흔글, 1994, 58쪽.

93) 갑마장은 조선후기 인근 국마장에서 선정한 1등급 진상용 말을 일시적으로 사육하기 위해 만든 목장이었다.

94) 가시리, 『加時里誌-가스름』, 대동원색인쇄사, 1988, 109쪽.

95) 하원마을회, 『하원향토지』, 1999, 161~171쪽.

96) 송상조 엮음, 『제주말큰사전』, 한국문화사, 2007, 652쪽.

만들었음을 보여준다. 목장계가 일제의 명령에 의해 목장조합으로 대체된 것이다. 남원면 신례리 마을에서는 공동목장에 출역해 경계돌담 축조에 참여하면 공동목장에 우마를 방목할 수 있는 자격을 부여했다. 표선면 가시리에서는 조합원이 납부한 조합비로 목장예정지 내 사유지를 매입했을 뿐만 아니라 공동목장에서 기르던 소가 일제에 의해 공출되었음을 보여준다.

1) 목장조합 설립에 대한 반발

제주도민들은 일제 당국이 주도한 목장조합 설립정책에 반발하기도 했다. 이것은 공동목장예정지 내에 토지를 소유한 주민들이 당국에 자신들의 소유 토지가 목장용지로 충분한 보상 없이 편입된 것에 대해 문제를 제기하면서 발생했다.

목장조합 설치과정에서 관계당국과 주민 간에 존재했던 분쟁은 여러 마을에서 발생했다. 이에 따라 당시 제주도사 다구치 테이키는 1934년 6월 23일 서귀포지청장과 각 읍면장에게 목장조합 설립에 대한 주의사항을 전달하면서 조합 설치과정에 갈등이 발생하지 않도록 각 읍면이 서로 긴밀히 협조하라고 했다. 아울러 제주도사는 읍면장에게 대부분 목야지 확장과 경계축조 과정에서 고소와 감정 폭발로 인한 다툼이 일어나고 있기 때문에 앞으로 면민들로부터 더 이상 진정과 고소가 발생하지 않도록 하라고 주문했다. 이러한 사실을 통해 목야지 확장 및 경계축조 과정에서 개인소유의 농경지와 임야가 충분한 보상없이 목장예정지에 편입되면서 반발이 발생했음을 알 수 있다.

(1) 목장조합 분쟁 처리 지침

이러한 상황에서 제주도사는 목장조합 설립과정에서 발생한 분쟁을 예방하기 위해 각 읍면에 처리지침을 통보했다.

> ● 종래 진정의 원인을 종합하면 면 또는 마을이 함부로 사유지를 목야지
>   로 편입했기 때문이다. 이미 개인이 쌓은 돌담(石墻)을 허물어 가져가서
>   도 안 된다. (목야지 편입으로 인해 : 필자) 농경지가 사라져 농민생활이
>   위기에 처하는 일이 생기지 않도록 한다. 그러나 타당성 없는 일방적인
>   진정이나 폭력적 행위에 대해서는 엄단해야 한다. 사유지를 목장계획지
>   에 편입시키는 경우 매수, 기부 등 교섭을 하도록 목야조합에 주의를
>   준다.
> ● (근거 없는 : 필자) 진정에 대해서는 전부 각하한다고 일반인들에게 주
>   지시킨다. 읍면에 진정을 하는 경우 해당 진정 건에 대해 성의를 다해
>   조사·조정하는 절차를 밟고 그 전말을 보고한다.
> ● 진정의 배후에 불량배(不良輩)가 있으니 (조합설립 반대를 : 필자)선동
>   하는 자들을 관계당국에 연락해 진정이 발생하지 않도록 노력하고 필요
>   한 경우에는 그 전말을 보고한다.
> ● 제주, 신우(애월면), 구우(한림면), 구좌면의 진정서 조사결과를 보낸다.[97]

상기한 인용문들을 통해, 목장조합 설치 과정에서 해당마을 주민들
은 면 또는 목장조합이 사유지를 함부로 공동목장 예정지로 편입시킨
것에 대해 문제를 제기했음을 알 수 있다. 또한 목장조합이 공동목장의
경계축조용 돌담을 확보하기 위해 개인소유의 돌담을 허물어 경계축조
에 이용해버림에 따라 분쟁이 발생했음도 알 수 있다. 이처럼 사유지를
목장용지로 강제 편입해버린 문제는 집단적 저항을 불러왔던 중대 사안
이었다.

도내 여러 곳에서 목장조합 설립에 대한 민원이 야기되자 이런 상황
을 해결해보기 위해 제주도사는 타당성 없는 진정이나 폭력행위에 대해
관계당국(경찰력)을 동원해 엄단하라고 했다. 즉 공권력을 이용해 조합
설치에 따른 소요 사태를 막으려 한 것이다. 이것은 목장조합 설립 자체

---

97) 濟州島司, 「牧野整理計劃上主意ノ件」(1934.6.23).

가 도민들로부터 충분한 공감대를 얻지 못한 채 일제에 의해 일방적으로 추진되었음을 시사한다. 또한 조합설치 과정에서 목장조합, 읍면, 주민들 간에 진정서 제출이나 폭력행위가 발생할 정도로 조합설립에 문제가 심각했음을 보여준다. 아울러 선조들로부터 관행적으로 이용해오던 토지가 어느 날 목장용지로 편입되는 피해를 당한 주민들이 제기한 진정이나 고소 건에 대해 타당성이 없다고 무시하거나 진정행위 자체를 폭력행위로 매도해 처벌하도록 한 것은 식민지 지배의 본성을 드러낸 사례라 할 수 있다. 제주도사가 목장조합 설치에 대한 도민의 문제제기에 대해 그 원인과 배경을 철저히 조사하지 않은 채 이를 근거 없는 진정으로 몰아가며 진정 건에 대해 각하하겠다고 결정한 방침은 결국 식민지배의 강제성과 폭력성을 드러낸 처사였다고 할 수 있다.

제주도민들의 진정 건에 대해 제주도사는 표면적으로는 성의 있게 조사·조정하는 절차를 거칠 것을 지시했다. 그러나 한편으로는 진정의 배후에 불량배가 있으니 진정이나 고소하자고 선동하는 자들을 관계당국(경찰서)에 연락해 진정이 발생하지 않도록 엄단하도록 조치하라는 입장을 견지했다. 진정 사건의 본질에 대한 성의있는 조사를 외면한 채 물리력을 동원해 문제를 해결하려 했던 것이다. 제주읍, 신우면(애월면), 구우면(한림면), 구좌면에서도 진정서가 접수된 사실로 볼 때, 조합설립에 대한 반발이 여러 지역에서 동시다발적으로 발생했음을 알 수 있다.

여기에서는 대표적인 반발사례인 제주읍 해안리 진정서 사건의 내막을 살펴보고, 이를 해결하기 위해 제주읍장과 제주도사가 어떤 조치를 취했는지를 검토하고자 한다.

(2) 제주읍 해안리 진정서 사건

해안리 주민들은 1934년 6월 목장조합 설치에 대해 문제를 지적하며

진정서를 제주도사에 제출했다. 마을주민들이 소유한 임야 일부가 목장
용지로 강제편입된 것에 대한 불만 때문이었다. 마을주민들이 집단적으
로 반발했다는 점에서 사안의 중대성을 알 수 있다. 이 마을에서 제주도
사와 제주읍장에게 제출한 진정서는 모두 3건으로, 진정서 작성에 동참
한 마을주민 수는 무려 76명이었다.[98] 진정서가 접수되자 제주도사와
제주읍장 그리고 제주읍장과 해안리·노형리 구장들은 약 5개월 동안 해
결방안에 대해 논의했다.[99]

해안리 주민들이 제출한 진정서 내용은 「공동목장설치와 소유임야
편입에 관한 진정」이라는 제목의 이른바 「고두평 진정서」를 통해 알 수
있다.[100] 이에 따르면, 진정인들은 목장조합이 설치되기 이전부터 해안

---

98) 해안리에서는 모두 4건(노형리 1건 포함)의 진정서들을 제주도청에 접수했다. 여
  기에는 ① 濟州島 濟州邑 海安里 陳情人 金興元外 20人 代表者 高斗平 當46年
  (昭和九年 六月 日, 濟州島司 殿) ② 濟州島濟州邑 老衡里 玄升玟 外 四名 玄升
  玟, 梁信□, 金仁和(昭和九年五月二十日 濟州邑長 殿) ③ 濟州島 濟州邑 海安里
  陳情人 宋明文 外 25人 代表者 朴化平 當72年(昭和九年 六月 日, 陳情人代表者
  朴化平, 濟州邑長殿) ④ 濟州島 濟州邑 海安里 陳情人 黃奉圭 外 28人 代表者
  黃奉圭 當70年(昭和九年 六月日, 陳情人 代表者 黃奉圭, 濟州邑長 殿) 등이 있다.

 99) 濟州島司,「海安里 共同牧場ニ關スル眞情ノ件」(1934.6.6).
  濟州島司,「海安里 共同牧場ニ關スル眞情ノ件」(1934.7.17).
  濟州邑長,「共同牧場ニ關スル眞情ノ件」(1934.9.25).
  濟州邑長,「海安里 共同牧場ニ關スル眞情ノ件」(1934.10.13).
  濟州邑長,「海安里 共同牧場ニ關スル眞情ノ件」(1934.11.8).
  濟州邑長,「海安里 共同牧場ニ關スル眞情ノ件」(1934.11.26).

100) 高斗平이 대표가 되어 제출한 陳情書는 다음과 같다.
  濟州島 濟州邑 海安里 陳情人 金興元 外 20人 全島全邑全里 右代表者 高斗平
  當46年
  共同牧場設置卜所有林野編入ニ關スル陳情
  右 眞情人等ハ 從來山間部落タル僻□地ニ住所ヲ有ン居ル關係上 濟州島 濟州
  邑 海安里 山186番地林 野 45町6反步ヲ共同所有シテ其ノ三分ノ一ハ農作ン
  其ノ□ハ牛馬ノ牧草ヲ收穫ン且ツ 例年 濟州邑勸業 係ヨリ配付セウンタル
  松苗ヲ植付ケ之□境界ヲ爲メ數千名ノ人夫ヲ要シ其ノ四方ニ石垣ヲ設ケ□□
  林野　ヲ寶庫□□生活ヲ維持ン居ル次第ニ有之□□ルニ分四 濟州邑ヨリ牧

리 산 186번지 임야 45정 6반보를 공동 소유해 사방에 경계용 돌담을
쌓은 다음 1/3은 농작(農作)하고, 나머지는 목초를 채취하는 공간으로 활
용해왔다. 또한 이곳에 제주읍 권업계가 배부한 송묘(松苗)를 키운 다음
이를 팔아 생계를 유지해왔다. 이러한 상황에서 해안리 목장조합이 진정
인들의 임야를 목장용지로 편입해 버린 결과, 농작물 및 목초수확을 하
지 못해 빈곤상태를 면하기 어렵다고 주장하며 이의 시정을 요구하는 진
정서를 제출한 것이다.

　　제주도청에 진정서가 접수되자 제주도사는 1934년 6월 제주읍장에게
해안리 주민 황○○와 김○○ 등 70여명이 제출한 진정서의 사실관계를
조사하여 그 전말을 보고하라고 지시했다. 제주읍으로부터 처리결과에
대한 보고가 지지부진하자 제주도사는 동년 7월 제주읍장에게 문서를
재차 발송해 진정서에 담긴 내용에 대한 사실여부를 확인해 보고하라고
독촉했다. 이에 제주읍장은 동년 9월 해안리 구장에게 공문을 보내 해안
공동목장 관련 진정자들을 모이도록 해 진정서에 대한 사실조사 및 조정
을 시도했다.[101]

場設置ノ□□達ニ伴ヒ 濟州邑 內都里, 外都里, 梨湖里, 都坪里, 老衡里 2區,
海安里 6ケ里ノ共同牧場ヲ利用セムトンヲ陳情人等トハ□　　等ノ交涉ヲモ
爲サス既ニ眞情人等ニ□□□□キタル石垣ノ一部修築ヲ爲シ□□林野ヲ共
同牧場ニ編入セ ンムル計劃ニ□□ヲハ 果シテ□□林野ヲ牧場ニ編入セン
ムル場合ハ陳情人等ハ農作及牧草收穫□キ ナキハ勿論之レト伴ヒ生活上飢
餓ヲ□□ル狀態 リンエ付特別御銓議ノ上□□林野ヲ除外ンヲ牧場ヲ設置ス
ル□□御下□□成下度□□及陳情□□
　　　昭和九年 六月 日 右 陳情人 代表者 高斗平 濟州島司 殿

101) 제주읍장이 해안구장과 노형구장에게 발송한 문서내용은 다음과 같다.
　　件名　共同牧場ニ關スル眞情ノ件
　　首題의 件에 關 하야 左記者의 陳情이 有한 바 事實取調調停하기 爲하야 來 二
　　十七日에 本職이 出張할 豫定이니 關係者를 區長宅에 集合함을 通知爲要.
　　記
　　海安里 金興元 外 二十人 老衡里 玄升玟 外 四名 海安里 宋明文 外 二十五名
　　黃奉圭 外 二十八名 以上

제주도사는 진정서와 고소 등 목장조합 설치와 관련된 분쟁예방을 위해 1934년 8월 18일 각 읍면에 보낸 「공동목장조합설립 및 기설조합규약 개정」[102] 문서내용과 제주도사의 지시 사항을 철저히 준수하도록 요구했다. 그러나 불가피하게 저항이 발생할 경우, 읍면장과 관계 계원이 함께 직접 해당 마을로 출장가서 진정서 건을 냉정히 처리하도록 지시했다. 결과적으로 해안리 진정서에 대해 제주도사는 문제가 된 임야를 목장용지 부근의 땅 값으로 보상하도록 결정해 일단락되었다.[103]

2) 공동목장용지 기부

이상과 같이 조합 설립과정에서 조합 측과 관계당국이 해당 마을주민들과 분쟁을 일으키는 사례가 있었던 반면 조합설립에 자발적 또는 비자발적 형태의 참여도 이루어졌다.[104] 이것은 목장조합 설립 자체가 제주도민들의 목축전통을 완전히 배제하는 것이 아니었고, 또 당시 일제 식민지 권력의 감시망 하에서 생계를 위해 조합 설립과정에 불가피하게 편입될 수밖에 없었던 상황으로 인해 협력이 이루어졌다고 볼 수

---

102) 이 문서는 1934년 8월18일 제주도사가 서귀포지청장, 제주도농회장, 각 읍면장에게 보낸 것이다. 공동목장 설치과정에서 발생한 분쟁처리를 위해 이 문서를 참조하라는 것은 조합원들에게 목장조합 설치과정에서 이루어지는 목장경계 축장과 기존에 존재하는 목장의 개량작업 과정에 여러 가지 일들이 일어 날 수 있다는 것을 사전에 알려 분쟁이 발생하지 않도록 하라는 것이다.

103) 濟州島司, 「海安里 共同牧場ニ關スル眞情ノ件」(1934.11.26).

104) 일제강점기 식민지 지배에 대해 주민들의 보인 태도를 저항 또는 협력이라고 보는 경우가 있다. 본래 협력이라는 용어는 19세기 제국주의의 팽창을 제국주의 중심국가들의 의도나 목표보다 식민지나 반식민지 상황에 놓여있던 주변부 내부에서 현지 엘리트로 구성되는 협력의 체제를 중심으로 설명하는 '주변부 이론'에서 사용한 용어이다(이기훈, 「친일과 협력」, 『역사용어바로쓰기』, 역사비평사, 2007,111쪽). 그러나 이 글에서는 협력을 일제식민지 지배에 엘리트로 동참하여 이루어진 반민족적 행위를지 칭하는 것보다는 단순히 목장조합설립에 토지를 기부하면서 도움을 준 행동이라고 정의한다.

있다. 조합설치 과정에서 협력 및 참여는 첫째, 자신의 토지를 목장조합에 기부하면서 이루어 졌다. 각 마을별 공동목장 용지 중 기부지가 존재한다는 점은 바로 조합설립에 협력이 이루어졌음을 의미한다. <표 25>는 공동목장 용지에 포함되었던 기부지 면적을 나타내고 있다. 비록 이 자료가 목장조합이 설립되어 10년이 경과한 1943년의 상황을 보여주고 있다고 해도 각 목장조합별로 기부지가 존재했음을 인정할 수 있다.

〈표 25〉 제주도 마을공동목장조합별 기부지 상황(1943)

지역별	공동목장		기부지	지역별	공동목장	기부지
제주읍	한영		74,604	성산면	수산	33,623
	아라		331		고성	3062
	오등		14,807		삼달	60,564
	오라		16,090		신풍	125,768
	계		105,832		계	463,286
조천면	제1목장	임	87,8100	중문면	영남	28,7600
		전	10,3471		도순	19,9500
	제2목장	임	34,0260		중문	149,7200
		전	5,2205		계	1,984,300
	계		1,374,036	안덕면	화순	73,0900
구좌면	동김녕		16,1780		서광1구	220,8200
	월정		65,8800		동광	264,3300
	행원		83,9416		상천	54,2200
	덕천		533,7530		감산	52,6200
	송당		1098,7000		광평	107,0400
	한동		70,1559		계	7,721,200
	평대		14,2320	한림면	고산	135,090
	세화		286,3557		용수	178,230
	상도		462,295		청수	73,300

	하도	79,9930		계	386,620
	종달	1,4730		상가	1,280
	계	22,968,917	애월면	장전	31,320
	시흥	88,618		광령	91,560
성산면	신산	45,317		고성	11,730
	난산	106,334		계	135,890

자료 : 제주특별자치도청, 『濟州島共同牧場關係綴』(1943)에서 발췌하여 정리함(단위 : 정반무보).

여기에 나타난 기부지 면적을 지역별로 보면, 구좌면, 안덕면, 중문면 순으로 많았다. 특히 구좌면 공동목장조합에서는 기부지 면적이 전체의 65%를 차지할 정도로 기부지가 많은 것이 특징이었다. 목장조합에 기부된 토지는 추후 법적으로 소유권을 행사할 수 없었기 때문에 기부 결정은 실로 중대한 일이었다. 따라서 토지기부 결정은 신중한 판단이 요구되는 일이었다. 성산면 신산리 목장조합 문서에서 확인되는 바와 같이, 토지를 목장조합에 기부한다는 내용을 기록한 기부증의 작성일이 동일하다는 점에서 토지기부 자체가 자발적으로 이루어졌거나 아니면 식민지 권력의 압력에 의해 이루어졌을 가능성을 배제할 수 없다.

마을명의로 보유하고 있었던 리유지(里有地)도 공동목장용지로 기부되었다. 이것은 제주도사가 리유지를 목장조합에 기부하도록 유도한 정책의 결과이다. 마을단위에서 촌락공유 임야로 이루어진 리유지를 목장용지로 기부한 점은 목장조합이 리(里)와는 별개조직이 아니라는 인식이 작용한 것으로 보인다.

3) 마을연합형 공동목장조합 조직

제주지역 마을 목장조합은 대체로 1마을에 1개 조합이 설립되었다. 그러나 중산간 지대에 자연 초지를 확보하지 못한 해안지역 마을의 경우, 독자적으로 조합설립이 어려웠다. 이에 따라 해안마을과 중산간 마을이 연합하거나 마을규모가 작은 마을들이 서로 힘을 모아 하나의 마을 연합형 목장조합을 출범시킨 사례가 있다. 이것은 한정된 초지대를 상호 공유하면서 목축하려는 공동체 의식 및 인보정신이 조합설립에 반영된 것이라 생각된다.

마을 연합형 목장조합의 사례로 구좌면 세화리 목장조합을 들 수 있다. 이 조합은 1930년대 초에 설립된 기설 목장조합의 하나로, 세화리 뿐만 아니라 동일생활권 내에 있는 인근의 평대리, 상도리, 하도리, 종달리, 시흥리, 고성리 주민들이 힘을 모아 만든 조직이다(표 26).

〈표 26〉 세화리 마을공동목장조합 참여마을의 목장용지 실태(1943~1944)

구분	소유자 주소지							합계
	구좌면					성산면		
	세화	평대	상도	하도	종달	시흥	고성	
田	2정							2정
	119반	38반		5반				162반
	164무	21무		7무				192무
	196보	38보		5보				239보
필지	41			1				42
林	231정	29정			2정	1정	3정	263정
	157반	75반	1반		6반	8반	9반	247반
	159무	50무	0		0	0	4무	209무
	3보	0	0		0	0	0	3보
필지	33	13	1		2	1	1	50
垈	2무19보							2무19보
필지	1							1
합계	233정 276반	29정 113반	0 1반	0 5반	2정 6반	1정 8반	3정 9반	265정 409반

	325무	71무	0	7무	0	0	4무	403무
	218보	38보	0	5보	0	0	0	261보
평	791,768	123,068	300	1,715	7,800	5,400	11,820	941,871
%	84.06	13.06	0.03	0.2	0.83	0.57	1.25	100

자료 : 제주특별자치도청, 『濟州島共同牧場關係綴』(1943)과 『목야대장』(1944)에서 세
화리 공동목장 조합부분을 발췌하여 정리함.

세화 마을공동목장조합을 구성하는 마을 중 시흥리와 고성리는 구좌
면이 아니라 행정관할 구역이 다른 성산면 지역의 마을이다. 그럼에도
불구하고 두 마을은 구좌면 세화리를 중심으로 한 동일생활권 내에 있었
기 때문에 세화리 목장조합 조직에 참여할 수 있었다. 이것은 목장조합
이 동일한 행정권역 만이 아니라 실질적인 생활권을 중심으로도 조직되
었음을 보여주는 사례라 할 수 있다. 이 조합의 목장용지는 국유지, 면유
지, 리유지(산 6번지, 임야, 다랑쉬오름 분화구 내), 사유지로 구성되었
다. 목장용지의 85%가 세화리 주민소유로 되어 있어 조합명칭도 세화리
공동목장조합으로 명명되었다. 이 목장조합은 해당 조합원들이 자신의
소유 토지를 기부해 만든 전형적인 기부형 목장조합이었다.

제3장

목장조합의 목장용지 확보실태

 마을공동목장조합은 설립승인을 받아도 목장용지가 확보되지 못하면 제기능을 할 수 없었다. 그러므로 목장조합 설치 마을에서 반드시 해결해야 할 가장 중요한 공통과제는 바로 목장용지를 확보하는 일이었다.[1] 목장조합 설립을 독려한 제주도청에서도 이 문제의 중요성을 의식해 각 목장조합에게 목장용지를 매수하거나, 기부지 확보 또는 국공유지를 대부받아 목장용지를 확보하도록 주문했다. 그러나 마을별로 처한 자연적, 경제적 여건이 다르기 때문에 목장용지 확보는 쉬운 일이 아니었다. 무엇보다 목장용지 매입비 마련이 급선무였다.

 이 장에서는 『제주도공동목장관계철』(1943)에 근거해 마을별 목장용지의 확보실태를 분석함으로써 목장용지의 구조적 특징을 제시하고자 한다. 이를 위해 첫째, 목장용지 역시 토지조사사업 결과 등장했다는 관점에서 이 사업과 목장용지 등장과의 관련성을 검토했다. 둘째, 1917년부터 일제가 전국에 시행한 면제(面制)에 주목해 목장용지의 주요 구성요소였던 면유지의 출현을 살폈다. 이 토지들은 1930년대부터 목장조합에 임대되어 이용되었다. 셋째, 목장용지를 어떻게 확보해 이용했는지를 밝히기 위해 읍면별, 목장조합별로 사유지·국공유지 및 매수지·차수지·기부지 보유실태를 검토했다.

---

1) 여기서 목장용지(牧場用地)란 방목용지, 기부지, 국유지, 공유지, 리유지, 사유지를 총칭하는 개념으로 목장토와는 본질적으로 다른 개념이다. 목장토(牧場土)는 조선시대 목장지역 내의 각종 토지를 의미한다. 따라서 1930년~40년대 초를 연구시기로 선택한 이 연구에서는 목장토라는 용어 대신에 목장용지라는 개념을 사용했다.

1. 공동목장용지의 출현배경

1) 토지조사사업과 목장용지

조선을 강점한 일제는 1912년 「토지조사령」을 통해 토지조사사업에 착수했다. 일제는 이 사업을 통해 토지에 대한 소유 질서를 재편하려고 했으며[2] 동시에 근대적 토지소유권 및 조세제도를 도입해 식민지 경영에 필요한 재정을 확보하려 했다.[3]

제주도에서 이 사업은 「토지조사령시행규칙」[4]에 따라 1913년 8월부터 1917년까지 진행되었다. 이 기간동안 제주도사는 면장, 리장, 지주총대[5] 등을 투입해 토지조사사업을 진행했다. 실례로 당시 신좌면(조천면) 선흘리에서는[6] 1914년 5월부터 11월 말까지 6개월 동안 토지조사가 이루어졌다. 이 마을 토지에 대한 측량작업은 총 4,198 필지를 대상으로 측지 제10반 제7이동조사반이 담당했으며, 반장인 감사관 송미만희(松尾萬喜)가 토지측량사업 전체를 지휘했다.[7] 이 사업 결과 제주지역에서

---

2) 이종길, 「韓末 牧場土의 所有關係變化와 日帝의 土地調査事業」, 『法史學硏究』 Vol.25, 한국법사학회, 2002, 71쪽.

3) 김동노, 「일제시대 식민지 근대화와 농민운동의 전환」, 『한국사회학』 제41집, 2007, 207쪽.

4) 제주지역에 있어 토지조사 사업은 조선총독부고시 제243호에 근거하여 이루어졌다. 토지조사령시행규칙 제1조의 규정에 의하여 토지신고서를 임시토지조사국 또는 출장한 당해 관리에게 제출하도록 했다.

5) 조선총독부 농림국 편찬(1938), 『조선임야조사보고서』, 대공사, 2004, 27쪽. 지주총대는 일제가 토지조사 및 측량을 정확하게 진행하기 위해 참여시킨 사람들이다. 조사지역의 토지사정에 정통하여 조사주체인 부윤, 면장은 물론 실지작업에 종사한 측량기술원에게 도움을 주었으며 이후 임야조사에도 참여했다.

6) 선흘리 토지조사 사업의 상황은 국가기록원에 소장되어 있는 513매의 측량원도 (1:1200)인 「全羅南道濟州島新左面善屹里原圖」에서 파악했다.

7) 당시 세부측량 작업은 세부 제4분반 감사원 기수 망월축오랑(望月丑五郎) 그리고

도 복잡한 신고양식과 법률관념에 어두워 신고를 미루다 조상전래의 농지가 국유지로 편입된 사례들이 있었다.

토지사정 과정에서[8] 불복민원이 발생했다. 이에 제주도청에서도 불복신고를 접수한 후 분쟁당사자간 합의가 이루어지 못한 경우에 한해 이를 고등토지조사위원회[9]에 회부해 재결 또는 재심을 받도록 했다.[10] 제

검사원 기수 성주한, 측도원 기수 오재수, 서자용, 권만윤이 담당했다. 조사반장과 감사원은 일본인이 맡았고, 검사원, 측도원, 서기는 조선인이 담당했다. 특히 마을 상황을 잘 알고 있는 지주총대를 토지측량에 투입했음이 확인된다. 당시 측량기사에 비협조적인 지역도 있어 토지조사사업이 순탄하게 이루어지지 않았음을 알 수 있다(성산읍 수산리, 『수산리지』, 신명인쇄사, 1994, 41쪽).

8) 최원규, 앞의 논문, 273쪽. 사정은 토지조사를 통해 작성한 토지조사부와 지적도를 기반으로 토지소유권과 강계(疆界)를 확정하는 행위이다. 사정대상은 소유권과 강계이며 지목과 면적은 해당되지 않았다. 사정의 기초자료는 사유지의 경우 지주가 제출한 토지신고서, 국유지에서는 해당 관청이 제출한 통지서였다.

9) 고등토지조사위원회는 토지조사사업 당시 이루어진 토지사정에 대한 불복신청이 있는 경우 재결을 했던 최고 심의기관이었다.

10) 재결은 특정의 법률사실이나 법률관계를 확인, 결정하는 행정처분을 의미하며, 재심은 고등토지조사위원회에 이의를 신청하는 또 다른 통로였다. 사정 또는 재결의 증거가 되는 문서가 위조 또는 변조가 되었을 때만 재심신청을 허용했다(최원규, 앞의 글, 288쪽). 개인소유의 토지가 명백함에도 불구하고 임시토지조사국장이 국유지로 잘못 사정해 버리거나 혹은 주소지 변동으로 인해 법률사실이 달라진 경우에도 裁決이 이루어졌음을 「구토지대장」에서 확인할 수 있다. 실례로, 제주도 구좌면 평대리 2692-1은 본래 국유림이었으나, 대정3년(1914) 6월 20일 중면 이도리 삼성사로 사정되었다. 중면이 제주면으로 주소변경이 되면서 대정6년(1917) 10월 12일 재결을 통해 소유자 주소가 제주면 이도리 재단법인 삼성시조제사재단으로 변동되었다(구좌면 평대리 2692-1 「구토지대장」). 한편, 제주지역에서 발생한 토지사정에 따른 분쟁에 대해 고등토지조사위원회(위원장 山縣伊三郎)가 1916년에 내린 재결결과에 따르면, 제주면 3도리 1건, 제주면 2도리 1건, 신좌면 북촌리 5건, 구좌면 하도리 2건, 구좌면 동복리 2건, 구좌면 월정리 3건, 정의면 신풍리 1건, 정의면 난산리 1건, 정의면 신산리 1건, 서중면 의귀리 1건, 제주도 우면 법환리 2건, 우면 신효리 1건, 대정면 보성리 1건, 신우면 금성리 1건 그리고 1917년에 이루어진 것으로 정의면 신산리 1건 등 모두 24건이 분쟁사례로 등장한다(자세한 분쟁과 처리결과는 『조선총독부관보 중 제주록』(제주도, 1995, 경신인쇄사, 59~77쪽)이 참조된다.

주거주 일본 이주민들에게도 토지가 사정되었다.[11] 이들이 사정받은 토
지 중 일부는 1930년대 목장조합에 매도 또는 임대되었다.[12] 이 사업
결과 조선시대 제주도 국영목장터가 국유지로 편입되고 말았다. 실례로
표선면 가시리 마을에서는 조선후기 대표적인 산마장(山馬場)[13]이었던
녹산장(鹿山場)이 국유지로 편입된 경우가 있었다. 이후 이 국유지는 일
본인과 조선인에게 불하되거나 또는 면유지로 변모해 버렸다(표 27). 즉
조선후기 녹산장 내 갑마장(甲馬場)[14] 3,162번지 임야가 1913년 8월 16
일자 토지사정에 의해 국유지로 된 후, 이 토지에 대한 소유권은 1933
년 1월 28일 일본인 횡전아웅에게 그리고 1937년 11월 19일에는 가시
리 마을공동목장조합으로 변동되었다. 조선후기 녹산장은 국가소유의
목장토였기 때문에 일제에 의한 토지사정 과정에서 국유지로 처리된 다
음, 3162번지 임야가 일본인 횡전아웅에게 불하되었고 이 일본인이 가

---

11) 상효1동 마을회, 『상효지』, 1994, 58쪽. 서귀면 상효리 목장조합의 경우 토지사정
을 받은 일본인(도변호, 중원)들로부터 임차(임차인: 당시 구장 오정견)하여 계속
목장용지로 사용하였고 해방과 동시에 일본인 명의의 토지가 국가로 귀속되었다.

12) 상가리지편찬위원회, 『상가리지』, 선진인쇄사, 2007, 131쪽. 애월면 상가리에서는
1914년에 세부측량이 이루어졌으며, 당시 상가리 양달해, 변덕구가 애월면 세부
측량시 총대를 맡았다.

13) 대규모 산마장은 김만일의 개인목장에서 유래했다. 즉, '헌마공신' 김만일(金萬鎰,
1550~1632)이 1600년과 1620년에 각각 전마 500필을 국가에 헌납한 것을 계기
로 산마장이 본격적으로 설치될 수 있었다. 산마장을 운영하기 위해 전국에서 유
래가 없는 산마감목관이라는 직책이 신설되었다. 조정에서는 산마장이 김만일의
헌마를 계기로 설치되었다는 점을 인정해 김만일 후손들에게 산마감목관직을 맡
겨 산마장을 운영하게 한 다음 이곳에서 생산되는 우량 산마의 일부를 공마하도
록 했다. 이후 산마장은 침장·상장·녹산장으로 개편되어 산마생산에 더욱 주력했
다. 당시 이들 산마장들을 관리하기 위한 객사가 침장·상장·녹산장의 중심부에
위치한 교래리에 있었음이 『탐라순력도』(1702)를 통해 확인할 수 있다. 자세한
산마장에 대해서는 필자의 「조선시대 김만일 가계 산마장의 입지환경과 그 유적」
(『제주마학술조사보고서』, 제주문화예술재단, 2007)이 참조된다.

14) 갑마장은 인근 산마장에서 생산되었던 말 중 진상용 1등 품질의 말을 골라 임시
길렀던 목장으로, 현재 이곳은 가시리 공동목장으로 이용되고 있다.

시리 마을공동목장조합에 토지를 매도한 것이다. 갑마장 중 3612, 3174
번지 임야가 1930년에 동중면(표선면) 면유지로 사정되어 결국 국영목
장의 일부였던 갑마장은 국유지, 사유지(일본인 소유), 면유지로 변모했
음을 알 수 있다.

　이 사업 결과, 일제는 대한제국기 관유목장이었던 목장토를 국유지로
편입시켰다.[15] 그 결과 무주공야(無主空野)였던 목장토를 개간해 경작하
던 농민들은 경작지를 강탈당하고 말았다.[16] 반면에 이 사업은 제주지
역에서 공동목장 용지가 생겨나는 단초를 제공했다. 이 사업이후 중산
간 지대의 토지에 지번이 부여되고 경계선이 확정되면서 토지소유자들
이 정해졌다. 이들은 1930년대 공동목장조합이 본격적으로 설립될 때
자신의 토지를 목장조합에 매각하거나 또는 기부했다. 공동목장이 1910~
1920년대에도 존재했다는 사실을 감안할 때, 마을소유로 사정받은 토
지(리유지)들과 개인소유의 토지들이 목장용지로 이용되었을 가능성은
충분하다.

---

15) 이영훈, 「일제하 제주도의 인구변동에 관한 연구」, 고려대 석사논문, 1989,
　　39~40, 44쪽. 토지조사사업 이전에 목장토는 관유지였다. 당시 목장토를 개간한
　　주체는 1913년 기준으로 전체 농가의 8%를 차지했던 약 3,000호의 농지 무소유
　　자들이었다. 이를 개간해 경작한 농민들은 관아에 10두락당 3.75兩(75전)의 소작
　　료를 납부해야 했으며, 이 과정에서 당시 목장토 개간지는 점차 사유화되고 있었
　　다. 그러나 일제에 의해 토지조사사업이 이루어지면서 개간된 목장토의 대부분이
　　국유(國有)로 처리되면서 농민들의 관습상 경작권이 소멸되고 말았다.
16) 박찬식, 「일제강점기의 도정과 민생」, 『제주도지』 제2권(역사), 제주도, 2006, 615쪽.

〈표 27〉 표선면 가시리 목장용지 중 국유지 소유권 변동사례

조선후기	지번	지목	지적(평)	토지소유권 변동(1910~1970년대)			일제시기(1943)		
				토지사정일	소유권변동	소유자	전소유자	소유권확정년월일	비고
녹산장(갑마장)	3162	임	9,154	1913.8.16		국(國)	횡전아웅	1937.11.19	매수
					1933.01.28	횡전아웅			
					1972.08.03	홍인식			
	3165	임	6,475	1913.8.16		국(國)	고태효	1937.11.19	매수
					1926.06.09	고태효			
					1978.09.07	가시리 새마을회			
	3691-3	임	10,772	1914.3.21		국(國)	국유림	1937.11.19	매수
					1933.1.26	강팽연			
					1978.09.07	가시리 새마을회			
	3612	임	4,518	1914.8.16		국(國)	면유	1937.11.19	차수
					1930.12.17	동중면			
					1937.10.20	표선면			
					1963.08.24	남제주군			
	3174	임	6,800	1914.8.16		국(國)	면유	1937.11.19	차수
					1930.12.17	동중면			
					1962.08.05	남제주군			

자료 : 1. 제주특별자치도청, 『濟州島共同牧場關係綴』(1943) 중 표선면공동목장조합연합회 자료에 근거함.
　　　 2. 「구토지대장」(가시리 3162, 3165, 3691-3, 3612, 3174)에 의함.

2) 면제실시와 목장용지

　1917년 면제가 실시되면서 제주지역 역시 행정체제가 면-리(구)-동으로 편재되어 구동리(舊洞里)가 행정동리로 재편되면서 종래의 리, 동이 면의 하위단위로 편입되었다. 이러한 면제실시는 목장조합 설립에도 영향을 주었다. 첫째, 마을별 목장조합 명칭이 자연촌락명이 아니라 행정리명으로 명명되었다. 몇 개의 자연촌락들이 결합해 하나의 목장조합을 구성함에 따라 자연촌락들을 하나로 결합한 행정리명이 목장조합 이름

으로 이용된 것이었다. 둘째, 면단위 공동목장조합이 등장할 수 있었다. 신좌면(조천면) 공동목장조합은 1930년대에 등장한 제주지역 유일의 면 공동목장이었다.

셋째, 면제실시로 등장한 면장들은 일본인 제주도사의 지시를 받아 목장조합 설립에 앞장섰다. 이들은 면서기와 면협의회 회원 그리고 마을 대표였던 구장 등 행정력을 동원해 목장조합 설립을 주도했다.[17] 제2장 에서 확인한 바와 같이, 본격적인 조합설립 준비단계인 1931년에 12명 의 면장들은 제주도사의 지시를 받아 목장조합 설치를 독려했다.

넷째, 면제실시로 인해 기존의 구동리가 소유했던 마을공동재산에 대 한 소유권 변동도 일어났다. 행정동리 내 자연촌락이 소유하고 있던 토 지가 면소유(面有) 또는 마을소유 토지로 조정된 것이다. 일제는 1927년 이후 마을소유 재산을 민법상 합유(合有) 또는 총유로 규정하여,[18] 마을

---

17) 한림읍 동명리, 『동명향토지』, 2009, 577~578쪽. 구장이 목장조합을 조성하는 데 중심적 역할을 한 사례는 한림면 동명리 동명공동목장조합에서 확인된다. 이 마 을에서는 1933~1934년에 걸쳐 목장을 조성하면서 목장 구입자금을 3등급으로 구분한 다음 동명리민 120명으로부터 120원의 출자금을 걷어 충당했다. 양운봉 구장이 목장을 조성했으며, 1936년에 목장조합원 및 조합장을 선임했고 조합원은 120명으로 확정했다. 초대 조합장에 선임된 양병수는 정관, 조합원 명단, 관청에 보고서류 등 제반서류를 작성해 보관했다. 동명리 전 리민 220호가 2개월 이상 月令(출역에 해당)하여 '울담'을 축성했으며, 목장이 방대해 '윗장'과 '알장'으로 2분화하여 윗장(속칭 볼래왓틀) 107정에는 암소와 말을, 알장 약 19정에는 수소를 방목했다. 목장 방목료는 수소의 경우, 보리 1석(15말), 암소는 보리 1말을 내도록 했다. 목장 내 급수장이 없어 축우 방목 시 하루 한번 솔도(화전동) '몸뜬물'에서 물을 먹였다.

18) 민법상 공동소유의 형태는 공유(共有), 합유(合有), 총유(總有)로 구분한다. 공유는 동일 물건의 소유권을 양적으로 분할하여 소유하는 형태로, 개인지분 소유가 허 용되어 분할청구요구가 가능하다. 반면에 합유와 총유는 개인 지분소유가 허용되 지 않는다. 합유는 공유와 총유의 중간 형태로, 공동소유자 사이의 공동사업경영 을 목적으로 재산을 소유하는 형태이며, 총유는 공동소유자가 하나의 단체를 만 들어 재산을 관리, 처분하는 형태로, 제주도의 목장조합 소유의 목장용지들은 성 격상 총유지에 해당된다(김용한, 「공동소유의 서론적 고찰」, 『교수논단』 Vol.3

소유 재산을 함부로 분할해 매각하지 못하게 한 다음 일부를 면의 기본
재산으로 이관시켜버렸다.[19] 이러한 조치는 촌락의 경제기반과 자치적
기능을 와해시키는 역할을 했다.[20]

다섯째, 면제 실시로 등장한 면유지는 목장조합 설립시 해당 마을공
동목장조합에 임대해 주기도 했다. 면유지가 목장용지로 이용된 것이다.
당시 면유지가 존재했던 지역은 대정면·구좌면·조천면이며 이중 조천면
의 면유지들은 조천면공동목장조합 목장용지로 임대되었다.

2. 공동목장용지의 확보방법별 실태

마을별 목장용지 확보는 모든 목장조합의 선결과제였다. 무엇보다 목
장용지 확보를 위한 재원마련이 큰 문제였다. 매수지의 경우, 필요한 자
금은 조합 설립예정 마을에 거주하는 조합원들이 자체적으로 조달하거
나 제주도농회가 알선한 금융단체로부터 빌려 확보했다. 이 절에서는
『濟州島共同牧場關係綴』(1943)에 기록된 매수지, 차수지, 기부지가 목장
용지로 어떻게 확보되어 이용되었는지 검토한다. 나아가 읍면별 목장조
합의 목장용지 확보실태와 사유지 및 국공유지 등 소유주체별 소유실태
를 살펴 제주도 전체 목장용지의 구조적 특징을 고찰 한다.

1) 매수지 확보 실태

마을단위에서 목장용지를 확보하기 위해 마을대표인 구장(區長)은 제
주도사, 읍면장의 지시를 받아 여러 차례 리민회(里民會)를 소집해 목장

No.1, 건국대학교, 1974, 36~43쪽).

19) 윤해동, 위의 글, 82~83쪽.

20) 김민철, 「조선총독부의 촌락지배와 촌락사회의 대응-1930~40년대를 중심으로」,
　　경희대 박사논문, 2008, 15쪽.

조합설립 여부와 함께 공동목장 예정지를 어디로 할 것인가에 대해 논의
했다. 하지만 마을사정에 따라 일제의 지시에 따른 목장조합 설립자체를
반대하는 경우도 있어 조합설립에 어려움이 많았을 것이다. 이러한 마을
에 대해서는 읍면장과 그 직원들이 해당마을을 직접 방문해 설득과 회유
를 했으며, 당시 조선총독부가 전국적으로 추진했던 조합설립 사업에 동
참할 것을 종용했다. 이러한 사회 분위기 속에서 제주도사 역시 마을별
로 공동목장조합을 설립하도록 요구하면서 조선총독부의 조합설립 정책
에 적극 호응하도록 했다. 리민회에서 목장조합 설립 안건이 통과되어
선출된 조합장이 조합을 대표해 목장예정지내 토지 소유자들과 접촉하
면서 매수, 차수, 기부 의사를 확인했다. 여기에서는 제주읍을 사례로 목
장용지 확보가 어떻게 진행되었는지를 살펴보고자 한다.

<그림 9>는 첫째, 제주읍 관내 13개 공동목장의 목장설치 계획을 보
여주고 있다. 장래 목장설치 계획 면적인 총 4,210 정보 중 대부예정지(차
수지) 1,121 정보, 매수예정지 2,025 정보, 기부 예정지 1,064 정보였다.
이중 매수예정지는 전체 목장용지의 48%로 높게 나타났다.

둘째, 목장용지 매수 예상가격이 제시되어 있다. 제주도 당국에서는
목장용지를 매수할 경우, 사유지를 최대한 저가로 매수하도록 하는 원칙
을 제시했다. 각 목장조합에서 목장용지 확보를 위한 매수비용은 마을공
동목장조합이 해당 목장조합원들에게 입목료(入牧料)를 받아 상환한다
는 조건으로 목장조합을 관할하는 면에서 발행한 면기채(面起債)를 이용
하거나[21] 일정금액의 조합원 갹출부담금(醵出負擔金),[22] 조합원들이 기

---

21) 윤해동, 2006, 앞의 책, 158~159쪽. 1931년 읍면제가 시행되면서 모든 면에 기채
권이 부여되었다. 제주지역에서도 신설 마을공동목장 조합이 본격적으로 출범한
1933년 이후부터 모든 면에서 기채를 발행할 수 있었기 때문에 공동목장용지 매
입자금을 면기채를 통해 빌려온 자금으로 충당할 수 있었다.

22) 이것은 목장조합이 각 조합원들에게 목장용지 매입비를 일정 금액씩 할당해 부담
시킨 비용이다.

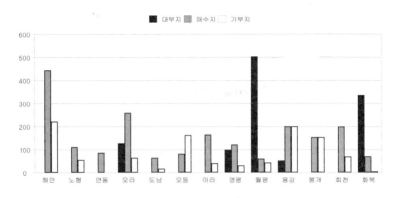

장래 목장설치계획 면적(단위:정보)

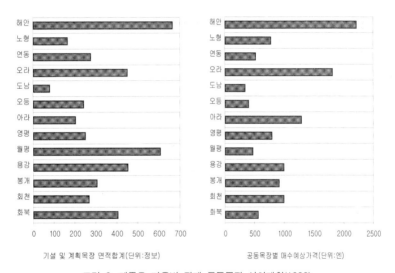

기설 및 계획목장 면적합계(단위:정보)　　　공동목장별 매수예상가격(단위:엔)

그림 9. 제주읍 마을별 장래 공동목장 설치계획(1933)

자료 : 濟州邑長, 「共同牧場 設置豫定計劃調査ノ件」(1933.11.18)을 근거로 재구성함.

르는 소를 담보로 제주도 또는 제주도농회에서 알선한 회사로부터 융통
받은 자금으로 충당했다.[23)]

---

23) 濟州島司, 「共同牧場設置計劃促進ニ關スル件」(1934.5.11).

셋째, 제주읍 관내 해안리와 오라리 목장조합에서는 매수해야 할 면적이 넓어 목장용지 매수 예상액이 다른 지역에 비해 높게 나타났다. 제주도사는 각 읍면장에게 제주도청 권업서기협의회 및 읍면장 협회의를 소집한 다음, 여러 목장조합이 목장예정지에 대한 매수예상가격을 지나치게 높게 책정했음을 지적했다.[24] 그러면서 마을 경영주체에게 부담을 주지 않도록 목장용지 구입가격을 낮게 평가해 매수할 것을 지시했다. 이와 함께 제주도 당국은 목장용지가 조합원 공동의 이익을 위해 사용된다는 점을 부각시키며 목장예정지 내 토지소유주들에게 염가로 토지를 목장조합에 매도하도록 독려했다.

〈표 28〉 제주읍 마을공동목장조합별 목장용지 매수 예상가격(1933)

목장명	기보고 예상가격	재조사 예상가격	참가 조합원수	1인당 부담액		비고
해안목장	6225엔	2225엔	844명	2엔	64전	5개리 공동목장
노형목장	784	784	350	2	24	
연동목장	528	528	372	1	42	2개리 공동목장
오라목장	1820	1820	1159	1	57	*4개리 공동목장
도남목장	350	195	58	3	36	
오등목장	410	410	298	1	37	2개리 공동목장
아라목장	1300	1300	316	4	11	2개리 공동목장
영평목장	800	488	74	6	59	
월평목장	480	480	98	4	89	
용강목장	1000	1000	359	2	53	2개리 공동목장
봉개목장	920	920	281	3	20	2개리 공동목장
회천목장	1000	1000	477	2	09	**3개리 공동목장
화북목장	568	568	162	3	50	
계	16,185	11,718	4,848	2	41	

자료 : 濟州邑長, 「共同牧場 整理計劃調査ノ件」(1933.12.26)을 근거로 재정리함.
　　* 오라1·2구와 용담1·2구 4개 목장을 오라, 용담공동목장으로 통합됨.
　　** 삼양1·2구를 포함하여 처리한 결과로 보임.

---

24) 濟州島司, 「共同牧場設定豫定計劃ニ關スル件」(1933.12.8).

<표 28>에 따르면, 제주읍 해안리와 도남리, 영평리 목장조합의 경우, 당초 제주읍이 제주도사에 보고한 매입예상가격보다 재조사하여 보고했던 가격이 낮게 나타났다. 이것은 목장용지를 공공이용의 대상으로 보아 매입가를 낮추라는 제주도사의 지시가 부분적으로 실현되었음을 의미한다.[25] 이를 통해 제주도민들이 공공이용이라는 명분 앞에 낮은 가격으로 목장조합에 토지를 매도했을 가능성도 있음을 알 수 있다. 해안리 목장조합에서는 목장용지 매입가격이 처음 예상보다 1/3로 감소해 불만요인이 되었다. 이 자료에는 참가조합원 수와 1인당 부담액이 제시되어 있어 조합원 수가 많은 지역이 1인당 토지 매입비 부담금액이 상대적으로 적었음을 알 수 있다.

1934년경 공동목장조합 설치에 필요한 목장용지 취득은 철저한 매수계획에 따라 추진되었다. 이 시기 매수지(계획면적 45,000정보 중 25,796정보)에 대한 조사가액은 17만여 엔에 달해 마을마다 자금조달이 가장 큰 난제였음을 알 수 있다. 이러한 상황을 인식한 제주도청에서는 읍면장협의회를 소집해 목장조합이 목장용지 매입비를 어떻게 확보했으며, 또한 어떤 상태에 있는 지를 조사해 보고하도록 했다.[26]

<표 29>를 통해 제주읍에서는 마을공동목장조합의 목장용지 매수금 부족금액을 마을 주민 전체에게 일정금액씩 부담시켰음을 알 수 있다. 이러한 조치가 가능했던 이유는 제주도사의 지시에 따라 이루어지는 목장조합 설립사업이 마을공동체 유지를 위해 마을주민 전체가 협력해

---

25) 공공이익이란 곧 공익증진을 의미한다. 일제는 초지부족 문제를 방지하여 제주도의 축산업을 활성화시킨다는 명분을 내세워 마을단위 목장조합을 설립하는 것을 공공적 사업으로 인식했다. 따라서 목장예정지 내에 토지를 소유하고 있었던 주민들을 대상으로 공익을 위해 토지를 저렴하게 해당 목장조합에 매도할 것을 강조했다. 조선총독부는 목장용지 매입에 필요한 자금을 지원한 것이 아니라 목장조합과 그의 구성원들에게 매입비를 자체적으로 마련할 것을 주문한 것이다.

26) 濟州島司, 「共同牧場 設置計劃促進ニ關スル件」(1934.05.11).

해결해야 하는 중대사였기 때문이다.

〈표 29〉 제주읍 마을공동목장조합의 목장용지 매수금 부족금액 조달방법

마을명	매수지 면적	매수소요 금액	부족금액 조달방법	공동참가마을
회천리	82정	370엔	리민전체 부담	도련리2구
봉개리	60	270	리민전체 부담	
화북리1구	49	279	리민전체 부담	도련리1구
화북리2구	36	194	리민전체 부담	
삼양리	93	380	리민전체 부담	
용강리	89	300	리민전체 부담	
월평리	33	165	리민전체 부담	
영평리	55	346	리민전체 부담	
아라리	174	937	리민전체 공동부담, 참가리는 호당 일정액부담	일도리, 건입리
오등리	175	420	리민전체 공동부담, 참가리는 호당 일정액부담	일도리
도남리	82	300	리민전체 부담	
오라리	416	1,123	리민전체 공동부담, 참가리는 호당 일정액부담	용담1·2구, 도두2구, 삼도리
도두리1구	95	380	리민부담	
노형리	141	381	리민부담	
해안리	520	1,360	리민전체 공동부담, 참가리는 호당 일정액부담	도평, 외도, 내도, 이호리
계	2,100	7,205		

자료 : 濟州邑長, 「共同牧場 設置計劃促進ニ關スル件」(1934.05.25).

　　1934년 5월 제주읍장이 제주도사에 발송한 「공동목장 설치계획 촉진에 관한 건」에는 연동리 목장조합의 매수지 실태가 나타나 있다. 이 조합의 매수지 면적은 전체 계획면적 192정의 60%인 116정이었다. 이 조합에서는 총매입비 390엔을 조합원들에게 균등히 나누어 부과했으나, 각 조합원의 형편에 따라 1인당 최고 6엔부터 최저 2엔까지 부담시켰다.[27]

목장용지가 구체적으로 얼마에 매수되었는지를 알려주는 사례는 중 문면 강정리 목장조합28)의 「토지매도증서」(1934~1935)에서 확인된다 (그림10, 표30).

이 문서에는 실제로 거래된 목장용지 면적과 매매가가 기록되어 있 다. 이 마을에서도 역시 토지매입에 따른 매수경비를 조합원들에게 균등 하게 부담시켰다. 매입비가 부족할 경우, 제주도농회로부터 알선을 받았 다. 해안마을인 강정리 1구 목장조합은 전(田) 35건, 임(林) 10건, 산림 2건 등 모두 47건을 매입했으며, 이러한 매입토지는 모두 중산간 마을인 영남리에 위치했다. 이곳에서 농사를 지어오던 마을주민들이 자신의 토 지(田)를 조합에 매도한 것이다.

土地賣渡證

一. 金 四圓也

右 土地는 從來拙者의 所有인바 前記代 金을 領受하야 組合에 賣渡이며 後日 異 證가 無하기 玆에 證함

昭和 十年 三月九日

濟州島 左面 江汀里 賣渡人 尹福俊 代母

左面 江汀里 共同牧場組合 御中

그림 10. 중문면 강정리 토지매도증서(1935)

---

27) 濟州邑長, 「共同牧場 設置計劃促進ニ關スル件」(1934.05.25).

28) 중문면 강정리 목장조합은 1구와 2구로 구분되었다. 2구 목장조합은 1933년, 1구 공동목장조합은 1935년에 설립된 것으로 보인다. 1구 공동목장조합 설립을 위해 당시 주민들이 작성한 「土地賣渡證書」에는 토지 매수 시기가 1934년 12월부터 1935년 12월까지로 나타나고 있다. 당시 이 공동목장 조합원수는 모두 70명으로, 이들은 목장조합에 조합비로 각각 20전씩 그리고 공동목장에 방목할 가축의 두수 당 방목비로 20전씩 납부했다.

〈표 30〉 중문면 강정리 1구 공동목장조합 목장용지 매입 사례(1935)

매도인 주소지	매도 토지번지	매도 면적	매도대금
강경□代 손관록	영남리 386	전 1278평	1원 70전
강정리 이□□	영남리 301	임 6반9무	1원 50전
강정리 강정심	영남리 419	임 2반5무	50전
강정리 고□생	영남리 403	임 1050평	70전
강정리 고□규 代 고□생	영남리 459	임 6반5무	1원 29전
강정리 김덕호	영남리 300	전 517평	67전
강정리 윤순춘	영남리 482	전 1680평	88전
강정리 이웅길	영남리 462	전 1200평	1원 56전
강정리 고문봉	영남리 468	임 4반7무18평	1원
강정리 이□경	영남리 501	전 1반9무28평	80전
강정리 윤성언	영남리 404	전 5반7무	2원 28전
강정리 현말생	영남리 424	전 3반1무24평	1원 30전
강정리 고재황	영남리 426	전 4반9무	1원
강정리 이창송	영남리 435	전 1566평	2원 9전
강정리 강명주	영남리 428	전 3반9무29평	1원 60전
강정리2구 문성규	영남리 427	전 2반5무16평	3원
강정리2구 문삼규代 재봉	영남리 436	전 6반9무	10원
강정리2구 문재두	영남리 401	전 292평	2원
강정리2구 오태옥	영남리 502	전 1387평	3원
우면 법환리 강평일	영남리 439	전 1012평	2원 50전
강정리 윤영□	영남리 404	전 5반7무평	4원
강정리 이군식	영남리 509	전 1289평	2원 50전
제주읍광양리 고용준 代 도순리 처모 김우평□□	영남리 393	임 3반7무	3원
도순리 임종호 代 임재권	영남리 506	임 4반2무	3원 60전

이 하 생 략

자료 : 제주민속자연사박물관 소장문서인 「강정공동목장조합 자료」에서 발췌하여 정리함.

강정리 1구의 경우, 전체 매입지 47건 중 밭이 35건으로 전체의 74%를 보여 밭의 비율이 높은 것이 특징이다. 영남리 마을 주변은 조선시대

8소장 국영목장 터를 개간해 만들어진 화전이 많았으나, 일제시기에 다시 공동목장용지로 환원되었다. 강정마을과 인접한 도순마을 토지 소유주들도 이 조합에 목장용지를 매각했다. 이 조합은 목장용지를 미리 정해진 가격으로 매입한 것이라기보다는 토지 위치와 상태에 따라 탄력적으로 매입가격을 달리했다.

목장조합이 매입비 부족분을 제주도농회와 금융조합으로부터 차용했을 경우 상환문제가 공통된 해결과제였다. 이러한 상황에서 당시 제주도사였던 고천정길(古川貞吉, 1935.9~1940.8)[29]은 1935년 9월 각 읍면장에게 아직 해결하지 못한 매입비 변제방법을 보고하도록 요구했다.[30] 이를 통해 각 목장조합에서는 목장용지 매입비를 금융조합으로부터 대출받기도 했으며, 결국 차입금 상환 문제가 중차대한 현안이었음을 알 수 있다.

「미제목장지 대금변제」 문서에 의하면[31], 1935년 9월 현재 제주읍 관내 공동목장별 미결제 금액은 화북리, 회천리, 봉개리 등 12개 마을을 합해 총 6,433엔이었다.[32] 이처럼 목장용지 매입비 상환 문제는 당시 각 목장조합이 해결해야 했던 핵심과제이자 당시 제주지역 주요 사회현안 중 하나였다. 특히 영세한 목장조합에서 목장용지 매입비 대출금 미납사태가 발생하자 제주도사는 1935년 말까지 기한을 정해 조합별 미제금액을 조합원할 및 두수할로 마련해 조속히 변제하도록 했다. 이러한 문제

---

29) 김봉옥, 앞의 책, 2000, 471쪽. 제주도사 고천정길(古川貞吉)은 1935년 9월부터 1940년 9월까지 전시체제하에서 제주도를 관리했던 인물로, 신사 건립, 지원병 제도 실시 그리고 창씨개명을 강요했다.

30) 濟州島司, 「共同牧野計劃ノ內容調査ノ件」(1935.9.17).

31) 濟州邑長, 「共同牧野計劃ノ內容調査ノ件」(1934.10.15).

32) 이들 지역의 공동목장별 미결제 금액을 보면, 화북리 1구 279엔, 화북리 2구 100엔, 회천리 370엔, 봉개리 270엔, 월평리 165엔, 영평리 346엔, 아라리 939엔, 오등리 420엔, 도남리 300엔, 오라리 1,123엔, 노형리 381엔, 해안리 1,360엔, 도두리 380엔으로 총계 6,433엔이었다.

는 조선총독부의 명령을 받은 제주도사가 목장조합 설치를 각 마을에 강요하면서부터 예견된 것이었다.

목장조합의 매수지 중에는 역둔토도 있었음이 확인된다. 이것은 본래 일제가 국유지 정리사업 중에 확보했던 역토와 둔토 등 황실과 관아소속의 토지로,[33] 제주지역에서 역둔토는 대부분 임야였다. 이 토지는 좌면(중문면, 19,656평) 회수리, 색달리, 상예리, 중문리 그리고 우면(서귀면, 1,044평) 호근리 등지에 존재했다.[34] 이 중 일부는 면사무소 부지나[35] 공동목장 용지로 이용되었다. 좌면 영남리 173번지(국) 역둔토는 강정 2구 공동목장, 신좌면 선흘리 1920번지 역둔토는 조천 제2목장에 편입되었다.

제주도 전체 공동목장 면적의 30%를 차지했던 매수지는 성산면(69%), 애월면(67%), 남원면(62%) 관내 목장조합의 목장용지 구성비에서 상대적으로 높게 나타났다. 이처럼 매수지 비율이 높은 것은 토지매입비가 다른 읍면에 비해 상대적으로 많았거나 목장용지 매입과정에서 조합 측이 목장예정지내 토지소유자들로부터 염가로 매입한 결과일 가능성도 있음을 보여준다.

목장조합에서는 토지를 염가로 매도한 조합원에게 일종의 보상책으로 공동목장 내에서 경작할 수 있는 「경작권인허증(耕作權認許證)」을 발부했다(그림 11). 목장 내 방목기간이 대체로 1년에 4~5 개월이었으므로 나머지 휴목(休牧) 기간에 목초지가 아닌 곳을 이용해 특정 조합원들에게 경작을 허용한 것이다.

---

33) 김정호, 「일제시기 동양척식주식회사의 성격에 관한 연구」, 서울대 석사논문, 1986, 30~31쪽.

34) 全羅南道知事, 「濟州島 所在 驛屯土ヲ土地改良部ニ土掌換ノ件」(1930.10.30).

35) 조선총독부 내무국 편찬, 「面事務所敷地ニ驛屯土無料貸付ノ件」, 『朝鮮地方行政例規』, 帝國地方行政學會朝鮮本部, 1932, 75쪽. 조선총독부는 면사무소 부지로 역둔토를 사용하는 경우 300평 내외를 해당지역에 무료로 대부하는 정책을 실시했다.

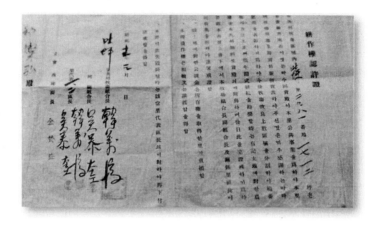

그림 11. 목장조합이 발부한 경작권인허증(1937)

(사) 耕作權認許證

本里 共同牧場區域內 吐坪里 二九八一 番地 一七一二坪은 本是 貴殿의 소유이엿든바 今回 貴殿이 本里 公共事業을 爲하야 本里 共同牧場用地로 特別히 廉價賣渡하야 주신 것은 매우 感謝하는 바라 其 恩功을 表彰하기 爲하야 今後 牧場改良上 數區域을 分劃하야 輪番入牧의 方法으로써 幾年間式 耕耘을 勸奬할 時는 右記土地에 對한 農作權을 永久히 無料로 貴殿의게 附與하며 後日 此를 立證케 하기 爲하야 管轄 本 面長 立會下에서 本 牧場組合長 副組合長 及 關係 里區長이 左記 特典을 附하야 連署成證함

一. 該 土地에 對한 公課金은 所有權을 取得한 里가 負擔함

二. 本證 農作權은 相續 又는 讓渡함을 得함

三. 本證이 喪失 毁裂된 時는 該當 里代表 區長의게 對하야 再下付請求함을 得함

昭和 十二 年 十二月 日

吐坪里 共同牧場組合長 韓萬順 (직인) 同 副組合長 吳泰奎 (인)

里代表 一, 二 區長 韓萬順 (인), 吳泰奎 (인)

立會 西歸面長 金贊益 (직인)

鄭燦弘 殿[36]

---

36) 서귀포시 토평동마을회,『토평마을』, 세림원색인쇄사, 2004, 274~275쪽. 이 문서는 토평동 정성숙 씨가 보관하고 있던 것으로,『토평마을』향토지 목축업 분야 조사과정에서 제공받은 것이다.

사료 (사)는 목장용지 내에서 경작을 허용한다는 문서로, 여기에는 '공공사업'과 '염가매도'라는 용어가 분명히 등장한다. 이 목장조합에 염가로 토지를 매도한 토지의 원소유주에게 공동목장 내에서 경작을 허용하는 권리를 부여했던 것이다.[37] 아울러 조합에서는 염가로 매입한 토지에서 발생하는 공과금에 대해 원토지소유주가 아니라 소유권을 취득한 마을이 부담한다고 명시했다.[38] 이상과 같은 기재내용을 대해 조합장, 부조합장, 리대표인 1·2구 구장 및 관할구역 면장이 연서(連書)로 날인해 확인했다.

상기문서에 기재된 경작권은 자녀에게 상속 또는 양도할 수 있도록 했다. 공동목장조합이 유지되는 한 비록 토지소유권은 조합이 가진다고 해도 공동목장 내 특정 장소에서 이루어지는 경작권은 토지 원소유자나 그 직계 가족에게 인정해준 것이다. 이「경작권인허증」은 일정한 양식에 따라 인쇄된 용지를 사용했다는 점에서 제주지역 대부분의 마을공동목장조합에서도 공통적으로 존재했을 가능성이 높다.

2) 차수지 확보 실태

차수지는 일반적으로 대부료를 지불하거나 일정기간 동안 무상으로 빌려 이용했던 토지였다. 차수의 대상은 국유임야와 읍면유지였다. 목장용지가 부족한 목장조합에서는 국유림 중 불요존임야를 조선총독부로부

---

37) 제주시 애월읍 3리(봉성·곽지·금성) 공동목장을 2010년 8월에 답사한 결과 공동목장 내에 여름작물인 조가 재배되고 있음을 확인했다. 따라서 일제시기 마을공동목장 내에서도 지목이 전(田)인 곳에서는 여름작물 재배가 이루어졌을 가능성이 높다.

38) 이것은 목장조합과 리민회가 분리된 것이 아니라는 것을 의미한다. 즉, 리민회가 마을공동목장조합을 구성해 운영했으며, 그 결과 공동목장에서 발생하는 공과금을 리민회에서 부담한 것이다. 이것은 토평목장조합장과 토평리1구 구장이 동일인물(한만순)이었음을 통해서도 알 수 있다.

터 대부받아 목축지로 이용했다. 불요존 임야는 장차 민간에 이양 가능했던 임야로, 대부 및 양여의 대상이 되는 국유림이었다.[39] 이 임야는 일본인 자본가나 일제와 결탁한 조선인(제주인)에게 대부 또는 불하되었다.[40] 반면 요존임야는 국토보안과 삼림경영을 위해 국유로 존치시킨 삼림으로, 원칙적으로는 민간 양여와 대부가 금지된 임야였다.[41] 이러한 요존임야는 제주지역의 경우, 한라산 국유림을 대상으로 이루어진 국유임야구분조사(1911~1924) 결과 생겨났다.[42] 일제시기 이전에도 제주인들은 일제가 요존임야(갑종)로 분류한 토지를 관행에 따라 방목지로 이용했음을 <표 31>에서 알 수 있다.[43] 요존임야들은 대부분 완경사지이

---

39) 실례로 서귀면 상효리 31번지 임야 295평은 대정3년(1914) 9월10일 국유림으로 사정된 후 소화5년(1930) 12월9일 하효리 허호에게 불하되었다(상효리 31번지 「구토지대장」). 불요존림은 제1종 불요존림과 제2종 불요존림으로 구분되며, 제1종 불요존림은 연고자가 없는 국유림, 제2종 불요존림은 연고자가 있는 국유림을 의미한다.

40) 홍경선, 『친일파와 일제시대 토지』, 한울아카데미, 2006, 92~93쪽. 1차 임야조사사업이 종료된 이후에도 분쟁이 계속되자 일제는 「조선특별연고삼림양여령」(1926)을 내려 임야조사사업 당시 국유지로 되어 버린 임야 중 다시 특별양여라는 이름으로 원임야소유자에게 돌려준 결과 민유림이 증가할 수 있었다. 민유림에는 면 등이 소유한 공유림과 함께 사유림이 포함되었다.

41) 요존임야는 갑종과 을종으로 구분되었다. 갑종은 공용 또는 공익사업을 위한 일시적인 대부 외에는 처분이 금지되는 삼림으로 천연림에 해당된다. 을종은 장차 존치할 필요가 없거나 특별히 해제할 필요가 있을 때 처분이 가능한 삼림을 의미한다.

42) 임야구분조사는 사점지로서 국유로 편입된 곳의 다수를 사유로 돌리기로 하고, 국유림 중 계속 존치할 임야 및 사유로 귀속시킬 국유림을 각각 요존 국유림, 불요존 국유림으로 분류하는 작업이었다. 이 조사는 1911년부터 1924년까지 조선총독부 및 영림창의 주관아래 실시했다. 총독부는 국유와 민유의 구분과 경계를 정확히 하고, 토지조사사업 과정에서 확인한 미신고 국유림을 요존림, 불요존림으로 구분하여 국유림의 관리 및 경영 기초를 수립함과 동시에 불요존 임야를 일반에게 개방할 목적으로 실시되었다.

43) 일제의 식민지가 되면서 제주도민들은 대부료 없이 관행적으로 이용해오던 산림지대가 일제에 강제편입 되면서 대부료를 지불하고 목장으로 이용해야 하는 처지가 되고 말았다.

면서 초생지(草生地), 미입목지(未立木地)가 많아 방목지로 이용할 수 있
었다. 그러던 중 일제강점 이후 제주도민들이 관행적으로 이용해 오던
방목지에 대해 일제가 국유 요존임야로 지정해 버림으로써 제주지역 목
축민들이 더 이상 자유방목을 할 수 없는 곳으로 되고 말았다. 즉 일제
는 무료로 이용해 오던 제주도민들의 관행적 목축지를 자유롭게 이용할
수 없는 요존임야로 만들어 버린 것이다.

〈표 31〉 제주읍 요존임야 중 목야적지 조사결과(1934)

소재지	면적	지목	지번	지세	현재 이용상황
봉개리	376	요존임야(갑)	산78림	사방 완경사지 대부분 미입목지 잡목산재지, 용수장	봉개리의 관행에 따라 목야지로 이용, 우마 500두, 사용인원 300인, 연료·채초지, 하계방목적지, 급수장 설치시 장래 유망한 목장지로 추정
봉개리 용강리	234	요존임야(갑)	산78봉 산14용	사방 완경사지 잡목지	화북·봉개리·용강리가 공동이용 우마 1,000두, 인원 650인
용강리	120	요존임야(갑)	산14	사방 완경사지 가시나무, 활엽수	용강·도련리 공동이용 우마 400두, 인원 250인
월평리	276	요존임야(갑)	산6	완경사지, 초생지	월평리 이용, 우마 400두, 인원 200인
영평리	112	요존임야(갑)	산15	사방 완경사지, 구악(오름) 많고, 대부분 미입목지	영평리·화북리 공동이용, 우마 300두, 인원 200인
아라리	284	요존임야(갑)	산67	사방 완경사지, 오름 많음	아라·이도리·영평리 공동이용 우마 400두, 인원 200인
오라리	65	요존임야(갑)	산107	사방 완경사지, 해발 1200m 조릿대 지대, 하계 방목최적지	오라리·오등리·도남리 공동이용 우마 500두, 인원 250인
노형리	50	요존임야(갑)	산20	사방 완경사지, 오름 많고, 용수는 노형목장의 급수원	노형리 이용, 우마 300두, 인원 200인
해안리	201	요존임야(갑)	산213 산220	사방 완경사지 초생지, 잡목지	해안리·외도·내도·이호·노형리 등 공동방목, 우마 2,000두, 인원 1,500인
계	1,718				우마 5,800두, 인원 3,650인

자료 : 濟州島司, 「要存林野中牧野敵地調査ノ件」(1934.5.11).

목장조합에서는 면유지(면유림 또는 田)와 도유지(道有地 : 전라남도청
소유지)들도 빌려 이용했다. 면유지는 토지조사사업 후 일제가 촌락공용

림에 대한 소유권을 면이나 행정동리로 일원화시키는 정책을 실시하면 서 등장한 토지로,[44] 촌락공용림을 면의 재산으로 삼아 지방통치 재원 으로 삼은 것이다.[45]

면유림은 임야조사 때 마을 소유지였던 공동목야지에 대한 소유권을 면에 귀속 시켜 만든 임야로,[46] 1920년대 제주지역에는 212개소에 1,382 정보의 면유림이 있었다.[47] 목장조합에서는 과거와는 달리 해당 면에 임대료를 지불하며 면유림을 빌려 목장용지로 이용해야 했다. 이러한 사 실은 1930년대 구좌면 지역 목장조합 목장용지에서 확인된다.

읍유지는 제주읍내에만 존재했던 토지이다. 1943년의 제주읍 한영·화영·아라·오등·오라·영남 목장조합은 읍유지를 임대해 목장용지로 이 용했다. 도유지는 제주도청을 관할했던 전라남도청 공유재산으로, 제주 읍 삼양·한영, 조천면 제1목장(임야), 중문면 하원·대포·중문·색달·상예 1구·하예 목장조합에서 도유지를 빌려 목축지로 이용했다.

목장조합에서는 대부분 차수지에 임대료를 지불하기도 했으나 구좌 면 목장조합처럼 무료로 이용한 경우도 있었다.[48] 차수지 비율이 가장

---

44) 『매일신보』 1916년 10월 1일자 기사, 「삼림효용과 보식원」.

45) 최병택, 『일제시기 조선임야조사사업과 산림정책』, 푸른역사, 2009, 46~47쪽.

46) 최병택, 「일제하 조선총독부의 삼림공용권 정리와 면유림 창출 시도」, 『역사교육』 99, 역사교육학회, 2006, 184쪽 : 면유림 창출은 면이 제1종 불요존림에 대하여 조림대부를 신청해 대부받는 방법, 지역주민들로부터 '기증' 받는 방법으로 이루 어졌다. 면이 조림대부 신청자가 되어 제1종 불요존림을 대부받는 경우, 일반 신 청자와 같이 조림계획서를 제출하고 그 계획이 성공한 경우에 해당 산야를 면유 림으로 삼을 수 있었다. 즉, 면은 조림대부제도를 통하여 임야 등의 재산을 보유 할 수 있었다. 면민들로부터 '양여' 받은 임야는 촌락공유림인 경우가 많았다. 임 야 등의 촌락재산을 면유(面有)로 편입시키는 것은 일제가 면 재정 확충을 위해 가장 필요하다고 인식한 문제였다.

47) 전라남도 제주도청, 『未開의 寶庫 濟州島』, 1924, 68쪽.

48) 다음 표는 1943년 구좌면 지역 마을공동목장조합의 차수지 이용상황을 나타낸 것 이다.

높았던 지역은 대정면(83%)과 제주읍(78%) 관할 목장조합들이며, 한림
면(66%)과 조천면(64%) 목장조합에서도 높은 비율을 보였다. 이러한 현
상은 이들 두 지역의 목장조합이 목장용지를 국공유지에 의존해 확보했
음을 보여준다.

3) 기부지 확보 실태

목장조합에서 기부지 확보는 목장용지 매입비를 줄일 수 있어 조합원
들의 경제적 부담을 낮추는 데 도움을 주었다. 따라서 각 읍면과 목장조
합에서는 목장예정지 내 토지소유자들을 대상으로 기부지 확보에 주력
했다. 조합단위에서 이루어진 기부지 확보실태를 알려주는 문서로 대표
적인 것은 성산면 신산리 공동목장조합의 「기부증」(1936년)을 들 수 있
다.[49] 이 공동목장은 현재도 마을인근의 통오름 사면에 위치하고 있다.

목장조합명	공동사용 마을	조합원수	조건
동복리	동복리	85	기부 1필, 차수(무료) 4필
서김녕리	서김녕리	140	차수(무료) 2필
동김녕리	동김녕리	136	기부 7필, 차수(무료) 10필
월정리	월정리	160	기부 2필, 차수(무료) 3필
행원리	행원리	141	기부 46필, 차수(무료) 33필
덕천리	덕천리	91	기부 14필, 차수(무료) 18필
송당리	송당리·덕천리	210	기부 489필, 차수(무료) 106필
한동리	한동리	203	매수 26필, 기부 17필, 차수(무료) 42필
평대리	평대리	237	매수 2필, 기부 7필, 차수(무료) 32필
세화리	세화리	191	기부 96필, 차수(무료) 92필
상도리	상도리	92	매수 22필, 기부 26필, 차수(무료) 6필
하도리	하도리	242	매수 25필, 기부 22필, 차수(무료) 2필
종달리	종달리	215	기부 18필, 차수(무료) 40필

자료 : 제주특별자치도청, 『濟州島共同牧場關係綴』(1943)에서 발췌하여 정리함.

[49] 사례조합인 성산면 신산리 마을공동목장조합은 1935년 1월 10일에 설립되었으
며, 당시 조합원은 175명, 조합장은 강봉선이었다. 이 목장조합의 목장용지는 매
수지, 차수지, 기부지로 구성되며 1943년을 기준으로 파악한 매수지 비율은 목장
총면적(313정 671)의 66%, 차수지는 20%, 기부지는 14%였다. 그리고 면유지 비
율은 20%, 사유지 비율은 80%를 보였다. 기부지는 모두 독자봉 정상과 이 오름

이 마을 목장조합이 보유하고 있는 기부증에는 기부지의 지번과 면적, 기부일자, 기부인이 기재되어 있다.[50]

　<표 32>는 일제시기 신산리 목장조합 기부증 문서의 기재내용을 정리한 것으로, 문서 작성일은 대부분 1936년 2월 10일이다. 이 조합은 1935년 제주도사로부터 조합설립을 승인받은 후 조합장으로 임명된 강봉선이 당시 175명의 조합원들을 대상으로 목장용지용 토지를 기부받은 것으로 보인다.

〈표 32〉 성산면 신산리 공동목장조합 기부증 내역(1936)

연번	작성년월일	작성인	지번	위치	지목	평수	비고	성산면 공동목장 조합 연합회 문서 (1943년)
1	1936.2.10	강기훈	1,752	독자봉	전	658평		매수지
2	1936.2.10	고○능	1,777		전	960평		매수지, 920평
3	1936.2.10	홍계창	1,750		전	521평		매수지, 527평
4	1936.2.10	성무찬	1,796		전	1,264평	기부지	
5	1936.2.10	강주현	1,782		전	455평	기부지	
			1,784	통오름	전	480평	기부지	
6	1936.2.10	현달영	1,783		전	507평	기부지	
7	1936.2.10	최태일	1,786		-	712평	-	-
8	1936.2.10	강두승	1,804		전	1,278평	기부지	
9	1936.3.01	오성추	1,669		전	1,855평		매수지

　과 근접한 통오름 사면에 위치했다.

50) 조합설립 당시인 1936년에 작성된 신산리 목장조합의 기부증은 다음과 같다.

寄附證

一. 土地所在 濟州島 城山面 新山里 一七五0番地

一. 面積 五百貳拾壹坪

　　右所有를 貴組合에 寄附함

　　昭和 十一年 二月十日

　　寄附人 洪啓昌

　　　新山里 共同牧場組合長 殿

10	1936.3.01	강기백	1,797		전	996평		매수지
11	1936.3.19	김희현	1,779		전	1,637평		매수지
12	1938.9.01	현도춘	1,798		전	506평	기부지	

자료 : 1. 신산리 마을회, 『그등애 사람들의 삶』, 2005, 282~309쪽에서 재정리함.
  2. 城山面共同牧場組合聯合會, 「共同牧場組合利用狀況調査ニ關スル件」(1943)에서 재정리함.

　그런데 기부증 작성일이 동일하다는 점은 목장조합이 기부예정자들을 일정한 장소에 모이도록 한 다음, 기부증을 동시에 작성하게 했을 가능성이 높다. 이것은 곧 목장조합이 기부증 작성에 직간접적으로 개입했거나 기부증 작성이 소유자들의 자발적 의사라기보다는 목장조합에 토지기부가 당연하게 여겨지던 사회 분위기 속에서 이루어졌을 수도 있었음을 암시해준다.

　기부지는 조합원이 자신의 토지에 대한 소유권 자체를 무상으로 조합에게 넘긴 토지와 리민회(마을) 소유의 리유지처럼 소유권은 가진 채 사용권과 수익권만을 임시로 넘긴 토지로 구성되었다. 이처럼 목장조합에 기부된 개인소유의 토지는 법률상 증여된 토지에 해당된다. 따라서 후손들은 목장조합에 기부된 토지에 대한 소유권에 대한 원상회복을 요구할 수 없었다. 기부지 비율은 제주지역에서 구좌면과 안덕면 목장조합에서 가장 높게 나타난 것이 특징이다.

　이상과 같이 매수지, 차수지, 기부지 확보실태를 검토한 결과, 1943년 현재 제주지역 공동목장조합에서 목장용지는 차수지(51%), 매수지(30%), 기부지(19%) 순으로 구성되었음을 알 수 있다(그림 11). 전체 목장용지 중 70% 정도가 차수(임대) 또는 기부를 받아 목장용지로 활용한 것이다.

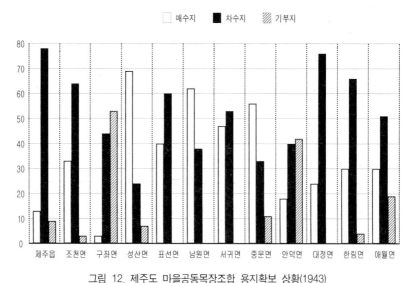

그림 12. 제주도 마을공동목장조합 용지확보 상황(1943)

자료 : 제주특별자치도청, 『濟州島共同牧場關係綴』(1943)에서 발췌하여 작성함(단위 : %).

3. 공동목장용지 읍면별·소유주체별 실태

이상과 같은 과정을 거쳐 확보한 목장용지는 소유주체에 따라 국유지, 공유지, 사유지로 구분할 수 있다. 이들 토지들은 해당 목장조합이 조합원들로부터 받은 매입비와 금융조합 차입금을 가지고 매수한 사유지 그리고 도(道)·읍·면으로부터 빌린 국공유지 및 기부 받은 리유지(총유지)로 구성되었다. 이 절에서는 『제주도공동목장관계철』(1943)에 기록된 목장용지를 읍면별·소유주체별로 구분해 각 조합별 목장용지의 구조적 특징을 해명하고자 한다.

1) 읍면별 공동목장용지 실태

<그림 13>은 목장용지의 국유지, 공유지(도유지, 읍유지, 면유지), 리유지 그리고 사유지를 합계한 읍면별 마을공동목장의 총면적 비율을 보여주고 있다. 이 중 국유지·도유지·읍면유지들은 대부분 토지조사사업 결과 창출된 무연고·미신고된 토지들로 구성되었으며,[51] 리유지는 마을명의로 사정받은 토지로, 이 중에는 마을주민들이 관행으로 목축해 오던 촌락공유림도 포함되어 있었다.

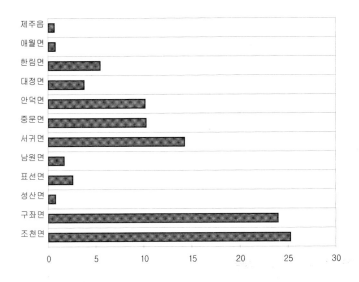

그림 13. 제주도 읍면별 마을공동목장 총면적 비율(1943년)
자료 : 제주특별자치도청, 『濟州島共同牧場關係綴』(1943) 자료를 이용해 작성함.
(총면적은 국유지, 공유지, 리유지, 사유지 합계임. 단위 : %)

읍면별 목장용지 구조를 보면(부록 3 참조), 1943년을 기준으로 볼 때, 사유지(53%), 읍면유지(23%), 리유지(17%), 국유지(4%), 도유지(3%)

---

51) 전라남도 제주도청, 앞의 책, 1924, 68쪽.

순으로 나타났다. 이를 통해 제주도 목장조합의 목장용지는 국·공유지 비율(30%, 리유지 제외)보다 사유지 비율이 더 높았음을 알 수 있다. 면유지는 대부분의 목장조합에서 임대해 이용했다. 면유지 면적이 최대로 나타난 지역은 조천면이었다. 반면 한림면은 그 면적이 최소를 보여 조천면 지역과는 대조를 보였다. 조천면 공동목장은 제주도 내에서 목장용지 구조 중 국공유지 비율이 가장 높았던 것이 특징이다. 이것은 조천면 중산간지역 다수의 임야들이 토지조사사업으로 인해 국유지 및 면유지로 변모한 것에 영향을 받은 것으로 보인다.

1943년 당시 리유지는 제주읍과 표선면 목장조합 목장용지에 나타나지 않았다. 반면 서귀면 목장조합에서는 리유지 구성 비율이 높게 나타나 리유지를 목장용지로 확보했음을 알 수 있다.

제주지역에서 마을공동목장 총면적이 최대인 지역은 조천면이며, 반면에 최소인 지역은 제주읍이었다. 조천면과 구좌면 중산간 지역에 위치한 공동목장은 사유지 비율도 높았을 뿐만 아니라 제주도 공동목장 전체 면적의 49%를 보여 두 지역 공동목장지역은 당시 제주도 최대의 공동목장지대였다.

2) 소유주체별 공동목장용지 실태

(1) 사유지 실태

1943년도를 기준으로 목장용지 중 사유지의 확보실태를 분석하면(부록 2 참조), 사유지 비율은 안덕면(82.7%)과 남원면(82%) 목장조합에서 높은 비율을 보였다. 반면에 대정면(23.9%)과 한림면(29.8%) 목장조합에서는 이 비율이 낮게 나타나 지역차를 보였다. 이것은 대정과 한림 지역의 목장조합이 사유지보다는 국공유지 의존비율이 상대적으로 높았음을 의미한다.[52] 구좌면 서김녕리, 안덕면 사계리, 대정면 인성리·보성

리·일과리·영락리, 한림면 금월리·고산·용수리 공동목장조합의 목장용
지에는 사유지가 없었던 것으로 나타났다. 이들 지역은 면유지와 리유지
를 활용해 공동목장을 조성했기 때문이다. 사유지의 소유주체는 일본인,
단체(일본재단법인, 제주도향교, 삼성사), 조선인(제주인)으로 나타났다.

① 일본인 소유지

공동목장용지 소유자 중에는 일본 이주민들이 있었다(표 33). 이들은
대부분 농어업과 상업에 종사하던 사람들로, 일본정부가 해외이주를 장
려함에 따라 조선으로 들어온 사람들이었다.[53] 1920~30년대 제주도내
일본인 이주민 상황을 보면, 1922년 200호에 692명(남자 351명, 여자
341명),[54] 1923년 869명, 1938년에는 1,355명으로 꾸준히 증가했다.

일본인의 제주지역 이주는 제주도청과 제주도경찰서, 금융조합 등 관
공서와 상업시설이 많았던 제주면(읍)에 집중되었다. 이들은 1905년에
추자도, 1907년에 성산포 등 항구를 중심으로 집단이주어촌을 형성하기
도 했다.[55] 서귀포 지역에도 일본인이 유입되어 통조림공장 운영과 소

---

52) 강창일, 「1901년의 제주도민 항쟁에 대하여-한말 천주교의 성격과 관련하여-」, 『제
　　주도사연구』 창간호, 제주도사연구회, 1991, 120쪽 : 대정과 한림 지역은 조선 말
　　기에도 "地狹人多 就農於火田"(토지는 좁고 인구는 많아 화전을 통해 농사를 짓
　　다)하여 국유지 의존도가 높았다. 이에 따라 이 지역주민들은 국유지 이용 대가로
　　소위 소작료인 화장세(火場稅)를 관아에 납부해야 했다. 국유지 의존도는 1930년
　　대 공동목장을 조성할 때도 계속되어 공동목장을 조성할 때 국공유지 비율이 높
　　게 나타났다.
53) 덕간일아, 「개항기 목포이주 일본인의 도시건설과 도시생활」, 전남대 석사논문,
　　2010, 7~8쪽.
54) 조선총독부, 『調査資料 第二輯 朝鮮に於ける內地人』, 대화상회인쇄소, 1924, 11~
　　25쪽. 일본이주민들이 거주했던 주요 지역을 보면, 제주읍 90호(남 153, 여 185,
　　합 338), 조천리 3호(남4, 여8, 합12),김녕리 4호(남7, 여10, 합17), 모슬포 12호(남
　　50, 여52, 합102), 성산포 11호(남 37, 여25, 합 62)가 있었다.
55) 김수희, 『朝鮮植民地漁業と日本人漁業移民』, 동경경제대학 박사논문, 1996, 93쪽.

금판매 등 상업에 종사하거나 한라산 남부 불요존임야를 이용해 표고재
배사업을 벌이기도 했다.[56)

1923년 12월 제주와 일본 오사카를 연결하는 직항로가 개설되면서
일본인의 제주이주는 더욱 증가했다.[57) 제주도는 풍부한 어장을 보유했
기 때문에 어업이주민들도 들어왔다. 이들은 제주 연안 어장에서 근대적
어로 장비를 이용해 어획하면서 전통적인 어법에 의존하던 제주어민들
과 마찰을 일으키기도 했다.

일본인의 이주가 증가함에 따라 일본인 제주도사는 이주민들의 정착
에 필요한 토지 확보에 골몰하면서[58) 자국 이주민들에게 국유임야를 불
하했다. 당시 임야를 불하받은 일본인들은 1930년대 신설 마을공동목장
조합이 설립될 당시 공동목장 예정지내 임야의 소유주 중 일부였다. 『濟
州島共同牧場關係綴』(1943) 자료를 분석한 결과, 당시 일본이주민들의
공동목장용지 소유면적은 제주도 공동목장 전체 면적의 1% 정도였다.

일본인들의 공동목장용지 소유사례를 보면, 제주읍 일도리 석환이칠
(石丸利七), 본고태일랑(本股太一郞) 그리고 건입리 산구원장(山口源藏)
이 조천면 공동목장용지를 소유했음이 확인된다(표 24). 석환이칠은 조
천면 목장지역 내 34곳(선흘리)에 토지(전)를 소유했던 인물로, 토지조사
사업 후 국유지로 사정된 선흘리 토지를 불하받아 소유했음이 「구토지
대장」에서 확인된다. 그는 1914년(대정 3년) 8월 1일 국유지로 사정되어
유지되던 선흘리 437번지 전(田)을 1926년(대정 15년) 7월 31일에 매입
했다. 이곳은 조천읍 거문오름과 부대악 사이에 위치한 조선시대 국마장
(2소장) 터였기 때문에 토지조사사업으로 국유지로 사정된 다음 일본이

---

56) 서귀포시, 『서귀포시지』, 2001, 578쪽.

57) 정진성·길인성, 「일본의 이민정책과 조선인의 일본이민 : 1910~1939」, 『경제사
    학』 제25호, 경제사학회, 209쪽.

58) 김도형, 앞의 책, 2009, 454쪽.

주민에게 불하된 것이다.

〈표 33〉 일본인 마을공동목장용지 소유 상황(1943)

읍면	공동목장	소재지	지목	필지수	소유자 주소 씨명	조건
제주읍	삼양	회천리	전	1	군산부횡내정 35번지 제등종사랑	차수
			전	1	제주읍 이도리 성정등호	차수
			전	1	군산부 명치정 대화전조차랑	차수
조천	조천면 제1목장 (田之部)	교래리 (제주 경주마 육성목 장부근)	전	18	제주읍 일도리 석환이칠	매수
				3	제주읍 건입리 산구원장	차수
	조천면 제2목장 (田之部)	선흘리	전	5	제주읍 일도리 석환이칠	매수
				1(매수), 1(차수)	제주읍 건입리 산구원장	
				1	제주읍 일도리 석환이칠	차수
				3	제주읍 건입리 산구원장	차수
	조천면 제2목장 (田之部)	선흘 2리 (부대 오름 부근)	전	27	제주읍 일도리 석환이칠	매수
				5	제주읍 건입리 산구원장	차수
				1	제주읍 일도리 본고태일랑	차수
				4	제주읍 건입리 산구원장	차수
				3	제주읍 일도리 본고태일랑	차수
중문	강정리	영남리	임	1	중문면 강정리 평수옥송	매수
	하예리	상천리	전	1	제주읍 일도리 화도구치	매수
서귀	서호리	서호리	산림	1	서귀면 서호리 암본남	매수
	동홍리	동홍리	전	1	제주읍 일도리 화도구호	매수
	동홍리	동홍리	전	1	서귀면 서귀리 중촌복삼	매수
	동홍리	동홍리	전	1	서귀면 서귀리 중원행태랑	매수
	토평리	토평리	전	14	서귀면 서귀리 중촌복삼	매수
	토평리	토평리	전	1	서귀면 서리귀 중원행태랑	매수
	신효리	상효리	전	12	서귀면 서귀리 중촌학송	매수
	신효리	상효리	전	6	서귀면 서귀리 중촌복삼	매수
				1	덕산구강	매수
남원	신례리	하례리	산	1	서귀면 서귀리 중원행태랑	매수
표선	가시리	가시리	임	10	횡전아웅	매수

자료 : 제주특별자치도청, 『濟州島共同牧場關係綴』(1943)에서 발췌해 정리함.

이밖에 선흘리 441번지, 445번지에 대한 「구토지대장」에서도 소유권
변동일이 모두 1926년 7월 31일로 기록되어 있어 석환이칠이 선흘리 지
역 국유시들을 일시에 넘겨받은 것으로 추정된다. 이러한 사례를 통해
식민지 당국이 관리하던 국유지가 자국 이주민에게 불하되었음이 입증
된다. 이후 석환이칠의 토지들은 1930년대에 들어오면서 조천 제 2목장
에 매각되었다.

산구원장은 제주면업(주)의 전무이사로 활동했던 인물로, 선흘리 14
곳에 보유하던 토지(전)를 조천 제2목장에 빌려주어 목장용지로 활용하
게 했다. 본고태일랑도 선흘리 4곳에 토지를 가지고 있었다. 서귀리 중
원행태랑(中原幸太郎)은 동홍리, 토평리 공동목장 토지와 중문면에 있는
647정보의 야산을 소유했다.[59] 중촌학송(中村鶴松)은 서귀리 660-3 지
선 114평에 대한 공유수면 매립면허를 얻은 인물로,[60] 신효리 목장조합
에 2필지를 매도했다.

제주읍 삼양 공동목장 내 땅을 소유한 제등종사랑(齊藤宗四郎)과 대
화전조차랑(大和田助次郎)은 모두 전라북도 군산에 주소를 두고 있었던
부재지주들이었다. 이중 제등종사랑은 경성지방재판소 판사(1911)와 대
구복심법원 판사(1914)를 역임했던 인물이다. 대화전조차랑은 1916년에
조선총독부 임시토지조사국 측지과기수를 지냈던 인물로,[61] 일본인 판
사와 심지어 토지조사사업에 참여했던 일본인 측량기사까지 공동목장에
토지를 소유했음이 확인된다. 삼양공동목장조합에서는 이들의 소유토지
를 빌려 목축지로 이용했다.

당시 제주사회에서 일정한 사회적 지위를 확보한 인물들도 목장용지

---

59) 대포마을회, 『큰갯마을』, 경신인쇄사, 2001, 351쪽. 실례로 대포공동목장 내에는
   '중원이케(中原)' 90정보가 있었다. 일본인 중원(中原)은 1938년 8월 16일 이 땅
   의 일부를 제주공립농업학교 실습림으로 기부했다.

60) 「조선총독부관보」 제1889호(1933.5.1).

61) 대화전조차랑에 대해서는 http://db.history.go.kr를 참조했다.

소유주로 나타났다. 표선면 가시리 공동목장 용지를 소유했던 횡전아웅은 1923년에 성산포 공립심상소학교 훈도였다.[62] 당시 훈도들은 관료체제의 한 구성원으로 지역사회를 지배하는 한 중심축을 형성했으며, 농촌진흥운동 과정에서 중견인물 양성과 같은 행정지원업무를 수행했던 사람들이었다.[63]

중문면 하예리 공동목장 전 173번지(상천리)를 소유한 제주읍 일도리 화도구치와 신효리 공동목장 토지(상효리 소재)를 소유했던 중촌학송은 1929년 10월 '통치 20주년기념 조선박람회' 임업관계 표창자 명단에 등장한 인물로, 표고버섯을 출품하여 상을 받기도 했다.[64] 제주지역에서 표고버섯 재배는 일본이주민들에 의해 한라산 남쪽 산림지대를 중심으로 먼저 이루어졌다.[65]

② 단체 소유지

제주도내에 존재했던 단체들도 공동목장 용지를 소유했다. 여기에는 일본재단법인체인 예수단 우애구제소와 제주도향교, 삼성시조제사재단이 있었다. 예수단 우애구제소는 일본 신호시(고베시)에 주소를 두었던 법인체였다.[66] 한때 서귀면 지역에서 활동했으며, 서호·서홍·토평·상효

---

62) 『조선총독부 및 소속관서 직원록』(1923)(참조 : http://db.history.go.kr).

63) 이기훈, 「일제시기 보통학교 교원의 사회적 위상과 자기인식」, 『역사와 현실』 제63호, 2007, 한국역사연구회, 118쪽~121쪽.

64) 조선임업협회, 1944년 12월, 『조선임업사』(하), 한국임정연구회(역), 산림청, 2001, 536쪽.

65) 진관훈, 「한라산의 경제」, 『한라산의 인문지리』, 한라산생태문화연구소, 2006, 244쪽. 제주도의 표고재배는 1905년 처음 시작된 이래 초기에는 한라산 동남부의 화전 위에서 일본인들에 의해 성행하였다.

66) 예수단(イエス) 우애구제소는 일본인 장로교 목사이며 빈민 운동가였던 가가와 도요히꼬(賀川豊彦, 1888~1960)가 조직한 종교단체로, 1920년대 예수단 우애구제소가 제주지역(서귀포지역)에서도 활동한 것으로 보인다.

공동목장조합에 소유 토지를 목장용지로 빌려주기도 했다. 서귀면 상효
리 목장조합은 목장용지의 대부분을 이 재단법인으로부터 10년간 임대
해 사용했다.[67] 이 재단이 소유했던 토지 중 「구토지대장」[68]에 근거해
토평 공동목장 내 1878-1번지의 이력을 추적한 결과, 1913년 9월 1일
토지사정 당시에는 국유지로 사정되었으나 1933년 1월 25일 토평리 오
형순, 동년 7월 19일 호근리 김문옥, 1935년 7월 22일 서귀리 중원행태
랑을 거쳐 1940년 12월 28일 예수단 우애구제소로 토지소유권이 넘어간
것으로 확인된다.

재단법인 삼성시조제사재단[69]도 공동목장 용지를 소유했다. 이 재단
은 구좌면 지역 한동리·평대리·세화리 공동목장 내 토지를 소유해[70] 해

---

67) 일본 재단법인인 예수단 우애구제소가 보유했던 마을공동목장용지 상황(1943)은
다음과 같다.

소재지	지목	필지수	적요	현재 위치
서호공동목장	산림	4	차수	
서홍공동목장	산림	1	차수	
토평공동목장	전	7	차수	토평공업단지 부근
상효공동목장	산림	19	10년간 차수	우리들 골프장 인근
합계		지적 144정 072		

자료 : 제주특별자치도청, 『濟州島共同牧場關係綴』(1943)에서 발췌하여 정리함.

68) 서귀포시청 지적과 발행, 「구토지대장」(토평동 1878-1).

69) 삼성사가 재단법인으로 된 것은 일제시기로, 1920년 12월 31일 삼성대표 부성찬
(夫聖贊)이 삼성시조제사재단(三姓始祖祭祀財團)의 법인체 설립을 신청하고,
1921년 11월 10일 종(宗) 87호로 삼성시조제사재단 법인설립 인가를 대표 고명
우, 양상룡, 부지환 그리고 재산명의 관리인을 부성찬으로 하여 받았다(참조:
http://samsunghyeol.or.kr).

70) 1943년 현재 삼성시조제사재단의 공동목장 용지 소유실태는 다음과 같다.

소재지	지목	필지수	적요	위치
구좌면 한동리 공동목장	임	43(지적합계 28정6반8무(86,040평)	차수	둔지봉 부근
구좌면 평대리 공동목장	전, 임	31(지적합계 33정8반4무(101,520평)	차수	
구좌면 세화리 공동목장	전, 임	84(지적합계 57정4반3무(172,290평)	차수	다랑쉬 부근

자료 : 구좌면 공동목장조합연합회장, 「共同牧場地利用狀況調査報告ニ關スル/件」(1943.10.9).

당 목장조합에 일정 금액을 받고 임대해 주었다.

제주도향교 역시 공동목장 내 토지를 가지고 있었다.[71] 당시 제주도 내에는 조선시대에 설립된 제주향교, 정의향교, 대정향교가 있었으나 1914년에 발포된 일제의 「향교폐교령」에 따라 제주·대정·정의향교가 하나로 통합되어 제주도향교가 되었다.[72] 본래 향교재산은 지방유림이 재산을 기부한 토지 또는 향교가 수익을 위해 매입한 토지 등으로 이루어졌다.[73] 이에 대해 조선총독부는 1920년 6월 「향교재산관리규칙」을 공포해 군수, 도사가 향교재산을 관리하도록 했으며, 향교에서 향교재산을 매각, 양여, 교환 또는 담보로 제공할 때는 조선총독부의 인가를 받도록 했다.[74] 제주도향교는 중문면 색달리에 위치한 상예1구 공동목장과 안덕면 상천리에 위치한 하예리 공동목장에 토지를 소유했다. 향교통합 이전에 두 지역의 토지는 모두 대정향교 소유였으나 통합 이후 제주도향교 재산으로 소유권이 이양된 것이다.[75]

---

71) 1943년 현재 제주도향교의 공동목장 용지 소유실태는 다음과 같다.

소재지	지목	지번 및 지적	비고
중문면 색달리	전	204, 지적 004500	차수
안덕면 상천리	전	213, 214, 215, 216, 217, 218, 219, 221, 222, 223, 255, 257, 258, 259, 260, 261, 263, 264, 265, 266, 267, 268, 269, 276, 277, 278, 지적 16정 5019	차수

　　자료 : 제주특별자치도청, 『濟州島共同牧場關係綴』(1943)에서 발췌하여 정리함.

72) 제주유림요람 편찬위원회, 『제주유림요람』, 1986, 일신옵셋인쇄사, 534쪽.

73) 조석곤, 『한국 근대 토지제도의 형성』, 해남, 2003, 70쪽.

74) 김정인, 「일제시기 鄕校의 변동추이-향교재산관련 공문서 분석을 중심으로-」, 『한국민족독립운동사연구』 47, 한국민족운동사학회, 2006, 96쪽.

75) 실례로 중문면 색달리 204번지는 1913년 12월 27일 대정군 향교로 사정되었으나 1920년 11월 3일 제주도향교재단으로 변동되었음을 색달리 204번지 「구토지대장」에서 확인했다.

③ 조선인(제주인) 소유지

공동목장용지 소유자 중에는 일본인 이주민과 재단법인, 도내 단체 이외에 조선인(제수인)들도 있었다. 조선인(제주인) 소유토지는 전체 공동목장용지 면적의 약 52%였다. 읍면별로 분포상황을 보면(그림 14), 안덕면과 남원면 관내 목장조합 경우는 조선인 소유비율이 80%가 넘는 반면에 대정면과 한림면 관내 목장조합에서는 30%에 지나지 않았다. 대정과 한림 지역의 공동목장 용지들에는 국공유지가 많았다.

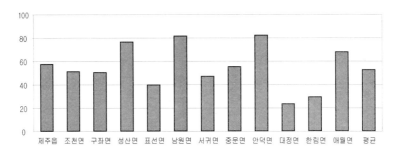

그림 14. 마을공동목장조합 목장용지 중 사유지 실태(1943)

자료 : 제주특별자치도청, 『濟州島共同牧場關係綴』(1943)에서 발췌해 재구성함(단위 : %).

(2) 국공유지 실태

공유지(公有地)는 국가나 공동단체가 소유하는 토지로, 도유지, 읍유지, 면유지로 구분된다(그림 15). 이 중 도유지(道有地)는 전라남도 도청 소유의 기본재산으로, 모두 임야였다. 따라서 도유지는 곧 도유림을 의미한다. 이것은 본래 일제가 1923년 1월에 내린 훈령에 근거해 지방재원을 마련하기 위해 창출한 임야로, 국유림(불요존, 을종 요존)을 무상양여 받아 형성된 것이 특징이다.[76] 이러한 도유지는 제주도 전체 공동목장 목장용지의 3%를 차지했다. 지역적으로 볼 때, 제주읍 관내는 총목

---

76) 배재수 외, 앞의 책, 2001, 126쪽.

장면적의 33%, 중문면 관내는 22%였으나 조천면 관내는 1% 정도에 불과했다(표 34).

읍유지(邑有地)는 제주읍 소유 토지로, 목장조합에 대부료를 받아 임대해 주는 토지였다. 제주읍 전체 목장용지 면적의 9%를 차지했던 읍유지는 제주읍 해안리, 이호리를 제외한 제주읍 관내 모든 공동목장에서 공동목장용지로 이용되었다. 한영공동목장과 오라리 공동목장은 가장 넓은 면적의 읍유지를 임대해 목장지로 이용했다.

면유지(面有地)는 1943년 당시 제주도 전체 목장용지 면적의 23%를 차지할 정도로 비중이 컸다. 대부분의 목장조합에서는 면유지를 임대해 사용한 경우가 많았으나 애월면 애월리 공동목장처럼 면유지의 일부를 기부 받아 이용한 사례도 있었다. 조천면과 구좌면 마을공동목장조합의 목장용지에서 면유지 비율이 높게 나타났다.

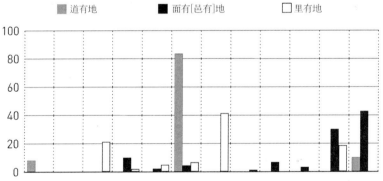

그림 15. 제주도 마을공동목장조합의 공유지 실태(1943)

자료 : 제주특별자치도청, 『濟州島共同牧場關係綴』(1943) 자료를 이용해 재구성함(단위 : %).

〈표 34〉 제주도 국공유지의 실례(1943)

공동목장명		소재지	지목	필지수	소유주체	종류	비고
중문면	강정리 1구	영남리	임	396번지 외 10필지	중문면	면유림	
				389번지 외 6필지	국유림	국유림	
	강정리 2구	영남리	임	산3번지 외 2필지	중문면	면유림	
				1필지(173번지)	국유림	국유림	
	도순리	도순리	임	산13번지 외 3필지	중문면	면유림	
	하원리	하원리	임	1필지(산16번지)	중문면	면유림	
				산4번지 외 10필지	전라남도	도유림	
	대포리	대포리	임	산2외 1필지	중문면	면유림	
				산3번지 외 18필지	전라남도	도유림	
	중문리	중문리	전	81번지 외 8필지	전라남도	도유지	
	색달리	색달리	임	산2번지 외 2필지	중문면	면유림	차수
				산31번지 외 8필지	전라남도	도유림	
			전	21번지 외 1필지		도유지	
	상예1구	색달리	임	1필지(산2번지)	중문면	면유림	
				211번지 외 3필지	국유림	국유림	
			임	산4번지 외 5필지	전라남도	도유림	
	하예리	안덕면 상천리	전	165번지 외 2필지	안덕면	면유지	
			임	172 외 4필지		면유림	
		색달리	임	산22번지 외 3필지	전라남도	도유림	
제주읍	삼양리	회천리	전	293-1번지 외 13필지	읍유지	읍유지	
			임	1필지(294-5번지)		읍유림	

자료 : 1. 大靜面共同牧場組合聯合會長,「共同牧場地 利用狀況 調査ニ關スル件」(1943.8.28).
2. 中文面 共同牧場組合聯合會長,「共同牧場地 利用狀況 調査ニ關スル件」(1943.11.5).
3. 濟州邑共同牧場組合聯合會長,「共同牧場地 利用狀況 調査ニ關スル件」(1943.9.29).

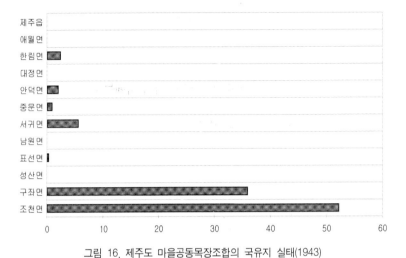

그림 16. 제주도 마을공동목장조합의 국유지 실태(1943)

자료 : 제주특별자치도청, 『濟州島共同牧場關係綴』(1943) 자료를 이용해 재구성함(단위:%).

국유지(國有地)는 제주도 전체 공동목장용지 면적의 4%를 차지했다
(그림 16). 조천면, 구좌면, 표선면, 서귀면, 중문면, 한림면 지역은 설립
당시에 계획한 목장면적을 모두 확보할 수 없어 제주도 당국으로부터 국
유지(불요존 임야)를 빌려 목축지로 이용했다. 국유지 차수 면적이 가장
넓었던 지역은 조천면과 구좌면이었다. 이중 조천면 지역의 국유지는 대
부분 중산간 마을인 교래리의 임야와 밭(田)으로 구성된 것이 특징이다.
이곳의 밭은 과거 지목이 임(林)이었으나 화전경작으로 인해 밭으로 변모
한 것으로 판단된다.

마을공동목장용지가 부족한 마을에서는 국유지인 요존임야를 제주도
당국과 협의해 목축지로 활용한 사례가 있었다. 요존임야는 당초 일제의
정책에 따라 원칙적으로 민간에 대부가 금지된 토지였으나 제주지역 목
장조합에 대한 사료를 분석한 결과,[77] 갑종 요존임야를 을종 요존임야
또는 불요존 임야로 임시 변경시켜 목축지로 이용했음을 확인했다. 실례

로, 제주읍내 목장조합에서는 1934년에 요존임야 900정을 목장용지로
활용했다.[78] 즉 오라리(300정보[79]), 월평리(200정보), 봉개리(150정보),
화북리 2구(150정보) 공동목장조합에서 요존임야를 대부받아 이용한 것
이다. 이러한 사실을 통해 제주도 당국에서는 목장조합 설치가 시급한
국책성 과제였고, 한라산 산록부 요존임야 지역 외에는 마을별 공동목장

---

77) 마을공동목장의 요존임야 활용과 관련된 사료는 다음과 같다.

　(ㄱ) 요존림야 중 목야적지 조사 서류 : 「要存林野中牧野敵地調查ノ件」(1934.5.
　11)은 제주도사가 서귀포지청장·각읍면장·제주도농회장에게 요존임야 중 목야적
　지를 조사하여 보고하라는 문서이다. 「要存林野中牧野敵地調查ノ件」(1934. 6.2)
　은 제주읍장이 제주도사에게 제주읍 관내 9개 공동목장의 축산개량을 위해 요존
　임야 중 목야적지를 조사하여 보고하는 문서이다.

　(ㄴ) 읍면임야 목장이용 면세서류 : 「邑面林野ノ牧場利用ニ對スル免稅ノ件」(1934.
　7.17)은 제주도사가 서귀포지청장·각 읍면장에게 邑有林野利用狀況과 읍관리 部
　落有林野利用狀況을 양식에 따라 보고 하라는 문서이다. 「邑面林野ノ牧場利用
　ニ對スル免稅ノ件」(1934.9.10)은 제주읍장이 제주도사에게 읍유임야 이용상황과
　읍관리 部落有林野利用狀況을 보고하는 문서이다.

　(ㄷ) 공동목야계획 내용조사 서류 : 「共同牧野計劃ノ內容調查ノ件」(1934.9.17)은
　제주도사가 제주읍장에게 기한 내에 공동목야계획 면적내역, 매수지 계획내용,
　미제목장지 대금변제 방법을 양식에 맞게 조사하여 보고하라는 문서이다. 「共同
　牧野計劃ノ內容調查ノ件」(1934.10.18)은 제주읍장이 제주도사에 공동목야 계획
　면적 내역, 매수지 계획내용, 미제목장지 대금변제 방법을 작성하여 보고하는 문
　서이다. 「共同牧野計劃ノ內容調查ノ件」(1934.10.30)은 제주도사가 제주읍장에게
　기한 내에 공동목야계획 내용을 조사하여 보고하라는 문서이다.

　(ㄹ) 국유지 목야적지조사 서류 : 「國有地牧野敵地調查ノ件」(1934.10.9)은 제주
　도사가 서귀포지청장·각 읍면장에게 국유지 요존림 중 목장적지에 대한 조사하
　라는 문서이다. 「國有地牧野敵地調查ノ件」(1934.11.19)은 제주도사가 제주읍장
　에게 국유지 중 목야적지에 대한 조사를 독촉하는 문서이다. 「國有地牧野敵地調
　查ノ件」(1934.12.1)은 제주읍장이 제주도사에 9개리(봉개리, 봉개리·용강리, 용강
　리, 영평리, 아라리, 오라리, 노형리, 해안리, 월평리) 국유지 중 목야적지조사 결
　과를 보고한 문서이다.

78) 濟州邑長, 「共同牧場 整理計劃 調查ノ件」(1934.1.22).

79) 오라리 300정은 오라리 외 3개리의 공동목장으로 사용하며, 오라리경 임야전부를
　목장지로 활용했다. 부족한 부분은 과거부터 하계방목지로서 국유림내의 개미목
　(蟻項) 서쪽을 사용했으며 이곳은 무입목지였다.

용지 소요 면적을 확보하기가 현실적으로 어렵다는 점을 고려해 일부 요
존임야를 목장용지로 대부해주었음을 알 수 있다.[80]

한편, 제주도사는 1935년 5월 「제주도목야설정계획」에 따라 읍면별
로 공동목장 소요면적을 확보할 것을 지시하면서 당초 계획에 비해 약
12,000 정보의 목장용지가 부족하기 때문에 각 읍면별로 목장용지로 적
당한 임야의 매수계획을 세우도록 요구했다.[81] 이에 따라 각 읍면에서
는 1935년 9월 관계당국과 함께 필요한 요존임야에 대해 실지조사를 진
행했다.[82] 당시 조사결과를 기록한 문서에는[83] 요구지(요존임야)의 위치
와 임상, 방목관행이 구체적으로 나타났다(표 35).

〈표 35〉 제주도 요존림 중 목야적지 조사상황(1935)

읍면명	목야계획에 따른 부족 면적	요존림 요구 면적	요구지 위치	요구지 林相	요구지 방목관행	비고 (요존림 이용마을)
제주	2,163정	1,718정	제주읍 구역 관음사 동쪽	활엽수, 형극산생(荊棘散生), 초생지	방목수 3,250頭 이용자 1,780인	봉개, 화북, 용강, 월평, 아라, 오라, 노형, 해안리
애월	5,489	5,618	애월면 구역	잡목산생, 초생지	방목수 5,000두 이용자 4,800인	광령, 금덕, 소길, 상가, 어음, 어도
한림	4,500	500	한림면 지역	잡목 200정 초생지 300정	방목수 7,600두 이용자 400인	금악, 명월, 동명, 대림리
대정	2,740	-	-	-	-	요존림과 먼 거리에 위치
안덕	1,196	557	한림면 한대악	무입목, 초생지 7할,	방목수 700두	상창, 창천, 감산리

---

80) 이러한 당시 상황은 제주도사가 1934년 5월 11일 제주읍장, 서귀포지청장 그리고
각 면장, 제주도농회장에게 발송한 「要存林野中牧野敵地調査ノ件」(1934.5.11)을
통해 추정할 수 있다.

81) 「要存林野中牧野適地調査ノ件」(1935.5.11).

82) 실지조사에는 ① 확보예정인 요존림의 면적(도면첨부) ② 요존임야를 목야지로
공용할 마을의 목야부족 상황 ③ 요존임야구역의 임상(무입목 초생지·稚樹·稚林)
④ 丘岳(오름)의 유무 ⑤ 당해구역 방목 또는 채초 관행, 두수, 인원 등을 조사했다.

83) 濟州島司, 「要存林野中牧野適地實地調査ノ件」(1934.9.1).

			동남쪽에서 돌오름까지	치수(稚樹) 3할	이용자 200인	
중문	5,084	1,280	영남, 도순, 하원, 중문	경사, 무입목, 초생지	방목수 2,030두 이용자 1,420인	중문, 영남, 도순, 강정, 대포, 상예리
서귀	5,123	290	서귀면 호근리 중문면 영남리	무입목, 초생지	방목수 645두 이용자 459인	중문면 영남리 지역은 중복됨
남원	3,779	810	남원면, 표선면	무입목, 초생지	방목수 850두 이용자 70인	태흥리, 의귀, 수망리는 말을 주로 함.
표선	402	400	표선면지역, 赤岳, 狗頭山 동남	무입목, 초생지	방목수 700두 이용자 400인	토산, 표선, 하천리
성산	1,190	-	-	-	-	요존임야지대가
구좌	766	-	-	-	-	멀리 떨어져 있음
조천	2,608	500	교래리	무입목, 초생지	방목수 1,604두 이용자 424인	조천리
계	35,040	11,673			방목수 22,379두 이용자 9,953인	

자료 : 濟州島司, 「林野整理計劃 實行狀況通知ノ件」(1934.6.9).

이 자료에 따르면, 요구지의 임상으로 무입목지, 초생지가 공통적으로 나타나고 있다. 이러한 요구지(요존임야)는 1935년 이전부터 마을주민들에 의해 관행적으로 방목이 이루어지던 목축지였음을 알 수 있다.

제주도 당국에서는 요존임야에 대한 실태파악과 함께 목장용지로 사용될 국공유지인 읍유림, 면유림에 대해 면세정책을 시행했다.[84]

이러한 상황에서 각 읍면장은 제주도사에게 읍면 소유 임야들을 읍면의 기본재산으로 등재한 다음, 장차 목장지 또는 조림지로 이용할 계획임을 밝혔다(표 36).[85]

---

84) 읍면 및 마을소유 임야를 목장용지로 이용할 경우 면세의 혜택을 부여하겠다는 문서로는 ① 濟州島司, 「邑面林野ノ牧場利用ニ對スル免稅ノ件」(1934.7.17) ② 濟州邑長, 「邑面林野ノ牧場利用ニ對スル免稅ノ件」(1934.9.10) ③ 濟州島司, 「邑面林野ノ牧場利用ニ對スル免稅ノ件」(1934.9.17)이 있다. 임야에 세금이 부과된 것은 1926년 이후의 일이므로 제주도에서 읍면유림 및 마을소유 임야를 목장용지로 이용할 경우, 임야세를 면제해 주겠다고 한 것이다.

85) 行政自治部 國家記錄院, 『國家記錄院 日帝文書解題』(建築會計·稅務·衛生篇),

〈표 36〉 제주도 읍면임야의 이용 상황(1943)

읍면명	소재지 리명	필수	지적	현재이용 방법	공공 또는 기본재산	임야 수득(收得) 사실 유무	수득 대가액	비고
제주읍	회천, 오라, 해안	3	386정18	목장(해당리)	공공· 기본재산	-	-	무료대부
애월면	어음, 금덕, 광령, 고성	12	361정95	목장(해당리)	기본재산	1932, 1933년 양여	-	-
한림면	저지, 금악, 용수, 두모	394	326정79	목장(해당리)	기본재산	1929, 1930년 양여	-	-
대정면	구억, 신평, 동일, 보성	13	412정37	목장(해당리)	기본재산	1932년 12월 양여	-	무료대부
안덕면	서광, 상천, 사계, 상창	27	119정53	목장(해당리), 초생지, 조림지	공공· 기본재산	1931, 1932년 양여	-	무료대부
중문면	영남, 도순, 대포, 색달	19	259정77	목장(해당리)	기본재산	1919년(대정8년), 1931, 1932년 양여	-	무료대부
서귀면	상효, 서호, 토평	7	8정05	목장(해당리)	기본재산	1930, 1931년 양여	-	무료대부
남원면	위미, 한남, 태흥	5	9정97	목장(해당리), 조림지	기본재산	1930년 양여	75	사용료 징수 계획
표선면	판독불능	19	판독불능	목장(해당리)	기본재산	1934년11월 양여	-	-
성산면	시흥, 수산, 난산	7	136정62	목장(해당리), 조림지	기본재산	1932년 양여	-	임야세를 사용료와 함께 징수 계획
구좌면	동복, 김녕, 월정, 송당	45	880정44	목장(해당리)	기본재산	1921년(대정11) 1932, 1933년 양여	-	-
조천면	교래, 대흘	13	982정84	목장(해당리)	기본재산	1932년12월 양여	-	-
계		564	4,246.37					

자료: 濟州島司, 「邑面林野ノ牧場利用ニ對スル免稅ノ件」(1934.9.17).

<표 31>에서와 같이, 남원면에서는 제주도 당국으로부터 면소유 임야를 1930년에 양여받은 다음, 이 임야를 목장용지로 이용할 해당 목장조합에 대해 빌려주는 대가로 75엔을 받았다. 남원면과 성산면에서는 면소유 임야를 이용하고 있는 관내 해당 마을공동목장조합에 대해 임야세

2004, 228쪽. 이들 임야들은 식민지 도당국에 의해 1919년부터 1933년까지 해당 읍면에 양여되었다. 여기서 양여란 해당 토지에 대한 소유권 자체를 넘겨주는 것을 의미한다.

와 사용료를 함께 징수할 계획임을 밝혔다. 나머지 읍면에서는 면소유 임야를 무료로 대부할 계획이었다. 중문면과 구좌면에서는 1919년과 1921년에 이미 국유지가 면(面)으로 양여되었다. 읍면이 관리하는 임야들이 읍면의 공공재산 또는 기본재산으로 된 것이다.[86]

(3) 리유지 실태

리유지(里有地)[87]는 1912년 8월의 「토지조사령」과 1918년 7월의 「임야조사령」 그리고 1926년 4월의 「조선특별연고삼림양여령」 등 일제시기에 제정된 법령을 통해 마을명의로 소유권을 인정받은 토지이다.[88] 이 토지는 대부분 밭과 임야로 구성되며, 원칙적으로 조합원 전체의 총의를 얻어야 매각이 가능한 총유지라는 성격을 가진다. 제주지역에서 리유지는 마을주민들이 유명무실해진 국영목장 터에서 우마를 방목하거나 땔감을 채취하며 공동으로 이용해오던 토지가 토지조사사업 후 마을토지로 사정된 것이라 할 수 있다. 제주도사는 리유지를 각 읍면내 목장조합에 증여나 기부하도록 종용하면서[89] 상당 면적의 리유지가 목장조합에 기부되었다.[90] 한림면과 서귀면 공동목장조합의 경우, 전체 목장용지

---

86) 공공재산은 공공단체 소유, 기본재산은 지자체가 수익을 얻기 위해 유지하는 재산을 말한다.

87) 제주도 마을공동목장 용지에도 리유지 또는 부락산(오름)이 존재했다. 일제는 촌락공유지 소유권을 동리통폐합 조치(1914년)에 근거하여 행정동리 재산으로 기재하도록 했다. 이것은 수개의 마을이 통합되어 만들어진 행정동리 명의로 사정한다는 방침에 근거한 것이다(최병택, 앞의 책, 2009, 70쪽).

88) 尹良洙, 「濟州道內 마을共同財産의 市·郡에의 歸屬과 그에 따른 主民權益問題」, 『논문집』 제24호, 제주대학교, 1987, 252쪽.

89) 양경승, 앞의 논문, 1999, 345쪽.

90) 반면에 중문면 하원리 공동목장 조합에서는 마을소유의 산 66번지 25정 6반2무를 매수하여 목장용지로 활용했다. 성산면 오조리 목장조합에서는 마을소유의 임야를 빌려 사용했다.

의 50% 이상을 리유지로 충당한 것이 특징이다. 촌락공용임야도 리유지
였다. 일제는 전국을 대상으로 1917년 총독부 훈령 제20호에 근거해 마
을소유 임야를 파악하도록 했다. 이에 따라 1935년 7월 제주도사는 서
귀포지청장과 각 읍면장에게 해당 읍면의 촌락소유 임야를 보고하도록
지시했다.[91] 그러는 한편, 제주도사는 촌락소유 임야에 대해서도 면세혜
택을 부여한다고 하면서[92] 촌락공용임야를 목장조합에 무상으로 기부해
목장용지로 이용하도록 독려했다.

---

91) 濟州島司, 「邑面林野ノ牧場利用ニ對スル免稅ノ件」(1935.7.17). 다음은 제주읍의
 읍유림 및 읍관리 촌락림 임야이용 상황을 나타내고 있다.

읍유림									읍관리 촌락림					
소재지	지번	지적	현재이용방법	사용료기타수익상황	공공또는기본재산별	임야취득역사사실	취득에대한대가액	비고	소유리동명	필수	면적	현재이용상황	사용료징수	소유정리동의취득역사적사실
회천	5	137정85	목장	無	공공재산	無	無	현재무료사용·장래무료대부예정	봉개	3	185정05	목장	無	無
오라	102	128정81							용강	1	85정91			
해안	219	119정52							아라	1	2정31			
계		368정18							연동	1	14정36			
									노형	1	49정45			
									계	7	339정08			

  자료 : 濟州島司, 「邑面林野ノ牧場利用ニ對スル免稅ノ件」(1934.9.17)에서 발췌하여 정리함.

92) 濟州島司, 「邑面林野ノ牧場利用ニ對スル免稅ノ件」(1935.9.17).

제4장

목장조합의 유형과 운영체계

1. 목장조합의 유형분류

이상과 같은 공동목장조합들은 소유주체에 따라 사유지형, 공유지형, 총유지형(리유지형) 목장조합으로 그리고 매수지·차수지·기부지 비율에 따라 매수형·차수형·기부형·혼합형 목장조합으로 분류할 수 있다(표 37). 이러한 유형분류는 1940년대 초 제주지역 100여개의 목장조합을 대상으로 목장용지의 구성 실태를 반영해 이루어졌다.[1] 이 절에서 언급할 유형분류는 단순히 목장조합들의 목장용지 소유주체와 확보방법에 따른 구성 비율에 기초해 이루어지긴 했으나 목장조합들의 성격을 파악할 수 있다는 점에 의의가 있다. 추후 구체적인 개별 마을공동목장조합들의 실제 운영모습을 유형분류 기준에 추가할 경우, 더욱 의미 있는 분류가 될 것이다.

먼저 사유지 비율을 중심으로 분류하면, 사유지가 전체 목장면적의 60% 이상을 보인 남원면(82%), 성산면(77%)과 안덕면(75%), 애월면(69%) 지역 목장조합들은 모두 사유지형 목장조합으로 분류할 수 있다. 반면 대정면(면유지, 62%)과 표선면(면유지 59%) 지역 목장조합들은 면

---

1) 공유지형과 사유지형의 분류는 각각의 면적비율이 60% 이상을 차지하는가를 기준으로 삼았다. 예를 들어 특정 공동목장의 용지가 사유지 비율이 60%이고, 공유지 비중이 40%로 되어 있다면 이 공동목장은 사유지형 목장에 해당된다. 매수형, 차수형, 혼합형 목장의 유형분류에도 60% 이상을 적용했다. 혼합형은 50:50 정도로 비중이 서로 비슷한 경우에 적용했다.

유지에 대한 의존비율이 높아 공유지형(公有地型) 목장조합으로 분류된
다. 한림면 목장조합들은 리유지 비율이 68.3%로 높아 총유지형(總有地
型) 목상조합이라고 할 수 있다.[2]

목장용지의 확보방법을 중심으로 보면, 차수형, 매수형, 기부형, 혼합
형으로 분류할 수 있다. 차수지 비율이 가장 높은 목장조합은 대정면
(83%)과 제주읍(78%) 목장조합들로, 이들은 차수형(借受型) 목장조합에
해당된다. 차수지 비율이 60%를 초과하는 한림면(66%), 조천면(64%),
표선면(60%) 지역 목장조합들 역시 이 유형에 해당된다. 매수지 비율이
가장 높은 성산면(69%)과 애월면(67%) 목장조합들은 매수형(買收型) 목
장조합에 해당한다. 기부지 비율이 가장 높았던 구좌면(53%) 목장조합
은 기부형(寄附型) 목장조합이다. 안덕면 서광1구·한림면 고산리·용수
리 공동목장은 기부지 비율이 100%인 전형적인 기부형 목장조합에 해
당된다. 기부지의 대부분은 마을 소유의 리유지였다. 표선면, 서귀면, 대
정면 목장조합의 목장용지 구조에서는 기부지 비율이 0%로 나타나 대
조를 보였다.

〈표 37〉 제주도 마을공동목장조합의 유형

유형\읍면	사유지형	공유지형	총유지형(리유지형)	혼합형	매수형	차수형	기부형	혼합형
제주읍	● 한영, 아라, 오동, 오라, 영남	삼양,화영			아라,오라	● 삼양,한영,화영,오동		영남
애월면	● 이음,소길,장전,금덕,고성,상귀,하귀,수산,신엄,신엄중랑동,	상가	광령	애월,어도,납읍	● 어음,소길,장전,금덕,상귀,하귀,수산,신엄,신엄중랑동,소길원동	상가	광령	애월,어도,납읍,고성

----

2) 마을공동소유 토지인 리유지의 성격을 공유지(共有地), 총유지(總有地) 중 무엇으
  로 볼 것인가에 대해서는 합의된 바가 없다. 여기에서는 리유지가 마을주민들이
  개인적으로 지분을 요구하거나 마을 전체 회의를 통하지 않고서는 임의로 처리할
  수 없었던 토지라는 점에서 총유지로 보고자 한다.

	소길원동							
한림면	한림,상대,옹포, 귀덕,명월,상명, 대림,동명,금악, 낙천,청수	(●) 금월,저지, 고산,용수			(●) 한림,상대,옹포,귀덕, 명월,상명,대림,동명, 금악,낙천	금월,저지	고산,용수, 청수	
대정면		(●) 인성,보성, 안구,일과, 영락		상모, 신평, 무릉, 동일		(●) 인성,보성, 안구,일과, 영락,신평		상모,무릉, 동일
안덕면	(●) 화순,덕수, 서광1·2구,동광, 상천,감산, 창천상창,광평	사계			창천상창	사계,덕수, 서광2구	서광1리 상천,감산, 광평	(●) 화순 동광
중문면	(●) 강정1·2구,영남, 도순,하원,회수, 중문,상예2구,하예	대포		색달,상 예1구	(●) 강정1·2구,영남, 도순,하원,회수, 중문,상예2구	대포	색달	상예1구 하예
서귀면	상효 (재단법인 소유지)	서호· 서홍·동홍		(●) 토평 신효	서홍,동홍	토평,상효		(●) 서호 신효
남원면	(●) 신흥,태흥,의귀, 수망,한남남원, 위미1·2구, 신례,하례				(●) 신흥,위미1·2구, 신례, 하례	수망,한남 남원		태흥 의귀
표선면	하천,토산,세화, 가시	(●) 표선,성읍			하천,토산,세화,가시	(●) 표선,성읍		
성산면	시흥,신산,난산, 오조,삼달			수산,고성, 신풍,신천	시흥, 신산, 난산, 오조, 삼달			수산,고성, 신풍,신천
구좌면	덕천, 송당, 한동 평대, 세화, 상도, 하도	동복, 서김녕 월정	동김녕	(●) 행원 종달	동복, 서김녕 동김녕, 월정	종달	(●) 덕천,송당, 세화,상도	행원,한동, 평대,하도
조천면				제1,제2 목장		제1, 제2 목장		
합계	71	15	9	19	51	26	13	24
		114				114		

자료 : 〈부록 2, 3〉 목장조합 목장용지 확보상황(1933~1943)을 분석한 자료임. ●은 읍면 내에서 가장 비율이 높게 나타난 대표유형에 해당함. *조천면 대흘리 공동목장조합의 경우, 1943년 자료에는 목장조합 이름과 조합원 수만 남아 있어 유형분류에서 제외함. 공유지형은 제주읍의 경우 읍유지, 면지역은 면유지에 해당. 단, 대포리는 道有地임.

　이밖에 서귀면은 매수지와 차수지 비율이 각각 50%, 안덕면은 차수
지가 40%, 기부지가 42%를 보여주고 있어 두 지역의 목장조합은 혼합
형(混合型) 목장조합으로 분류할 수 있다. 결론적으로 말해 <표 31>에
확인할 수 있는 것처럼, 공동목장조합은 대체로 사유지형 목장조합(전체
의 62%)과 매수형 목장조합(전체의 45%)이 가장 큰 비중을 차지했음을
알 수 있다(그림 17).

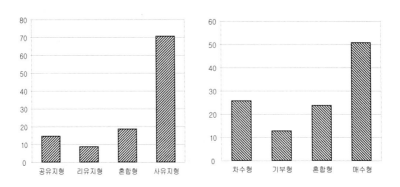

그림 17. 제주도 마을공동목장조합의 유형분류
(1943년 현재, 단위 : 개)

2. 목장조합의 운영조직

　목장조합은 어떻게 운영되었을까? 이 절에서는 일제시기 한림면 명월
리, 안덕면 서광리, 성산면 신산리 마을의 조합운영조직을 사례로[3] 마을

---

3) 제주시 한림읍 명월리는 중산간 농촌마을이며 명월대, 팽나무 군락지, 명월진성으
　로 유명하다. 하동, 중동, 상동으로 구성된 이 마을은 1879년에 구우면(현재의 한
　림읍과 한경면 지역)의 면소재지가 될 정도로 제주도 서부지역의 중심적 역할을
　했다. 한 때 이 마을은 금악리(1623년 분리), 옹포리(1732년 분리), 동명리(1881년
　분리), 상명리(1881년 분리)를 포함한 마을이었으며, 이들 마을들이 명월리를 중

단위에서 작동한 목장조합의 운영체계와 구체적인 목장운영 방식을 검토하고자 한다. 이러한 작업은 공동목장을 형성, 유지시켰던 조합운영 조직 및 공동목장의 운영모습을 밝혀준다는 점에서 의미가 있다.

목장조합의 운영체계는 크게 행정기관과 관제조직으로 이루어진 관리조직과 목장조합내 실행조직으로 구분할 수 있다. 여기에서는 1933년부터 1943년까지 10년 동안 목장조합에 대한 설립인가 및 감독을 수행

심으로 하나의 생활권을 형성했다(북제구준 한림읍, 『한림읍지』, 1999, 1165쪽). 2010년 12월 현재 352세대에 총 775명(남자 377명, 여자 398명)의 주민이 거주하고 있다. 이 마을 목장조합은 1936년에 설립되었으며, 마을에서 남동쪽으로 약 10km 정도 떨어진 안덕면 광평리 351번지 일대에 위치했다. 1990년대에 들어와 목장용지는 매각되어 C골프장으로 변모했으며, 그 결과 이 마을공동목장조합은 현재 해산되었다(한림읍 명월리, 『명월향토지』, 2003, 373쪽).

서귀포시 안덕면 서광서리 역시 전형적인 중산간 농촌마을로, 1917년 안덕면 면사무소가 감산리로 이전하기 전에는 면사무소 소재지로 기능할 정도였다. 1938년 서광리가 서광1구, 2구로 분구된 후 1948년 제주 4·3사건으로 인해 마을주민들이 해안지역으로 소개되었다가 1963년 10월에 옛 사수동, 진부동, 응전동 일대를 서광서리, 건곤동 일대를 서광동리로 재편성하여 현재에 이르고 있다. 마을총면적은 약 930 ha이며, 2010년 2월말 현재 279세대 628명(남 339, 여 289)이 거주하고 있다. 관전동, 사수동, 응전동, 진부동, 섯수밧 등 4개 자연촌락으로 이루어져 있다. 특히 남송악(산33번지, 해발 339m) 남사면은 배수가 양호하고 일사량이 많아 대규모 녹차단지가 조성되었다. 목장조합은 1935년 6월에 설립되었으나, 2004년 목장용지 중 462만m²가 제주도개발공사에 매각되어 현재는 500ha 정도만 남아있다(안덕면, 『安德面誌』[마을편], 2006, 태화인쇄사, 232, 246쪽 ; 『동아일보』 2004년 8월 4일자, 「제주도 '신화역사공원' 서광서리 목장에 조성」).

서귀포시 성산읍 신산리 마을은 해안에 위치한 반농반어촌이며, 성산읍출장소가 소재한 마을로 1960년대까지만 해도 오일장이 존재했으며, 독자봉수, 말등포 연대, 환해장성 등의 역사유적은 이 마을이 해안방어상 요충지였음을 알려준다. 2010년 12월말 현재 1,249명(남 593명, 여 656명)이 거주하고 있으며, 마을회, 청년회, 부녀회 그리고 어촌계, 잠수회, 어부회가 조직되어 마을을 유지하고 있다. 목장조합은 1935년 1월 10일에 제주도사의 승인을 받아 설립되었으며, 1943년 자료에는 조합원수가 175명으로 나타났다. 공동목장은 해안에서 북쪽으로 약 3km 떨어진 독자봉(159.3m)과 통오름(143m) 일대에 위치하며, 총면적은 521,557m²으로, 현재 신산마을회 소유로 되어있는 것이 특징이다(신산리 마을회, 앞의 책, 2005, 268쪽).

했던 조선총독부, 전라남도청, 제주도청(濟州島廳), 제주도농회(濟州島農會), 읍면사무소 등 상위 목장조합 관리조직과 실질적으로 목장조합을 운영했던 제주도목장조합중앙회, 읍면공동목장조합연합회, 마을공동목장조합 등 실행조직들의 역할에 주목했다. 아울러 목장조합들이 공동목장 내 목축자원을 어떻게 관리했든지에 대해 논의했다.

1) 목장조합 관리조직

목장조합을 움직였던 운영체계 중에는 목장조합 외곽에서 이 조합을 관리·감독했던 행정기관과 관제조직들이 있었다. 여기서는 이들을 관리조직으로 분류해 조선총독부, 전라남도청, 제주도청(제주도사), 제주도농회 그리고 각 읍면장과 구장을 포함시켰다.

목장조합에 대한 최상위 관리조직은 조선총독부였다. 1930~1940년대 조선총독부는 다양한 행정조직과 촌락조직 및 규약, 조합 등을 이용해 촌락 지배를 강화하면서 식민권력을 촌락까지 깊숙이 침투시켰다. 선행연구에 따르면, 조선총독부는 촌락을 효과적으로 지배하기 위해 물리적 지배(경찰), 행정적 지배(면사무소), 경제적 지배(경제단체 : 농회, 금융조합, 산업조합 등), 사회적 지배(관설조직 : 농촌진흥회, 국민총력부락연맹 등), 이데올로기적 지배(학교, 중견청년훈련소 등) 방법을 동원했다.[4] 특히 조선총독부는 촌락에 대한 경제적인 지배를 위해 금융조합과 그의 산하조직인 식산계(殖産契) 및 산업조합을 적절히 활용했다. 같은 맥락에서 1930년대 마을공동목장조합의 설립과 운영에 제주지역에서 식민권력을 대변하는 제주도사와 제주도농회가 직접 개입했다는 사실은 바로 식민권력에 의한 촌락지배가 제주지역에서도 이루어졌음을 보여준다.

---

4) 김민철, 앞의 논문, 2008, 46쪽.

조선총독부는 전국을 대상으로 다양한 축우개량과 증산정책을 실시하면서 제주도 관할 전라남도청에 지시해 제주지역에 마을공동 목장조합을 조직하게 했다. 이러한 정책에는 제주도가 명품 축우마 생산지로 널리 알려진 역사적 전통과 함께 마을별로 목장조합을 설립해 축산업을 발전시키라는 조선총독부의 방침이 반영되었다.

전라남도청은 조선총독부가 마련한 축산제도, 법규 등을 제주지역에 적용해 축산업이 활성화될 수 있는 제도적 장치를 마련했다. 동시에 총독부를 대신해 목장조합 설치에 대한 기본방향을 제시했다. 나아가 목장조합 운영에 필요한 비용의 일부를 보조하거나 전라남도청의 기본재산인 도유지(道有地)를 해당지역 공동목장조합에 임대해 주면서 목장조합 설립을 측면 지원했다.

전라남도청의 산하 행정기관인 제주도청은 1915년 5월 1일 총독부령 제44호에 의해 도제(島制)가 시행됨에 따라 설립된 기관으로, 최고 책임자인 제주도사에는 일본인들이 임명되었다.[5] 이들은 도청소속 권업기사와 축산기수들을 목장조합 설립 추진 마을에 출장시켜 조합설립을 직접 지도하게 했다. 또한 제주도농회장과 제주도목장조합중앙회장 등을 겸직하는 등, 식민통치의 보조 조직으로 설립된 도내 각종 조합들의 수장을 맡아 조합조직을 식민통치에 적극 활용했다.[6] 1930년대 목장조합을 관리했던 제주도청, 서귀포지청, 읍면사무소 그리고 각 마을의 위치는 <그림 18>과 같다.

---

5) 초대 제주도사로 일본인 今村 革丙(1915.5.1~1919.5.30)이 임명된 후 近藤晉二郎(1919.5.30~1923.5.24), 前田善次(1923.5.24~1928.7.21), 鈴木兵作(1928.7.1~1929.12.7), 田中半治(1929.12.7~1931.12.11), 田口禎禧(1931.12.11~1935.9.6), 古川貞吉(1935.9.14~1940.8.31), 坂本二五一(1940.8.31~1943.9.30), 小野虎市(1943.9.30~1945.8.15)가 제주도사를 역임했다.

6) 전라남도 제주도청, 앞의 책, 1923, 홍성목 역, 『일제강점기의 제주도』, 제주문화, 2010, 201쪽.

그림 18. 마을공동목장조합 관리조직 위치도

자료 : 桝田一二, 『桝田一二地理學論文集』, 弘詢社, 1976, 89쪽.

• 1934년 4월을 기준으로 한 행정조직의 위치임.

• 제주도청(◉), 제주도청서귀포지청 (◎), 면사무소 소재지(●) : 제주도청 내에는 제주도목
   장조합중앙회 사무실, 면사무소 소재지에는 읍면공동목장조합연합회가 위치함.

제주도사의 직접적 지휘와 통제를 받던 읍면장은 1931년 읍면제가
본격 시행되면서 역할이 더욱 강화되었다.[7] 이에따라 제주도내 12개 면
장들은 서기와 회계원을 두어 면단위 공공사업 등 각종 사업을 실행했
다. 실례로 조천면에서는 1935년 면단위 목장조합을 조직해 공동목장
을 운영했다. 당시『매일신보』1934년 1월 25일자는「濟州新左面서 大
牧畜을 經營」이라는 제목으로 신좌면(조천면)에서 1,000여 정보의 목축
지에 목축시설을 구축한 다음 대규모 목축을 할 계획임을 전국에 알렸
다(그림 19).

---

7) 김익한,「1930년대 일제의 지방지배와 면행정」,『한국사론』37호, 1997, 250~
   251쪽.

그림 19. 제주신좌면 대목축 경영계획 보도자료

자료 : 『매일신보』(1934년 1월 25일자)

면장은 독자적 사업추진에 필요한 자금을 확보하기 위해 면민들에게 다양한 부과금과 수수료, 부역과 현품을 요구했다. 동시에 조선총독부의 각종 정책을 실현하는데 앞장섰다. 이러한 면 조직은 식민지 통치의 말단기구로, 관제조직인 제주도농회와 제주도삼림조합의 지부로도 기능했다.[8] 면장은 제주도농회 분구장을 맡아 목장조합 운영에 직접 관여하기도 했다.

<표 38>은 1930년 당시 면 사무소 직원과 면장의 업무를 보좌하는 협력조직을 보여준다. 당시 제주지역은 1읍 12면 167 리동으로 편재되었으며, 면사무소 내에는 면장 이하 면서기, 기수, 용인들이 고용되었다. 이들은 면장의 지시를 받아 제주도 당국과 면이 추진하는 목장조합 설치

---

8) 이준식, 「단천 삼림조합 반대운동의 전개과정과 성격」, 『한국근현대의 사회조직과 변동』, 문학과 지성사, 1991, 125쪽.

사업에 참여했다. 제주도 전체 12개 면에 존재했던 총 142명의 면협의
회 의원 역시 면장을 보좌해 조합설치를 지원했다.

구장들은 제주도사가 농·리 주민 중에서 임명했으며, 초기에는 무
급인 명예직으로 출발했다. 1930년 당시 제주지역에는 223명의 구장
이 있었던 것으로 파악되며, 이들은 식민지 권력과 촌락이 만나는 접
점에서 촌락의 대변자9)로 그리고 조선총독부와 제주도의 행정시책 전
달, 납세독려, 마을단위 부역동원 및 목장조합 설립에 중추적 역할을
담당했다.

〈표 38〉 1930년도 면 직원과 면 협력조직

면사무소	면소 재지	리동수*	면직원 및 면 협력조직						
			면장	면서기	기수	용인	면협의회 의원	구장	총인원
제주면(제주읍)	삼도리	25	1	13	1	9	14	36	74
신좌면(조천면)	조천리	10	1	8	0	9	2	18	30
구좌면(구좌면)	평대리	14	1	8	1	1	12	19	42
정의면(성산면)	고성리	11	1	5	0	1	10	13	32
동중면(표선면)	성읍리	6	1	5	0	1	10	8	25
서중면(남원면)	남원리	9	1	6	0	6	12	11	36
우면(서귀면)	서귀리	11	1	7	0	1	12	14	34
좌면(중문면)	중문리	11	1	7	0	1	12	13	29
중면(안덕면)	감산리	10	1	5	0	1	10	11	28
대정면	인성리	13	1	7	0	1	12	15	36
구우면(한림면)	옹포리	23	1	11	1	2	14	32	61
신우면(애월면)	애월리	19	1	8	1	2	14	27	53
추자면	대서리	5	1	3	0	1	8	6	19
합계		167	13	93	4	36	142	223	499

자료 : 고정종, 『제주도편람』, 영주서관, 1930, 67~95쪽에서 발췌하여 정리함.

---

9) 윤해동, 「일제의 面制 실시와 村落再編政策」, 서울대 박사논문, 2004, 184~185쪽.

조선총독부의 관제농업단체인 조선농회는 해마다 축우(畜牛)가 감소되는 것이 우려되자 제주도를 포함한 전국에 공동목장 설치를 장려했다. 이에 따라 제주도농회는 목장조합원들이 소유한 열등우마에 대한 거세작업과 함께 우마의 건강상태 검진 등에 협력하며 목장조합 운영을 지원했다. 반면 목장조합별 예결산 편성과 집행에 관여하며 사실상 배후에서 목장조합을 지배했다. 제주도농회의 면지부 조직인 농회읍면분구역시 각 읍면공동목장조합연합회와 마을공동목장조합에 대한 감독을 함으로써 사실상 공동목장조합은 제주농회의 산하조직에 불과했다고 할 수 있다.

2) 목장조합 실행조직

(1) 제주도목장조합중앙회

제주도내에서 마을공동목장조합의 상위기관은 읍면공동목장조합연합회와 제주도목장조합중앙회였다.[10] 이중 목장조합에 대한 실질적인 최고 실행조직이었던 제주도목장조합중앙회의 실체는 그동안 전모가 전혀 알려지지 못했다. 그러던 중 『소화18년~소화19년 사령부 및 목야대장(自昭和十八年 至昭和十九年 辭令簿竝牧野台帳)』 문서가 발견되면서 비로소 이 조직의 실체가 부분적이나마 드러날 수 있었다. 이 자료에는 1943년 4월 1일부터 1944년 5월 31일까지 이루어진 제주도 목장조합중앙회 소속 58명에 대한 사령내역이 기록되어 있어 목장조합을 움직인 실행조직의 실체를 파악하는 중요한 문건이 된다(표 39).

---

10) 이 조직의 실체에 대해 제주지역 사회에서 그 동안 알려진 바가 전혀 없었다. 다행히도 국가기록원에서 입수한 『임야대장』에 제주도목장조합중앙회의 조직과 구성에 대한 내용이 일부 들어있었다.

〈표 39〉 제주도목장조합중앙회 운영조직 및 임면 상황(1943)

사령년월일	사령사항	직명	씨명
1943.4.1	평의원, 제주읍 지부장	제주읍장	창원대회
	평의원, 애월면 지부장	애월면장	풍전가제
	평의원, 한림면 지부장	한림면장	김택창우
	평의원, 대정면 지부장	대정면장	김본대유
	평의원, 안덕면 지부장	안덕면장	덕산순문
	평의원, 중문면 지부장	중문면장	송강의종
	평의원, 서귀면 지부장	서귀면장	산본익남
	평의원, 남원면 지부장	남원면장	김성만무
	평의원, 구좌면 지부장	구좌면장	암도의부
	평의원, 조천면 지부장	조천면장	고전영작
	평의원	제주산업조합이사	삼시구미
	간사 및 기수로 촉탁, 본소근무를 명함	산업기수	마장준일랑
	기수로 촉탁, 본소근무를 명함	산업기수	고택천대사
		지방기수	임대성
		지방기수	유정속수
		농회기수	송전진형
		농회기수	현원일호
		농회기수	전고정의
		농회기수	남본행부
	지도원으로 촉탁 본소근무를 명함	농회기수	덕산원홍
	촉탁서기로 명함	제주읍부읍장	덕산유도
	촉탁서기로 명함	제주읍 내무주임	대야가소
	기수로 촉탁 제주읍지부 근무를 명함	농회기수	수원근동
	촉탁서기로 명함	애월면 내무주임	김택행옥
		한림면 내무주임	김택상호
		대정면 내무주임	암촌만필
		안덕면 내무주임	김산태근
		중문면 내무주임	이동통부
		서귀면 내무주임	양천봉전
		남원면 내무주임	국택정언
		구좌면 내무주임	양천풍국
		조천면 내무주임	서원행철
	기수로 촉탁 애월면지부 근무를 명함	농회기수	김산성룡

	기수로 촉탁 한림면지부 근무를 명함	농회기수	신정성우
	기수로 촉탁 대정면지부 근무를 명함	농회기수	고전안루
	기수로 촉탁 조천면지부 근무를 명함	농회기수	양산희문
	지도원으로 촉탁 안덕면지부 근무를 명함	농회지도원	문산종여
	지도원으로 촉탁 중문면지부 근무를 명함	농회지도원	김성상화
	지도원으로 촉탁 서귀면지부 근무를 명함	농회지도원	연산만영
	지도원으로 촉탁 남원면지부 근무를 명함	농회지도원	신천한옥
	지도원으로 촉탁 구좌면지부 근무를 명함	농회지도원	고영영종
1943.5.20	기수로 촉탁 애월면지부 근무를 명함	농회기수	현원정웅
	사무의 都合에 의해 촉탁서기를 면함	남원면 내무주임	국택정언
	촉탁서기로 명함	남원면 내무주임	김성종유
	촉탁서기를 면함	농회기수	수원근동
1943.5.31	조천면지부 근무를 면함 제주읍지부 근무를 명함	농회기수	양산희문
	기수로 촉탁 조천면지부 근무를 명함	농회기수	고산경조
	기수로 촉탁 본소 근무를 명함	농회기수	김곡암진
1944.5.31	제주읍지부 근무를 명함	농회기수	송전진형
	서귀면지부 근무를 명함	농회기수	남본행부
	한림면지부 근무를 명함	농회기수	김곡광진
	제주읍지부 근무를 명함	농회지도원	덕산원홍
	구좌면지부 근무를 명함	농회기수	암촌호봉
	표선면지부 근무를 명함	농회지도원	신천한옥
	촉탁서기를 면함	농회지도원	신정성우
	촉탁서기를 면함	농회지도원	현원정웅
	촉탁기수를 解함		고택○○
	촉탁기수를 解함		임대성

자료 : 濟州島牧場組合中央會, 『辭令簿竝牧野台帳』(1943-1944) 자료를 발췌하여 정리함.

이에 따르면, 이 중앙회는 1943년 당시 10명의 읍면 지부장과 11명의 평의원으로 조직되었다. 평의원 10명은 10개 읍면 지부장이 겸임했고, 나머지 1명은 제주산업조합이사가 임명되었다.[11] 이것은 이 중앙회가

---

11) 오미일, 『경제운동』(한국독립운동의 역사 36), 한국독립운동사편찬위원회·독립기념관 한국독립운동사연구소, 2008, 171쪽. 산업조합은 본래 1920년대 초반 피폐한 국내경제의 현실을 타개하기 위한 방안으로 청년회, 구락부 등 사회운동 지도

제주산업조합과 연관성을 갖고 있었음을 시사한다. 목장조합중앙회 회장은 제주도사(濟州島司)가 그리고 읍면지부장은 읍면장이 겸임했던 사실로 볼 때[12] 이 중앙회 역시 관제조직으로 출발했음을 알 수 있다. 이 중앙회는 제주도 행정조직 체제를 이용해 각 목장조합에 대한 감독을 했다. 중앙회장(제주도사)이 각 읍면장을 지부장으로 임명한 것은 마을단위 우마 생산기지였던 목장조합의 중요성을 반영한 것이면서도[13] 행정조직과 목장조합 관리조직을 통합시킨 후 읍면장들로 하여금 목장조합 운영 전반을 통제하도록 한 조치였다고 풀이된다.

1943년 4월 1일 제주도목장조합중앙회장은 산업기수 2명, 지방기수 2명, 농회기수 5명 등 9명을 중앙회 소속 간사(1명), 촉탁기수(7명), 지도원(1명)으로 임명했다. 이들을 제주도청 내에 있었던 제주도목장조합중앙회에 근무하도록 하면서 제주도 전체 목장조합에 대한 관리업무를 맡겼다. 심지어 제주읍의 부읍장과 9개 읍면 내무주임들도 촉탁서기로 임명해 일정기간 동안 중앙회 업무를 맡도록 했다. 1944년 5월 31일에는 제주도농회 기수 4명을 촉탁기수로 임명해 애월면 지부, 한림면 지부, 대정면 지부, 조천면 지부에 근무를 명했다. 아울러 제주도농회지도원 5명을 중앙회 지도원으로 촉탁해 안덕면 지부, 중문면 지부, 서귀면 지부, 남원면 지부, 구좌면 지부에 근무시켰다.

자들에 의해 설립된 것이다. 생산조합 혹은 소비조합의 좁은 의미로 또는 생산·신용·소비·판매조합을 포괄하는 의미로 사용하기도 했다.

12) 표선면과 성산면 지부장은 1943년 4월 1일에 교체되지 않아 제주도사로부터 새롭게 발령을 받지 않은 것으로 추정된다. 그러나 1944년 5월 31일에 제주도농회 지도원을 표선면 지부에 근무하도록 한 것으로 볼 때 제주도목장조합중앙회 표선면 지부의 존재를 인정할 수 있다. 이 점은 성산 면지부도 마찬가지일 것이다.

13) 제주도농회장을 겸하고 있었던 제주도사는 각 읍면장을 제주도농회 통상의원으로도 임명했다. 제주도사는 읍면장으로 하여금 제주도목장조합중앙회와 제주도농회의 활동을 지원하도록 하고 있는 것이다. 이것은 태평양전쟁을 일으켜 전국에 국가총동원령이 내려진 상황에서 내려진 조치였다.

또한 제주도농회 직원(농회기수, 농회지도원)들도 중앙회 소속 각 읍면지부에 일하도록 했다. 이러한 조치들은 제주도사가 제주도농회장을 겸임했기 때문에 가능한 일이었다. 이상과 같은 사실들을 통해 제주도의 모든 행정조직들과 관제조직들이 목장조합 운영에 투입되었음을 알 수 있다. 즉 제주도내 마을공동목장조합들은 사실상 행정기관 및 관제조직에 의해 관리된 것이었다.

(2) 읍면공동목장조합연합회

제주도목장조합중앙회는 각 읍면에 읍면공동목장조합연합회를 설치해 중앙회와 유기적으로 관할 구역 내에 위치한 마을공동목장조합을 지도하도록 했다. 이 연합회는 추자도를 제외한 12개 읍면 소재지에 위치했으며, 각 연합회 별로 관할하는 목장조합의 수와 면적, 우마 수가 차이를 보였다.

<표 40>은 1936년 6개 읍면공동목장조합연합회의 관할 면적과 우마 수의 사례를 보여주고 있다. 이 자료는 이 연합회와 이를 관리했던 제주도목장조합중앙회가 1936년 이전에 이미 설립되었음을 보여준다. 즉 이들 조직 역시 신설 목장조합 출범과 동시에 설립되었다고 할 수 있다. 다시 말하면, 마을공동목장조합, 읍면공동목장조합연합회, 제주도목장조합중앙회는 동시에 출범한 조직이었다고 할 수 있다.

이 연합회의 존재는 『제주도세요람』(1937) 부록편에 실린 책 발간 축하광고에서 확인된다. 이 중 조천면 연합회 명칭이 '공동목장조합연합회'가 아니라 '조천면공동목장조합'으로 되어 있는 것이 주목된다. 이것은 조천면 지역에 제주지역에서는 유일하게 여러 마을들의 목장용지를 하나로 통합해 조성한 하나의 면단위 공동목장조합이 존재했기 때문에 연합회라는 명칭을 붙일 필요가 없었다.[14)]

연합회는 각 마을공동목장조합에게 명하여 목장조합 규약을 개정할 경우 그 결과를 보고하도록 하면서 조합운영에 개입했다. 이러한 사례는 1936년 8월 1일 한림면공동목장조합연합회장이 명월리 목장조합장에게 보낸 문서에서 확인된다.[15] 연합회 운영에 필요한 운영비는 각 마을공동목장조합이 납부하는 연합회 분부금으로 해결했으며, 연합회 회장은 읍면장이 겸직했다.

〈표 40〉 읍면공동목장조합연합회의 관할 면적과 우마수 상황(1936)

읍면공동목장조합연합회명	관할 마을공동목장조합	면적		우마수 (두)
		정보	천평	
서귀포 공동목장조합연합회	서귀, 상효, 신효, 하효, 보목, 토평, 동홍, 서홍, 호근, 서호, 법환	1,364	4,092	1,237
한림면 공동목장조합연합회	귀덕, 수원, 대림, 한림, 상대, 동명, 명월, 상명, 금악, 월령, 금릉, 협재, 옹포	2,897	8,691	4,826
조천면 공동목장조합	제1구 목장, 제2구 목장	4,500	135,000	4,500
구좌면 공동목장조합연합회	동복, 동김녕, 서김녕, 월정, 행원, 한동, 덕천, 송당, 평대, 세화, 상도, 하도, 종달	4,485	13,455	약 4,700
성산면 공동목장조합연합회	시흥, 오조, 수산, 난산, 신산, 삼달, 신풍, 신천	2,548	7,644	약 4,450
남원면 공동목장조합연합회	신흥, 태흥, 남원, 한남, 수망, 의귀, 위미, 신례, 하례	4,118	12,354	6,092

자료 : 제주도청, 『제주도세요람』, 1937년, 조선인쇄주식회사, 부록편의 42, 47, 50, 53, 55, 58쪽에서 발췌하여 정리함.

---

14) 조천면 지역에는 2개 공동목장조합 즉, 조천면 공동목장조합(제1구목장과 제2목장으로 구성)과 대흘리 공동목장조합이 있었다. 조천면 제1구 목장은 조천면 소재지인 조천리를 중심으로 서부지역에 위치한 신촌, 조천, 와흘, 교래리 그리고 제2구 목장은 동부지역인 신흥, 함덕, 북촌, 선흘, 와산리로 이루어졌다. 조천면 공동목장조합은 1934년 5월에 설립되었다. 반면에 대흘리 공동목장조합은 1932년 7월에 설립된 조천면 관내 최초의 목장조합으로, 마을주민들의 반대로 조천면 공동목장조합에 편입되지 않았다고 한다.

15) 翰林面 共同牧場組合 聯合會長, 「共同牧場組合規約準則改正ニ關スル件」(1936. 8.1).

(3) 마을공동목장조합

마을공동목장조합은 공동목장을 운영하기 위한 일종의 자치조직으로 볼 수 있다. 이것은 조합장을 비롯해 의사기구인 평의원회와 조합원들에 의해 운영되었기 때문이다.

<그림 20>은 목장조합이 조합장·부조합장·평의원·간사·목감 그리고 다수의 조합원으로 구성되었음을 보여주고 있다. 이 중 조합장은 조합운영의 일차 최고 책임자로, 일반적으로 구장이 조합장을 겸직하거나 별개로 조합장이 선출되었다. 평의원은 조합장의 자문에 응하며 조합업무의 집행과 조합재산의 변동을 감시하는 역할을 했다. 평의원회는 조합원 가운데 선출된 평의원과 조합장으로 구성되었다.[16) 사무원으로 간사 1인과 목감 1인을 두었다. 간사는 조합장의 지휘를 받아 서무 및 회계 사무에 종사했다. 목감은 목장조합에 고용된 신분으로, 방목기간 동안

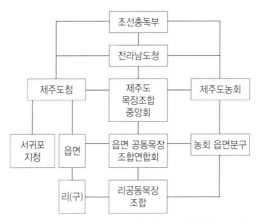

그림 20. 제주도 마을공동목장조합의 운영체계(1943년)

---

16) 이 점은 1920년대 일제에 의한 산미증식사업을 추진하는 과정에서 조직된 수리조합의 구성과 유사하다. 조합자체가 일본에 의해 국내로 이식된 제도이기 때문에 일제시기 한국에 있었던 조합들의 조직은 구성면에서 대체로 유사한 부분이 있다고 할 수 있다.

공동목장 내에 있는 '목감집'에 숙식하며 방목우마를 관리했다.

목장조합 조직의 구체적인 실례를 1935년에 설립된 한림민 명월리 목장조합을 통해 보면, 이 마을 조합장은 5년 동안 연임했다. 부조합장과 평의원은 1940년대로 가서야 교체가 일어났다. 1935년에는 조합장, 부조합장, 평의원의 활동을 도와줄 조합직원들로 서기, 재무, 간사가 있었으나 이듬해인 1936년에는 서기와 재무 대신에 목감이 등장한 것이 특징이다.[17]

목감은 공동목장에 방목한 조합원들의 우마에 대한 관리 책임자였다. 목감으로 1936년에 양○○, 1940년에 홍○○가 등장했다. 공동목장 설립 해인 1935년에는 서기였던 양○○가 다음 해 목감을 맡았다. 축산이 보편적 생계수단의 하나였던 일제시기에 남녀를 불문하고 제주도민들에게 목축은 기본자질이었기 때문에 서기가 목감이 되는 것은 지위하락이 아니라 단순한 역할교체였다. 1935년과 1936년의 평의원은 모두 동일 인물이었으며, 조합장과 간사는 1935년부터 1940년까지 연임되었다. 1935년에 조합원 수는 169명으로 나타나 비슷한 시기인 1929년 말 명월리 남자 총인구 655명[18]을 가지고 볼 때 대체로 전체의 1/4 정도인 성인 남자들이 조합원이었음을 알 수 있다.

(4) 목장조합 평의원회

마을공동목장조합 조직 내에는 조합원들의 대의기구인 평의원회가 있었다. 이 조직의 활동상은 명월리 「평의원회회록」을 통해 알 수 있다. 이 자료에는 목장조합의 의사결정 과정과 함께 조합운영의 일상적 모습 및 연간 활동 내역이 소상하게 나타나 있어 목장조합을 이해하는 문서가

---

17) 한림읍 명월리 공동목장조합 자료인 「平議員會會錄」(1936.4.19, 1938.4.10, 1939. 4.10, 1940.4.7)과 1935년 「조합원명부」에 자세한 조직상황이 제시되어 있다.

18) 善生永助, 『濟州島生活狀態調査』, 1929, 제주시 우당도서관, 앞의 책, 2002, 87쪽.

된다. 여기서는 한림면 명월리 목장조합 「평의원회회록」(사료 아)을 토대로 평의원회의 구체적인 활동 모습을 살펴보고자 한다.

명월리 목장조합에서 평의원회의 회의는 1936년 4월 19일, 1938년 4월 10일, 1939년 4월 10일, 1940년 4월 7일에 열려 조합의 회계연도가 시작되는 4월에 개최되었음을 알 수 있다. 사료 (아)에는 평의원회 개회 일시 및 장소, 출석의장과 출석평의원 이름, 참여원(역원), 부의사항이 기록되어 있다. 회의가 종료될 시점에 평의원회 의원들은 회의내용의 가결을 인정하는 날인을 했다.

(아) 評議員會 會錄

一. 開會의 日時 及 場所

昭和十一年 四月 十九日 午前 十時 明月里 民會所

二. 出席 議長 組合長 吳贊圭

三. 出席 評議員 高啓俊 秦元湖 金亨洙 吳元玉 洪子浩 吳熹鳳 洪在湖

四. 參與員 牧監 及 書記 梁在熙

五. 附議事項

第一号 議案 昭和十一年度 明月里共同牧場組合 收支豫算의 件

第二号 議案 明月里共同牧場組合 經費收支의 件

議長 : 自今부터 開會하겟습니다 우리 組合은 一般의 努力下에서 客年此를 組織하고 本年三月 島司의 忍(承)認을 受한 바 本年度 收支豫算 其他 重要한 事項을 協 議코저 합니다 第一号案부터 審議합시다. 議長 議案을 朗讀함

評議員 全員 : 잘 아랏습니다

議長 : 本案 收入에 對하야 異議가 업습닛가

評議員 金亨洙 : 本案의 收入은 異議가 無하거니와 道農會로부터 本組合에 對하야 補助金幾□을 下賜하섯다하니 右 金額은 本組合豫算中에 何款何項으로 收入할 지며 又은 全金額을 面聯合會에서 半分截用하기로 決議되엿다하니 그러면 該 金額을 全部本組合豫算中으로 收入한 後 面聯合會로 支出할□□임닛가 그대로 半分만 收入할□□임닛가. 兩段의 설명을 듯곰자합니다

議長 : 前項에 兩段에 對하야서는 面聯合會로 打合한 后 說明할이니다

評議員 : 全員 다아랏습니다

議長 : 그러면 支出을 審議하야 주시오

評議員 : 支出에 異議가 업습니다

議長 : 그러면 第一号案은 原案을 一致可訣로 보고 第二号을 審議합시다.
(議案朗讀하고 要領을 說明홈)

議長 : 本案은 第一号로부터 收入表(標)準을 定한 거시니 別로 異議가 無
할가 합니다

評議員 : 全員 贊成이오니다

議長 : 그러면 第一号案과 第二号案 全部 原案 可訣로 보아서 訣議錄에
署名捺印하야 주시요

議長 : 卽今부터 閉會합니다 干時은 午后 四時 十五分

評議員 : 高啓俊(인) 秦元湖(인) 吳元玉(인) 金亨洙(인) 洪子浩(인) 吳熹
鳳(인) 洪在湖(인)

이러한 평의원회는 목장조합의 경상수지 예산을 협의하기 위해 소집
되기도 했다. 1936년 4월 19일에 열린 평의원회는 목장조합 수지예산과
경상수지 내역을 협의, 의결했음을 보여준다.[19) 그러나 당시는 예산안을
심도 있게 논의한 것이라기보다 미리 준비된 예산안을 낭독하고 통과시
키는 수준에 불과했다.

---

19) 명월리 목장조합 평의원회의 협의·의결사항은 다음과 같다.

구분	협의사항
조합규약 변경	규약 변경·조합해산·합병·분할, 규약 위반자 처분
금전관리	조합경비 수지예산, 조합비·기타 요금징수, 기채 발행 방법·이율·상환방법 재산관리방법·기본재산과 적립금 설치·관리·처분, 부동산 취득·처분
종축관리	조합 소유 종축(種畜)의 예탁방법, 조합원 소유 종축 보호·표창 방법
목장시설 설치	목장시설 사업

3. 목장조합의 목장운영

1) 목장조합규약 적용

공동목장조합을 분쟁 없이 운영하기 위해서는 무엇보다 목장조합 규약제정이 필요했다. 각 마을에는 1934년 제주도 당국이 전도적으로 마을공동목장조합 설립을 준비하며 사전에 만들어 하달한 규약이 있었다. 이에 따라 목장조합을 설치하려는 마을에서는 제주도청이 작성한 표준규약을 마을실정에 맞게 일부 수정해 이용했다. 이 과정에서 조합원들의 의사가 일부분 반영되었으며, 조합규약에 따라 공동목장이 운영되었다는 점에서 조합은 비록 외부의 간섭을 받기는 했으나 자치성을 부분적으로 인정할 수 있다. 이 절에서는 제주도내 마을공동목장조합 운영규약의 모태가 되었던 「마을공동목장조합규약」(부록 1 참조)을 토대로 목장조합이 구체적으로 어떻게 운영되었는지에 대해 접근하고자 한다.

목장조합 규약에는 목장조합의 운영목적과 조합원 구성 및 기능이 구체적으로 명시되어 있다.[20] 일제는 전시체제 이전에 만들어진 조합규약을 전시체제에 맞게 변경하라고 요구했다. 이것은 한림면 조합규약 사례를 통해 확인할 수 있다. 당시 한림면장은 1936년 7월 15일 관할 마을공동목장조합장에게 「공동목장조합규약변경방의건」이라는 문서를 발송해 조합설립 초기에 제주도에서 제시했던 공동목장조합 운영규약이 현시대(전시체제)에 맞지 않기 때문에 다시 규약을 개정하라는 제주도사의 통첩을 전달했다. 이에 따라 조선총독부 지시를 받은 제주도사의 요구대로 각 목장조합에서는 운영규약을 전체동원 체제에 맞게 다시 개정할 수밖에 없었다.

목장조합규약은 장 구분 없이 모두 30조로 이루어져 있다. 이 규약에

---

20) 翰林面長, 「共同牧場組合規約變更方ノ件」(1936.7.15).

는 조합명칭, 조합의 관할범위, 조합의 목적과 기능, 개·폐방 기간, 조합비 징수 등을 소상하게 규정하고 있다. 1934년의 목장조합 규약에 따르면, 목장조합에서는 열등한 송우마를 거세하고, 농경능력이 모자란 노폐우(老廢牛)는 제주도농회가 주선한 알선시장에서 처리하도록 했다.

제주도사는 축우가 없는 목장조합원들에게 제주도농회와 금융조합, 산업조합에서 소 구입자금을 융통해 구입하도록 했다. 이러한 조치로 인해 금융조합과 산업조합이 목장조합 소속 축우농가들에게 소 구입 자금을 대출해 줌으로써 이자수입을 올릴 수 있는 길을 열어 주었다. 또한 목장조합원들이 구입한 소를 공동목장에 방목할 경우, 조합에서 1두당 방목비를 받을 수 있어 제주도사의 입장에서 본다면 일거양득의 효과를 얻을 수 있었던 조치였다.

제주도농회의 지도를 받아 상호 공제사업을 하도록 규정했다. 이것은 이 농회가 목장조합에 공급한 알선우(斡旋牛)가 폐사하거나 소를 거세하던 중 문제가 생길 경우 그리고 조합원들의 소가 자연재해를 당하여 손해 볼 경우를 대비하게 한 보험성격의 제도적 장치였다. 목장조합규약 제6조는 목장지 내에 토지를 소유한 조합원들에게 자신의 소유 토지를 목장조합에 제공하도록 규정했다는 점에서 해당 조합원들에게 지극히 불리했던 조항이었다고 평가할 수 있다. 그러나 이 규정은 논란이 많아 실제 마을공동목장조합에서 실효성은 높지 않았다.

한편, 제주도가 각 읍면에 전달했던 조합규약이 마을단위에서 어떻게 수용되었는지를 알아보기 위해 1935년에 한림면 명월리 목장조합규약을 분석하면 다음과 같다.

첫째, 목장조합의 관할구역을 마을 내 초지로 규정한 다음, 원칙적으로 마을주민이면 누구나 가입신청을 통해 조합원이 될 수 있도록 했다. 이것은 공동목장이라는 총유자산에 대한 이용권을 마을주민들로 한정해 부여한다는 의미였다. 예외가 없진 않았으나 원칙적으로 다른 지역 주민들의 공동목장에 대한 접근은 허용되지 않았다. 이러한 조치는 과방목으로 인한 초지의 황폐화를 막아 초지의 지속적 활용을 할 수 있도록 했다.

둘째, 목장조합은 조합원의 우마를 개량·번식시키고, 동시에 목장운영에 필요한 시설을 구축해 조합원의 이익을 증진시키는 것을 목적으로 설립되었다. 이를 위해 조합규약 제4조에 목장 내 방목준비, 목축기반시설 설치, 우량우마 생산을 위한 기능들을 구체적으로 명시했다. 이것은 제주도 전 지역의 마을공동목장조합들이 공통적으로 행한 역할이었다.[21] 공동목장 용지를 매수, 차수(임대) 또는 기부 받아 확보하도록 규정함으로써 제주도사가 제시한 목장용지 확보방법이 조합규약에 그대로 반영되었음을 알 수 있다.

셋째, 목장조합 규약 제5조는 목장 개방기간에 대한 정보를 제공해주고 있다. 명월리 공동목장의 경우, 매년 양력 7월 1일에 조합원들에게 개방되어 9월 5일 경에 문을 닫았다. 방목기간은 초생 상태와 해충발생을 고려해 탄력적으로 조절되었다. 대체로 2개월 동안 공동목장 내에서 우마 방목이 이루어졌으며, 나머지 휴목(休牧) 기간에는 조합장 승인을 받아 공동목장 내에서 일부 조합원들이 농작물을 재배할 수 있었다. 제17조에 따르면, 목장용지에 대한 토지소유권은 유지한 채 일정기간 동안 사용권만 조합에 넘긴 조합원 소유토지의 경우, 조합이 해산될 경우 원소유자에게 반환될 수 있도록 규정한 것이 특징이다.[22]

---

21) 명월리 목장조합 규약에 나타난 목장조합 기능은 다음과 같다.

구분	기능
목장내 방목준비	목장경계 및 구획의 축조·개수(改修), 목초파종·목장림(牧場林) 식재 목장길(牧道) 개수 및 장애물 제거·정리, 목장개간·초질개량·화입(火 入) 제한, 자갈·암석·가시덤불·관목 제거
목장 기반시설 설치	공동목사(牧舍) 및 간시사(看視舍) 설치, 급수(給水) 설비 및 수원(水源) 함양, 급염소(給鹽所)·치료소·해충구제소 설치, 종모우·종모마·번식모우소(所) 설치, 사무소와 매매교환소 설치
우량 우마의 생산	열등 모우마 혼목(混牧) 금지·사양제한·거세 정리 생산품평회·강화(講話)회의 개최

넷째, 조합원은 목장운영에 필요한 노동력을 수시로 제공해야 했으며 조합비를 납부할 의무가 있었다. 목장출역에 불찬시 벌금을 조합에 납부하는 것이 불문율이었다. 1인당 조합비 부담액은 조합에 설치된 평의원회에서 결정했다. 조합설립 당시 조합에 가입하지 않고 차후 가입할 경우, 평의원회에서 찬반을 결정한 다음, 일정 가입금을 조합에 납입한 후에 조합원이 될 수 있었다. 조합원이 비조합원으로부터 공동목장에 우마 방목을 위탁받았을 때 조합장 허가를 받아 일정금액의 입목료를 조합에 납입해야 방목이 허용되었다. 입목료 역시 평의원회에서 결정했으며, 위탁자 또는 수탁조합원으로부터 징수했다.

다섯째, 목장조합은 사료의 개량·조절·해충구제를 위해 목장구역을 2구 이상으로 나누는 윤환방목을 실시했다. 이 방목형태는 제주도뿐만 아니라 전국에 존재했던 목장이용방법이었다. 이것은 목초의 생장단계를 고려한 목축방법으로, 사료의 조절과 해충 구제 외에도 우마들이 방목 중 먹은 목장 내 초지가 자체적으로 회복할 수 있는 시간을 주려는 일종의 '전통지식(傳統知識)'이었다.

한편, 목장조합 운영을 위해 조합별로 조합장 1인, 부조합장 1인, 평의원 7인, 간사 1인, 목감 1인 등 10여명을 두었다. 조합장과 부조합장은 평의원 중 호선했다. 조합장을 제주도사가 임명한 것이 아니라 평의원 중 호선하도록 했다는 점은 마을공동목장조합장 마저 제주도사가 임명할 경우 발생할 수 있는 반발을 사전에 방지하기 위한 조치라 해석된다. 다만, 조합장 선임결과를 제주도사에게 보고하도록 함으로써 결국 제주도사에 협력하는 인물이 조합장으로 선임되도록 하는 분위기를 유도했다. 조합장을 포함한 임원들의 임기는 3년으로 했으나 보결로 선임된 임

---

22) 그러나 최초 작성된 토지양도문서에 사용권만 넘긴다는 것을 구두로 하고 기록을 하지 않은 경우, 그리하여 수 십년 동안 목장조합에 의해 목장용지로 이용된 경우, 더욱이 최초 토지소유자가 사망했을 경우에 목장조합 측과 최초 토지 사용권 제공자 후손 간에 목장토지소유권을 둘러싼 분쟁이 법정으로 비화되기도 했다.

원임기는 전임자의 잔여기간으로 정했다. 조합의 임원은 처음에는 명예
직이었으나 실비를 받을 수 있도록 했다. 조합원들의 의사기구였던 평의
원회에서는 공동목장 조합규약 변경, 금전관리, 종축관리, 목장시설 등
에 대해 조합장과 협의할 수 있었다. 목장조합의 회계연도는 대체로 매
년 4월 1일부터 다음해 3월 3일까지였다. 매년 6월 30일을 기준으로 전
년도의 수지결산, 임차대조표, 재산목록 및 업무상황을 제주농회 한림
분구장에게 보고했으며 그 결과를 조합원들에게 공시해 조합운영의 투
명성을 확보하려고 노력했다.

안덕면 서광리 목장조합에도 설립 당시[23] 목장조합 규약이 남아있다.
이것은 명월리 사례와 같이 제주도청에서 제시한 표준규약을 서광리 실
정에 맞게 일부 수정한 것으로, 그 내용은 명월리 규약과 대동소이하다.
다만, 공동목장 개방 기간이 초생상태, 해충발생 상태 등을 보면서 변경
할 수 있도록 했기 때문에 다소 차이를 보였다. 서광리 공동목장은 명월
공동목장보다 개방시간이 빠르고 폐장시간이 늦었다. 이러한 현상은 서
광서리 목장이 명월리 공동목장에 비해 해발고도가 낮은 곳에 위치해 가
을과 겨울기온이 상대적으로 온난할 뿐만 아니라 마을과의 접근성이 양
호하기 때문일 것이다. 이 목장조합에서도 공동목장에서 사육하는 우마
를 담보로 제주도농회와 금융조합, 산업조합으로부터 목장운영 자금을
빌려 사용했다. 제주도농회의 협조를 받아 열등우마 거세 작업, 축우마
증식 사업 등을 할 것을 규약에 명시했다.

---

23) 서광리 공동목장조합 설립은 마을단위에서 필요한 서류를 구비한 다음 제주도청
에 제출, 제주도사의 승인을 받아야 했다. 서광리에서도 임시로 임명한 공동목장
조합장 李時暎 명의로 1935년(소화10년) 6월 4일 제주도사에게 『共同牧場組合設
立承認申請』 문서를 발송해 안덕면 서광리 공동목장조합설립을 승인해달라고 신
청했다. 이에 제주도사는 1935년 6월 7일 리공동목장조합 설치를 승인했다.

2) 공동목장 공유자원 관리

마을공동목장 용지는 본질적으로 특정 개인의 사유화가 허용되지 않는 토지이면서 조합원 전체가 공동으로 관리하는 총유지였다. 이것은 공동목장을 구성했던 매수지, 차수지, 기부지들이 하나로 통합되어 만들어진 토지였다. 이러한 목장용지 뿐만 아니라 목장조합에서 목장내 공유자원인 초지, 방풍림, 경계용 돌담, 급수장 등을 관리하는 일은 목장조합의 유지와 함께 조합원들의 장기지속적인 목축활동을 보장하기 위한 장치라는 점에서 대단히 중요한 과제였다. 이에 따라 제주지역 마을공동목장조합에서는 다음과 같은 방안들을 적용해 공유자원을 보호했다.

첫째, 조합원들에 한해 공동목장 초지에 대한 배타적 이용권을 인정했다. 원칙적으로 조합원이 아닌 경우 공동목장에 대한 접근을 불허한 것이다. 그러면서도 동일생활권 내의 인근 마을주민들이 조합에 가입해 조합비를 납부하거나 일정금액의 우마 위탁료를 납입할 경우에 한해 공동목장 초지를 공용할 수 있도록 했다. 이것은 비록 제한된 공동목장 용지라 할지라도 초지를 이웃과 공유하려는 전통적 인보정신의 표현이라고 할 수 있다.[24] 이를 통해 목장조합이 행정상의 편제보다는 동일 생활권을 기반으로 조직되었음을 알 수 있다. 이른바 마을연합형 공동목장 출현이 그 사례라 할 수 있다.

둘째, 목장조합에서는 내부 구성원들의 초지 남용을 통제하기 위해 공동규제 장치라 할 수 있는 조합규약을 엄격히 적용했다.[25] 이 규약은 조합원들의 묵시적 합의에 따라 만들어졌다는 점에서 조합원들이면 반

---

24) 조승진 전 노인회장(안덕면 서광서리, 73세, 2011년 6월 12일, 서광리 노인회관)에 따르면, 서광리 공동목장 옆에 있었던 저지리 공동목장은 우마의 먹이인 풀들이 좋지 않자 저지리 목장조합 조합원들이 서광리 목장조합에 위탁료를 내고 우마를 방목했던 사례가 있었다.

25) 윤순진, 「옛날에 공유지를 어떻게 이용했을까?」, 이도원 엮음, 『한국의 전통생태학』, 사이언스 북스, 2004, 136쪽.

드시 준수해야 하는 규범이었다. 그 동안 목장조합 규약에 의한 초지관리가 이루어진 결과 현재까지도 공동목장이 유지될 수 있었다.

셋째, 조합장은 조합규약 및 평의원회의 결의를 준수하지 않은 조합원에게 과징금을 부과하거나 더 나아가 목장조합 평의원회의 결의를 통해 제명할 수 있도록 했다. 제주도사는 제명처분을 받은 조합원이 생길 경우, 해당 당사자의 주소, 성씨 및 제명처분 전말을 관할 읍면장에게 보고하도록 했다. 일단 제명처분을 받으면 2년이 경과할 때까지 조합원 자격이 정지되었다. 따라서 제명조치는 규약위반자를 공동목장 초지이용권에서 배제하는 가장 강력한 최후의 제재장치였다.[26] 일제시기 목장조합에서는 이 규약을 모든 조합원들에게 적용함으로써 조합의 안정적인 운영과 함께 목장용지 내 공유자원을 지속적으로 관리할 수 있도록 했다.

넷째, 조합원들에게 공동목장 공식 개방 일을 엄수하도록 했다. 이것은 공동목장 공유자원인 초지이용에 있어 조합원간 평등권을 실현하려는 장치의 하나로, 조합원들로 하여금 조합에서 정한 일정한 날짜에 맞추어 동시에 우마를 방목하도록 했다. 만일 공동목장 출입문을 개방하기 전에 미리 우마를 방목시킨 조합원들은 지역사회에서 비난의 대상이 되거나 상습적으로 위반한 조합원에게는 과징금이 부과되기도 했다. 방목 시작일은 각 목장의 초생상태와 해충발생 등 제반여건을 고려해 탄력적으로 정해졌다.

다섯째, 목장 내 농경지 개간과 '방앳불' 놓기(화입)를 제한했다. 농경지 개간과 방앳불 놓기는 모두 공동목장 내 식생환경에 위협을 가하는 일이었기 때문에 만일 이에 대한 적절한 규제 장치가 없을 경우, 초지감

---

26) 한림면 명월리 목장조합에서도 1943년 1월 5일 열린 총회에서 해당 조합원이 부정방목하여 규정을 어긴 경우에 대해 제명조치를 하기로 가결했다. 이것은 공동목장이 공식적으로 개방되기 전에 미리 방목해 버리는 조합원이 발생함에 취해진 조치라 할 수 있다.

소를 가져와 공동목장 존립기반을 위협할 수 있었기 때문이다. 이에 따라 공동목장 내에서의 방앳불 놓기는 연 1회, 새 풀이 돋아나기 전인 2~3월에 필요하다고 판단될 경우에 한해 실시했다.

여섯째, 윤환방목을 실시했다. 이것은 공동목장을 몇 개의 목구(牧區)로 구분한 다음 초생 상태에 따라 일정한 순서에 따라 이동하며 방목하는 방법이다. 가축의 종류 및 사육 수에 따라 방목일수와 목구의 수와 넓이가 정해했다. 방목하는 가축 종류에 따라 암소 방목장, 수소 방목장, 말 방목장 등으로 구획하기도 했다.[27)

다음은 일제시기 제주읍 해안공동목장에서 행해겼던 윤환방목을 토대로 1970년대에 다시 목장조합을 부활시키며 했던 윤환방목용 목장구획 모식도이다(그림 21).[28)

여기에는 각 목구마다 구분하기 쉽게 '진행이통', '막뒤술통'이라는 명칭을 붙였다. 그림에서 A, B 지역에 방목할 때는 <목감집 1>에서 임시 기거하며 초지와 우마를 관리했다. C, D에서 방목 시에는 <목감집

---

27) 고광민, 「牝牛와 牡牛-起耕牛를 중심으로-」,『제주어와 제주민속의 변화 그리고 보존』, 제주특별자치도·국립민속박물관, 264~269쪽 : 한경면 저지리 사람들은 공동목장에서 암소와 수소를 개별적으로 사육했다. 이 마을의 암소와 수소는 입하(음력 5월6일)에서부터 동지(음력 11월10일)까지 공동목장에서 방목하였다. 중문면 상예리의 경우 기경우(起耕牛)인 암소, 거세한 수소 그리고 생후 1년 이하의 수소는 공동목장에서 사육하였다. 암소들이 공동목장에 있는 동안 생식행동이 이루어져야 하므로 암소주인들은 돈을 모아 거세하지 않은 수소인 '부사리'를 임대해 공동목장 안에 풀어놓는다. 이 마을의 수소는 여름동안 이웃마을인 중문리 공동목장에 위탁 사육하는 경우가 많았다. 따라서 상예리 마을은 암소와 수소의 방목목장이 따로 구분되었다. 제주읍 아라리 공동목장은 암소와 수소의 방목지가 서로 달랐다. 암소전용의 공동목장을 두고 '암쉐통' 그리고 수소전용의 공동목장을 '부렝이통'이라고 했다. 암소 공동목장은 목감을 선정하여 간목(看牧)하였다. 수소 공동목장은 우주(牛主)들이 돌아가며 하루씩 간목했다. 근무교대는 아침에 이루어졌다. 공동목장에서는 암소와 수소의 방목을 구분하는 사례가 많다. 애월읍 납읍리, (구)중문면 중문리 등에서도 공동목장에서 암소와 수소를 분리하여 방목하고 있다.

28) 강석진씨(80세, 제주시 해안동) 면담 자료(2010년 2월 17일).

2>에서 관리했다. 윤환방목은 곧 A↔B, C↔D 형태로 진행되었다. 윤
환방목은 초지를 효과적으로 이용할 수 있었다는 점에서 대부분의 마을
공동목장에서 이루어진 대표적인 방목양식이었다. A와 B 그리고 C와 D
사이에는 돌담을 쌓아 경계선으로 활용했다. 이러한 윤환방목은 제주도
대부분의 마을공동목장과 한반도 일부 지역에도 존재가 확인되었다.

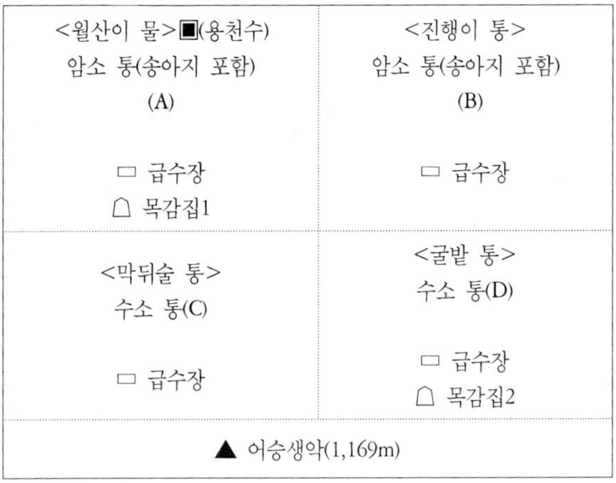

그림 21. 해안리 공동목장 구획정리 및 윤환방목 모식도

일곱째, 조합장은 필요한 경우, 공동목장에서 우마사육을 전담했던
목감과는 별도로 목장 감시인을 두었다. 이들은 목장내 초지와 방풍림
등의 공유자원과 비조합원에 의한 무단방목을 감시했다. 안덕면 서광리
목장조합에서는 목장내 방풍림을 보호하기 위해 각 동별로 간호감(看護
監)을 선정해 공동목장에 투입했던 사례가 있다.[29) 방풍림은 중산간 목
장지대에서 바람으로 인해 발생하는 피해를 최소화하기 위해 공동목장
내에 식재한 것이다. 방풍림 훼손은 우마 방목 및 초지생육에 심각한 환

---

29) 안덕면 서광리 목장조합, 「西廣里四洞 共同牧場組合會」(1936년 閏 3월 12일).

경적 위협을 야기했다는 점에서 공동목장조합을 구성하는 4개 동별로
책임자를 선정해 돌아가면서 목장 내 방풍림을 감시하도록 했다. 방풍림
도벌자가 적발될 때는 즉시 조합장에게 신고한 다음, 벌금 1엔과 함께
훔쳐간 나무 1개당 2전씩 추가로 징수했다. 이러한 목장 감시인과 간호
감은 조합원 중에서 선발되어 공동목장 내 공유자원을 보호, 감시하는
역할을 했다.[30]

3) 공동목장의 목축시설

마을공동목장에는 우마 방목을 위한 목축시설들이 필요했다. 목장 내
넓은 초지 공간에 만들어진 급수장·간시사·가축수용사·경계 돌담 등은
공동목장을 구성하는 대표적인 목축경관(牧畜景觀) 요소였다. 목장조합
규약에 따라 목장 내에 구비해야 하는 축산기반 시설물 가운데[31] 필수
적인 목축시설은 급수장이었다. 이것은 바람을 막아줄 수 있는 일정 공

---

30) 엘리너 오스트롬 지음, 윤홍근·안도경 옮김, 『공유의 비극을 넘어』, 랜덤하우스,
2010, 179쪽. 이 책에는 1986년 McKean.M.A가 연구한 일본의 전통적 공유지 이
용방식에 대한 사례연구가 실려 있다. 이에 의하면, 일본에서 수세기 동안 마을단
위로 유지되어 온 공유지의 이용방식 특히 감시장치, 제재활동 내용 등이 제시되어
있다. 이를 통해 제주도 목장조합의 공유지 관리방식과 일본의 그것에는 유사성이
많음을 알 수 있다. 이것은 목장조합제도가 일본에서 제주도로 이식되었다는 사실
을 반영한 현상으로 판단되나 일본과 제주도의 공유지 이용 방식에 대한 구체적인
비교는 추후의 연구과제로 남긴다.
31) 목장조합규약에 나타난 축산 증식을 위한 기반시설과 제도적 장치들은 다음과 같다.

구분	목축지원 시설 및 제도
목장내 방목환경 조성	○ 목장 경계돌담·구획축조, 목장림 식재, 목도 개수, 장애물(고사리) 제거, 목장개간 및 화입제한
목장내 시설 설치	○ 추입공동목사(追込共同牧舍)·간시소·급수장 설치, 수원함양지, 급염소·치료소·해충구제('부구리통') 설치, 사무소·매매교환소 설비, 목초 공동저장고
우마 개량·증식장치	○ 종모우·종모마 번식모우 설치, 열등모우마 혼목금지와 사양제한 ○ 전환방목 실시, 열등모우마 거세정리 장려, 생산품평회, 강화회 개최

간에 인공적으로 축조한 물통이다. 공동목장이 위치한 중산간 지대가 대부분 틈(절리)이 발달된 현무암층으로 되어 빗물의 지하침투가 용이하기 때문에 빗물 저장용 시설이 필요했다.[32] 급수장 공사를 위해 조합원들이 출역했다.[33] 이러한 사례는 1934년 8월 30일 제주읍 봉개 마을 구장이었던 임원명이 제주읍장에게 보낸 「우마식수지소굴골보고서(牛馬食水池所掘掅報告書)」를 통해 확인할 수 있다. 이 문서를 통해 1934년 9월 2일 조합원들이 식수지를 굴착해 급수장을 설치했음을 알 수 있다.

간시사(看視舍)는 우마방목 상태를 관찰하기 위해 만들어진 가옥이다.[34] 규모가 큰 목장일 경우, 2~3개의 간시사가 세워지기도 했다. 가축수용사는 비바람을 피해 우마를 수용하는 축사였다. 이를 조선시대에는 '피우가'(避雨家)라 했다. 이것은 방목기간 중 태풍과 장마전선에 의해 발생하는 집중호우로 우마가 당하는 피해를 예방하기 위해 필요한 시설이었다. 급염소는 소금을 공급하기 위한 장소로,[35] 이곳에 소금덩어리를 비치해 가축들이 먹을 수 있도록 했다.

---

32) 제주도, 『제주도 근대문화유산 조사 및 목록화 보고서』, 2003, 84쪽. 급수장의 사례로 애월면 장전리 공동목장에는 1932년 마을공동목장 내에서 마소 등 가축의 급수시설로 설치한 '괸물통' 급수장이 현재도 남아있다. 급수장은 조선시대 중산간 지대 국마장이었던 십소장 곳곳에도 존재하여 1770년대에 제작된 「제주삼읍도총지도」에 못(池)이라고 표기되었다.

33) 1939년 4월 안덕면 서광리 김영아씨가 이 마을공동목장 내 1419번지에 가축급수장을 설치하자 목장조합원들이 공덕비를 세웠다. 당시 건립했던 공덕비가 파손되어 현재는 서광서리 마을회관 마당 서쪽에 1990년 9월에 공덕비를 다시 세웠다. 이것은 공동목장조합 설립과 관련해 세워진 비석이라는 점에서 가치가 있다.

34) 간시소 또는 간시사는 일본식 용어로 실제 제주도 마을공동목장에서는 '목감집'으로 불린다. 서귀포시 표선면 가시리 공동목장 내에는 2개의 목감 집이 있었으나 현재는 1980년대에 신축한 벽돌집이 간시사를 대신하고 있다.

35) 가축에게도 소금이 중요하다. 소금은 균이나 미생물이 몸 안에 번식하는 것을 막아주고, 물에 잘 녹아 인체에 흡수됐을 때 몸에 좋은 것은 빨리 흡수시키고 해로운 것은 제거해주는 역할을 한다. 따라서 공동목장에 방목하는 우마에게 소금을 따로 준비하여 공급해야 할 필요가 있었다.

마을공동목장에서도 조선시대 국마장 잣성(牆垣)처럼 조합원들을 동원해 목장 외곽경계 및 목장 내부에 돌담을 쌓았다.[36] 이렇게 축조한 돌담에 대해 해마다 음력 2월경을 전후하여 출역해 개보수했다. 한림면 저지리 공동목장조합에서는 목장 경계돌담 수축을 위해 연인원 2,000명을 동원했다. 이 공동목장 내에 남아있는 경계용 돌담은 이웃한 상명리 공동목장과의 경계선으로, 현지주민들은 길다는 의미에서 '장담'이라고 부른다. 이러한 경계돌담 수축행사는 해마다 이루어진 연례행사였으며, 조합원 1가구당 1명씩 참여해 이루어지는 공동작업이었다.

마을공동목장 내에서도 식림사업이 이루어져 물을 얻기 위한 수원림(水源林)과 바람막이용 방풍림 등 목장림이 조성되었다. 또한 양질의 목초확보를 위해 목장 내에 싸리·자골·귀리 등을 파종했다. 흡혈성 해충인 진드기를 구제하기 위한 '부구리통'도 목장 내에 만들어졌다. 이밖에 목초 공동저장고와 가축 매매교환소가 공동목장 내외에 세워졌으며, 공동목장에서 품질 좋은 소 생산을 장려하기 위해 생산품평회, 강화회(講話會)가 열리기도 했다.

〈표 41〉 남원면 마을공동목장 목축시설(1943)

| 공동목장 | 소재지 | 지목 | 지번 | 소유자 | | 목축시설 |
				주소	성명	
신흥리	신흥리	산	35	신흥리	김기훈 외 1인	피서림
			36		김두협 외 1인	피서림
			41		오려진	피서림
			61		김봉주 외 1인	피서림
			72		김봉춘	피서림
			59-2		전창□	급수장

36) 한경면 청수리 공동목장과 저지리 공동목장 내에 목장 외곽경계에 돌담이 축조되어 있다. 목장경계 돌담이 축조됨으로 해서 공동목장에 방목하는 우마들이 다른 지역으로 넘어가 버리는 문제를 예방할 수 있었다.

			43		정성륜	피서림
			52		김병주	천연 급수장
			47		김세인 외 5인	경작용
의귀리	한남리	산	85	의귀리	양기혁 외 1인	피서림
			84		면유지	급수장
	수망리		158-1	수망리	김□진	급수장 既設地 감시사
			158-2	의귀리	오승윤 외 1인	피서림 기설지
수망리	수망리	산	182		수망리 리유지	기설목장 급수장, 피서림
한남·남원	한남리	산	7	한남리	현우정	문도일 경작
		산	8		고임일	김□□경작
		전	1624		고일백	경작
		산	5-1	한남리	한남리 리유지	기설 급수장
			76	한남리	한남리 리유지	감시사, 천연급수장
신례리	신례리	산	61	신례리	오□□	피서림
			22		오학용	피서림
			13		양성진	피서림
			12		정기언 외 16인	급수장
			11		양성오	감시사
			33		양성하	피서림
			80		양성흠	급수장

자료 : 南元面共同牧場組合聯合會長, 「共同牧場地利用常況調査ニ關スル件」(1943.9.29)의
내용을 발췌하여 정리함.

목축시설들의 구체적인 존재 모습은 남원면 목장조합 문서를 통해 확인된다(표 41).

이 자료에는 공동목장 내 목축시설의 위치가 구체적으로 명시되어 있다. 여기에는 더위를 피하기 위한 피서림(避暑林)[37]과 인공으로 만든 우마용 급수장 및 천연 급수장 등이 있었다.[38] 공동목장 내에는 농경이 일

[37] 공동목장 내에는 방목우마들에게 그늘을 만들어주기 위해 피서림이 만들어졌다. 일제강점기 제주도에는 해송과 상수리 나무가 주된 조림수종이었다는 점을 감안할 때(제주도, 『제주도지』 제4권, 2006, 365쪽) 목장지역에도 침엽수인 해송과 활엽수인 상수리 나무가 식재되었을 가능성이 있다. 소나무도 집단적으로 식재될 경우 충분히 더위를 피할 수 있는 피서림이 될 수 있다.
[38] 천연급수장은 인공적으로 만든 물통이 아니라 비올 때 빗물이 저장되어 만들어진

시적으로 허가된 경작지도 존재했다. 또한 우마 방목상태를 살펴보기 위한 감시사(수망리·한남리·신례리)가 기재되어 있으며, 건초용 '꼴(촐)'이 자라는 청초지(靑草地)와 피서림 12곳, 급수장 8개, 경작지 4곳, 감시사 3동 등 총 27개의 목축시설 등이 확인된다.

물통을 의미한다. 비올 때 물이 고이는 습지에 해당된다.

제5장

목장조합의 변동과
재정실태

1. 일제말기 제주지역 목장조합의 변동

마을공동목장조합은 설립이후 10여년 동안 운영되면서 통폐합과 명칭변경을 경험했다. 일제말기 목장조합의 구체적인 변동모습은 조선총독부가 국민총력운동(國民總力運動)[1]을 전국적으로 전개하며 각종 농축산 조직에 대한 실태점검을 지시하는 과정에서 작성된『濟州島共同牧場關係綴』(1943)에서 일부 확인된다. 이 문서는 제주도사가 각 읍면에「공동목장지 이용상황 조사에 관한 건」이라는 문서를 발송해 목장조합 이용실태를 점검해 보고하도록 한 후 수합해 만들어진 것으로, 이 절에서는 여기에 나타난 일제말기 목장조합의 변동모습과 함께 목장조합 설립 후 지역사회에 나타난 변화에 대해 논의하고자 한다.

첫째, 일제말기(1937~1945)에 이르러 목장조합들은 재편성 과정을 거쳤다. 실례로 제주읍 관내에는 1930년대 초 13개 목장조합이 운영되었으나 1943년에는 6개 목장조합이 감소해 9개 목장조합만이 유지되었다. 제주읍 해안·오라·아라리 공동목장조합만 독자적으로 운영되었을 뿐, 노형·연동·도남·영평·월평·용강·봉개·회천·화북 공동목장조합은 재편성 과정을 거치면서 축소되거나 소멸되는 길을 걸었다. 이러한 현상은 1940년대초 제주읍 관내 공동목장에서 방목하는 우마수가 1930년대 초

---

1) 이것은 일제가 1937년 중일전쟁을 일으킨 후 내선일체·황국신민화 등을 명분으로 조선인을 전쟁으로 끌어내기 위해 추진한 운동이며, 이에 대해서는『朝鮮に於ける 國民總力運動史』(森田芳夫, 1945)가 참조된다.

에 비해 감소되었거나, 일제말기에 이르러 제주읍의 축산인구가 감소되어 목장조합 운영이 과거에 비해 상대적으로 부실해졌다는 상황을 반영한다.

반면, 한영·화영·영남목장이 새롭게 등장했다. 이 중 한영목장은 통폐합이 이루어진 사례에 해당되며, 기존에 있던 회천·봉개·용강·월평 공동목장을 하나로 통합해 재조직된 것이다. 이를 통폐합된 목장들이 위치한 마을들은 모두 제주읍 중산간 마을로, 동일 생활권을 이루고 있어 하나로 통합하는 것이 가능했다. 영남목장은 노형 1·2구와 연동리 조합원들이 모여 만든 목장으로, 1931년에 설립된 제주도 최초 마을공동목장조합인 연동리 공동목장조합도 영남목장조합에 통합되었다.[2] 여기서 영남(瀛南)이라는 명칭은 이 목장이 '영봉한라산(靈峰漢拏山)' 남쪽에 위치해 붙여진 것으로, 연동목장조합에서 노형리 주민들을 신규조합원으로 포함시키면서 명칭을 일시 바꾼 것이다. 1938년 3월 이 마을 내 삼동동(三童洞)에 있던 도가(都家, 마을회관)를 마을의 중심부인 도호동(道好洞)으로 이건(移建)할 때 부족한 재원을 노형리 신규 조합원들의 회비로 충당하기로 결의하면서 연동과 노형동이 함께하는 영남목장조합이 탄생한 것이다. 화영, 아라, 오라, 영남, 해안, 이호 공동목장조합의 경우, 임야주의 대부분이 읍내의 권력자들이었다. 이들이 목장 내 임야를 소유했다는 것은 토지조사사업 직후 이루어진 토지사정 과정에 개입했다는 것을 시사한다.

둘째, <표 42>에서와 같이 동일한 마을이라도 이용하는 공동목장이 달라지는 사례가 있었다. 영평 마을의 경우, 윗마을은 화영목장, 아랫마을은 한영목장을 이용했다. 또한 화북1구 조합원들은 한영목장, 화북2구 조합원들은 화영목장 그리고 아라1구 남쪽 마을은 아라리 공동목장, 아라리 1구 북쪽 마을은 오등리 공동목장을 이용했다. 이러한 현상은 방목

---

2) 연화친목회, 『연동향토사』, 1986, 176쪽.

지와 마을 간 거리 그리고 마을간 지속적으로 이어 온 역사·문화적 접촉과 생활권 중심으로 방목지가 분리된 결과라 할 수 있다.

셋째, 제주읍의 경우, 대부분의 목장에서 두 개 이상의 마을이 하나의 공동목장을 구성했다. 제주읍이 제주도의 중심지로 제주도내 타 지역에 비해 도시화, 상업화 현상이 상대적으로 일찍 나타나면서 축산업 비중이 낮아진 결과 2개 마을 이상이 하나의 목장조합을 구성한 것으로 보인다. 반면 애월면, 한림면, 구좌면은 1개 마을이 1개 목장조합을 형성하는 경우가 많았다는 점에서 제주읍과는 대조를 보였다. 이들 지역은 대부분 농촌지역으로 축우수가 많았기 때문에 1940년대 초까지도 1마을 1목장이 유지될 수 있었다. 조천면 지역의 경우, 9개 마을이 통합해 3개 목장조합을 구성하고 있는 것이 특징이다. 설립당시에는 하나의 면공동목장으로 출발했으나 3개의 목장으로 분화된 것이다. 즉 조천면 지역에서는 1931년에 만들어진 대흘리 공동목장조합을 제외하고 조천면 서부지역이 제1구 목장, 동부지역이 제2구 목장으로 통합되어 편성되었으며, 이후 제1구 목장과 제2구 목장을 합해 조천면 공동목장이 되었다. 일제시기 조천면 관내에서 가장 먼저 설립된 대흘리 공동목장조합에서는 당시 신좌면(조천면)이 추진하던 면공동목장조합 설립정책에 목장용지를 내어 줄 수 없다고 주장하며 불참했다.

〈표 42〉 제주도 마을공동목장조합 이용 상황(1943)

| 읍면 | 공동목장명 | 이용상황 | | 읍면 | 공동목장명 | 이용상황 | |
		공동사용 마을	조합원수			공동사용 마을	조합원수
제주읍	삼양리	삼양리 1·2구, 도련리 2구	210	한림면	옹포	옹포 전 마을	89
	한영	월평, 용강, 봉개, 회천, 도련 1구, 화북 1구, 영평하동	570		귀덕	귀덕 전 마을	269

	화영	영평상동, 화북 2구	170		명월	명월 전 마을	133
	아라리	아라 1구 남쪽 마을, 아라 2구	140		상명	상명 전 마을	109
	오등리	오등, 도남, 이도 2구, 아라1구 북쪽 마을	230		대림	대림리 전 마을	110
	오라리	오라리 1·2구, 용담 2구	380		저지	저지 1·2구	292
	영남	노형1·2구, 연동리	470		동명	동명 전 마을	120
	해안	-	-		금악	금악 전 마을	161
	이호	-	-		낙천	낙천 전 마을	73
	계(9)		2,170		고산	고산리 1·2·3·4구	228
	애월리	애월리	121		용수	용수리 1·2구	106
	어도리	어도리, 곽지·금성	575		청수	청수리 1·2구	201
	어음리	어음리	199		계(15)		2,692
	납읍리	납읍	266	조천면	제1구 목장	신촌, 조천, 와흘, 교래리	543
	상가리	상가리	156		제2구 목장	신흥, 함덕, 북촌, 선흘, 와산리	626
	소길리	소길리	72		대흘목장	대흘리	107
	장전리	장전리	131		계(3)		1,276
애월면	금덕리	금덕리	175		동복리	동복리	85
	광령리	광령리	305		서김녕리	서김녕리	140
	고성리	고성리	67		동김녕리	동김녕리	136
	상귀리	상귀리	103		월정리	월정리	160
	하귀리 味永洞	하귀리 미영동	64		행원리	행원리	141
	수산리	수산리	181		덕천리	덕천리	91
	신엄리	신엄1구	92	구좌면	송당리	송당리, 덕천리	210
	신엄리 松浪洞	신엄리 송랑동	18		한동리	한동리	203
	원동	소길리 원동	20		평대리	평대리	237
	계(16)		2,545		세화리	세화리	191
한림면	한림	한림 전 마을	136		상도리	상도리	92
	상대	상대 전 마을	57		하도리	하도리	242
	금월	금릉, 월령리, 국유	228		종달리	종달리	215
					계(13)		2,143
대정면	상모리	상모리	240	남원면	수망리	수망리	73
	인성리	인성리	73		한남·남원	한남·남원	209
	보성리	보성리	70		위미 1구	위미1구	133

면			수
	안성·구억	안성·구억	116
	신평리	신평리	107
	무릉리	무릉리	213
	영락리	영락리	117
	일과리	일과리	115
	동일리	동일리	123
	계(9)		1,174
중문면	강정리1구	강정리 1구	68
	강정리2구	강정리 2구	81
	영남리	영남리	65
	도순리	도순리	140
	하원리	하원리	200
	회수리	회수리	87
	대포리	대포리	201
	중문리	중문 1·2구	260
	색달리	색달리	120
	상예 1구	상예 1구	170
	상예 2구	상예 2구	105
	하예리	하예리	186
	계(12)		1,683
서귀면	서호리	서호, 호근리, 법환 일부분	124
	서홍리	서홍리	117
	동홍리	동홍리	105
	토평리	토평리	144
	상효리	상효리	90
	신효리	신효리, 하효리	160
	계(6)		740
남원면	신흥리	신흥리	148
	태흥리	태흥리	82
	의귀리	의귀리 1구	133
	의귀리	의귀리 2구	52

면			수
	위미 2구	위미2구	168
	신례리	신례리	191
	하례리	하례리	114
	계(9)		1,303
표선면	표선리	표선리	190
	하천리	하천리	90
	성읍리	성읍리	250
	가시리	가시리	230
	세화리	세화리	140
	토산리	토산리	100
	계(6)	계(6)	1,000
성산면	시흥리	시흥리	23
	신산리	신산리	175
	난산리	난산리	179
	수산리	수산리	251
	고성리	고성리	407
	오조리	오조리	149
	삼달리	삼달리	136
	신풍리	신풍리	141
	신천리	신천리	-
	계(9)		1,461
안덕면	화순리	화순리	160
	사계리	사계리	206
	덕수리	덕수리	149
	서광 1구	서광 1구	100
	서광 2구	서광 2구	98
	동광리	동광리	114
	상천리	상천리	47
	감산리	감산리	114
	창천·상창	창천·상창	203
	광평리	광평리	34
	계(10)		1,225

자료 : 제주특별자치도청, 『濟州島共同牧場關係綴』(1943)에서 발췌해 정리함.

넷째, 제주읍 관내 목장조합은 통폐합 과정을 거치며 수가 감소되었지만 전시체제가 극에 달한 1943년에 제주도내 목장조합 수가 모두 123개로 나타나『제주도세요람』(1937)의 116개에 비해 오히려 7개가 증설되었다. 그러나 123개 목장조합 중에는 이름만 존재했던 조합들도 있었음을 감안한다면 공동목장 수가 116개에서 123개로 증가한 것은 양적 증가에 불과할 뿐 실질적으로 큰 의미가 없다. 마을이 1, 2구로 분리되면서 목장조합도 2개로 분할되는 현상도 나타났다. 중문면 강정리 1구·2구 목장조합, 중문면 상예 1구·2구 목장조합, 안덕면 서광 1구·2구 목장조합이 그 사례이다.

다섯째, 목장조합은 일본군이 1945년 4월부터 8월까지 제주지역에 주둔함에 따라 타격을 받기 시작했다. 이 기간 동안에 일본군 약 75,000명이 해안과 중산간 목장지대의 오름(측화산) 주변에 주둔했으며, 더욱이 공동목장 내 우마들이 일본군에 공출되는 상황 속에서 목장조합이 제대로 운영될 수 없었다. 그 결과 목장조합의 기능이 약화됨으로써 일제 말기부터 이미 목장조합이 해체되는 징후들이 나타나기 시작했다.[3]

여섯째, 일제시기 동안 목장조합이 운영되면서 조합원들은 새로운 사회적 지위를 경험할 수 있었다. 목장조합이 마을단위에서 작동함에 따라

---

3) 1943년에 운영된 110여개 목장조합들은 해방이후 점차 해산되기 시작했다. 그 결과 2010년 12월말 현재 제주지역 마을공동목장조합 수는 65개에 불과해 1943년에 비해 50%이상 해산되었음을 알 수 있다. 2005년 제주도청이 실시한「2005 마을공동목장실태조사(총괄)」에 의하면, (구)제주시 5개소, (구)서귀포시 7개소, (구)북제주군 37개소, (구)남제주군 21개소로 모두 70개가 있었다(2005년 12월 현재). 그러나 2010년에는 5개 목장조합이 해산되어 아래와 같이 65개만 남아있다. 이처럼 공동목장조합이 해체되는 현상은 제주 4·3사건에 따른 지역사회의 균열,「지방자치에 관한 임시조치법」과「임야소유권 이전등기특별법」에 의한 소유권 혼란, 관광개발과 골프장 건설 등에 영향을 받은 것으로 보인다(윤순진, 앞의 글, 2006, 45~87쪽). 사실상 65개 목장조합 중에는 해방이후 재조직된 목장들이 있기 때문에 일제시기에 형성되어 현재까지 명맥을 이어오는 목장조합의 수는 50여개에 불과하다.

조합원들은 조합장, 부조합장, 평의원회 위원, 간사, 재무, 목감 등에 임명되어 새로운 사회적 지위와 그에 따른 역할을 경험했다. 일제말기 목장조합이 100여개였음을 감안할 때 1개 조합당 임원 수를 10명이라고 해도 무려 1,000명이 목장조합 운영에 참여했다고 판단된다. 일제 식민지 당국의 입장에서는 이 조합 역원들을 조선총독부의 축산정책과 식민통치에 적극 협력하도록 유도하여 일거양득의 효과를 얻을 수 있었다.

일곱째, 목장조합이 설립되면서 제주도민들은 밭갈이와 진압농법에 필요한 우마를 공동목장에 안정적으로 방목할 수 있었다. 토양의 비옥도가 낮은 제주지역에서 농업은 농경과 가축사육을 병행하는 유축농업이 필수적이었다. 또한 농작물 파종 직전에 잡초와 자갈이 섞여있는 밭을 갈기 위해서는 힘이 강한 소('밭갈쇠'[4])가 필요했다. 더욱이 바람에 쉽게

〈2010년 제주도 목장조합 현황〉

지역별	개소	공동목장명
제주동지역	5	회천동, 봉개동, 용강동, 오등동, 아라동
서귀동지역	6	하원, 색달, 중문작목반, 도순, 대포, 회수
애월읍	12	삼리, 납읍, 어음1, 어음2, 상가, 소길, 장전, 유수암, 상귀, 고성, 광령1, 광령2
한림읍	3	금당, 상명, 대림
구좌읍	13	동복, 김녕, 상덕천, 한동, 평대, 송당 아부오름, 송당 상동, 송당 하동, 송당 성불아, 세화, 상도, 하도, 종달
조천읍	5	교래, 대흘2리, 선흘2리, 조천관광목장, 와흘 한우영농조합
한경면	3	청수, 저지, 산양,
남원읍	7	신례, 위미1, 위미2, 의귀, 수망, 남원·한남, 신흥2
성산읍	4	수산, 신산, 삼달, 신풍
안덕면	1	서광서
표선면	6	성읍1영주, 성읍1서, 성읍2, 가시, 토산, 세화
합계	59	

자료 : 제주특별자치도 축정과, 「정보공개청구에 따른 답변자료」(문서번호 축정과-6926, 2010. 06.18).

4) 오인배씨 면담자료(70세, 2009년 5월 20일 13시, 구좌읍 세화리 762번지). 밭을 갈 때 이용하는 소를 '밭갈쇠'라 했다. 제주지역 집집마다 '쇠막'에는 밭갈쇠 1~2마리 정도가 있었다. 밭갈이에 말보다 소를 이용했다. 소가 인내심이 강하고 힘도 세기 때문이다. 습윤한 기후환경으로 인해 제주지역은 타 지역에 비해 잡초가 많

날려버리는 제주도의 토양 특성상 파종한 씨앗이 정상적으로 발아될 수 있도록 하기 위해서는 가축을 이용해 토양을 밟아주는 진압농법이 필요했다. 이러한 상황에서 방목장소인 공동목장이 운영됨으로써 농경과 목축이 지속적으로 이루어질 수 있었다.

여덟째, 목장조합이 운영되면서 마을단위 공동방목 공간이 재조정되어 목축공간이 새롭게 확정될 수 있었다. 일제는 마을마다 공동목장조합을 설립하도록 한 후 목장간 경계선을 만들어 정해진 공간에서 우마를 기르라고 지시했다. 이에 따라 각 공동목장에는 목감집(간시사), 급수장, 경계돌담 등이 축조되거나 수원림과 방풍림이 식재되면서 목장 내 경관 변화가 나타났다. 그러나 이러한 목축시설이 구비된 공동목장은 목장이용료인 조합비를 납부한 조합원들만이 이용할 수 있었다. 그 결과 조합비를 낼 수 없었던 주민들은 공동목장 이용에서 배제되고 말았다. 목장조합이 조직되기 이전에 목축민들은 관습에 따라 무료로 방목할 수 있었으나 일제강점 후에는 목장조합에 가입하여 조합비를 납부해야만 방목할 수 있는 처지로 전락해 버린 것이다.

2. 목장조합의 재정구조

마을공동목장조합이 실시한 구체적인 목축활동의 결과는 1년 단위로 편성되는 목장조합의 수입과 지출 즉 재정구조를 통해 알 수 있다. 또한 재정상태에 대한 분석을 통해 공동목장을 대상으로 이루어지는 조합원의 일상적 모습과 목장조합을 둘러싼 권력관계인 목장조합과 제주도농회, 읍면사무소 등과의 상호작용을 구체적으로 알 수 있다.

아 그 뿌리 때문에 밭갈이가 힘들어 소를 이용한 것이다.

이 절에서는 목장조합의 재정운영 실태를 파악하기 위해 마을단위 목장조합에서 이루어진 예산안 편성·승인 및 결산 내역을 미시적으로 분석했다. 또한 목장조합의 예산편성과 결산과정에 개입한 읍면공동목장조합연합회, 읍면사무소, 제주도농회의 역할에 주목했다. 이를 위해 일제시기 한림면 명월리 목장조합의 「경비징수방법규정」, 「수지예산승인신청자료」, 「소화 11·12년도 수지예산(수입)」, 「소화 11·12년도 수지예산(지출)」, 「현금출납부」(1935~1945) 그리고 서광리 목장조합의 「현금출납부」(1936~1938), 「소화 12년도 목장조합예산서」, 「초평세정리부」를 주된 분석자료로 활용했다.

마을공동목장조합은 1년 동안 사용할 예산을 어떻게 확보했으며 주요 재원은 무엇이었을까? 목장조합의 재정실태를 세입과 세출부문으로 구분해 검토한 결과, 세입부문은 부과금, 기부금, 부역비, 위탁료, 재산수입 등으로 구성되었음을 확인했다(표 43). 이 중 가장 큰 비중을 차지한 항목은 부과금으로, 여기에는 조합원할(1인당 조합비)과 두수할(우마 1두당 입목료)로 이루어진 조합비가 대표적이었다.

조합비는 제주도내 모든 조합원들에게 동일하게 부과되었다. 조합비 납부는 모든 조합원들이 조합규약에 근거해 준수해야 하는 의무사항이었다. 1인당·1두당 조합비 부담액은 원칙적으로 해당 목장조합 평의원회에서 결정했다. 조합비가 마을마다 차이를 보일 경우, 분쟁소지가 있었기 때문에 목장조합 설치를 주도한 제주도 당국에서는 조합비를 마을의 실정에 관계없이 동일하게 책정하도록 했다. 부역비는 본래 식민지 행정기관이 도로보수 등 부역에 참여하지 않은 사람들에게 부과한 비용이다. 목장조합에서는 해마다 이루어지는 경계돌담 개보수, 고사리 제거 등 공동작업에 노동력을 제공하지 못한 조합원들에게 부역비를 징수했다. 일부 마을에서는 부역비를 '궐금'이라고 부른다. 위탁료는 비조합원이 공동목장에 우마를 방목시킬 때 조합에 납부한 비용이다.

〈표 43〉 제주도 마을공동목장조합 재정구조(1936~1937)

구분	관	항	구분	관	항
수입	부과금	조합비 (조합원할, 두수할)	지출	사무비	목감급료, 서기급, 여비, 위로금
	이월금	전년도 이월금		회의비	
	기부금	지정기부금		수용비	비품비, 소모품비, 통신운반비
	위탁료	위탁료		사업비	급수장비, 조림비, 건축비, 목초개량비
	부역비	부역비		연합회분부금	평균분부금, 불평균분부금
	재산수입	이자수입		잡비	잡비
	잡수입	잡수입		예비비	예비비

자료 : 1. 한림면 명월리 목장조합, 「昭和十一·十二年度 收支豫算(收入, 支出)」(1936, 1937).
2. 안덕면 서광리 목장조합, 「昭和十二年度 牧場組合豫算書」(1937).

세출부문에서 조합재정은 사무비, 사업비, 연합회 분부금 등으로 이루어졌다. 사무비는 목감급료 등 인건비가 대부분이며, 사업비는 급수장 설치비, 조림비, 건축비 등으로 이루어졌다. 이 중 조림비는 공동목장 내에 수원림, 피서림, 방풍림을 조성하는 데 필요한 묘목구입 및 식림비를 포함한다. 목장조합과 공동목장 운영에 필요한 비용을 조합자체적으로 부담하도록 했다.

세출구성에서 조합의 재정운용과 관련해 주목되는 점은 읍면공동목장조합연합회 분부금이다. 연합회 분부금은 각 마을공동목장조합에서 일정 금액씩 나누어 연합회로 납부했던 비용이다. 제주도목장조합중앙회가 각 읍면공동목장조합연합회에 근무했던 서기의 급료 등을 해결하기 위해 마을공동목장조합에게 일정 금액을 납부하도록 부과한 것이다. 이 분부금은 모든 목장조합이 읍면 연합회에 균등하게 납부했던 균등 분부금과 조합의 운영규모에 따라 차등 있게 부과된 불균등 분부금으로 구분되었다. 분부금 역시 각 목장조합이 의무적으로 납부해야 하는 비용이었기 때문에 이것은 목장조합의 재정압박을 가중시키는 결과를 초래했다.

한편, 1930년대 공동목장조합 설립초기에 목장조합에서는 역원(임원)들의 경험이 부족해 재정운영에 있어서 문제점들이 노출되었다. 당시만 해도 목장조합은 제주도민들이 처음 경험하는 조직체였기 때문에 조합비 징수 및 관리에 있어서 불가피하게 문제점들이 나타날 수밖에 없었다. 이러한 상황이 여러 목장조합에서 나타나자 목장조합의 설립을 주도했던 면장들은 사료 (자)에서 알 수 있는 바와 같이 1936년 10월 면장협회의에서 결정한 내용을 각 마을 구장들과 목장조합장에게 발송해 엄격히 준수할 것을 지시했다.

> (자) 共同牧場組合 指導에 關한 件
> 昭和十一年 十一月 十日
> 翰林面長
> 各里區長, 各牧場組合長　殿
> 去十月二十七日에 開催한 面長會에 左와 如히 共同牧場組合 指導方針에 對한 指示가 有하야스니 該指示事項 遵守方通牒함
> 記
> 一. 共同牧場組合 指導監督의 件
> 　　島內 各共同牧場組合은 設立當初인 關係上 役員 及 職員의 經驗乏少함으로 幾多의 研讚과 努力을 要함은 敎言을 不要할바이다. 故로 邑面 及 邑面共同牧場組合聯合會에서 濃厚한 指導監督을 加하지 아니하면 組合의 發展을 得키 不能할 바이니 特히 金錢出納에는 細心의 注意를 拂하되 左記에 依하야 爾今處理할 事
> 　　記
> 一. 各共同牧場組合의 金錢은 邑面聯合會에서 管理함(各組合長은 現金을 集合하야 聯合會에 送金하며 此를 金融組合에 預金하고 通帳은 聯合會長이 保管함

사료 (자)는 읍면장과 읍면공동목장조합연합회의 마을공동목장조합에 대한 지도방침을 보여주고 있다. 이들 조직들은 목장조합의 발전을 도모

한다는 명분을 내세워 각 목장조합의 운영에 직접 개입해 지도, 감독하
겠다는 입장을 표명했다. 이러한 결정의 배후에는 목장조합 출범당시 조
합별로 발생하고 있는 여러 시행착오를 줄임과 동시에 목장조합의 재정
을 장악하려는 전략이 반영되어 있다. 다시 말하면, 보다 본질적으로는
조선총독부의 정책에 맞게 목장조합을 배후에서 조종하려는 제주도 당
국의 의지가 면장협의회를 통해 공표되었다고 할 수 있다. 읍면장과 연
합회의 목장조합에 대한 지도·감독은 결국 목장조합의 자율성을 침해하
는 요인으로 작용했다.

목장조합에서는 읍면장협의회의 결정에 따라 금전출납에 세심한 주
의를 기울이는 동시에 조합원들로부터 받은 조합비 등을 읍면공동목장
조합연합회에 맡겨야 했다. 이것은 조합비 수입 등 목장조합의 재정수입
을 연합회가 관리했다는 의미로, 이를 통해 제주도사의 감독을 받았던
연합회가 각 마을 공동목장조합의 재정수입을 장악하면서 사실상 목장
조합을 통제했음을 알 수 있다. 이 연합회가 읍면 사무소 내에 있었다는
점도 이 연합회의 회장을 맡았던 읍면장(최종적으로는 제주도사가)으로
하여금 목장조합의 재정구조를 지배할 수 있도록 했다.

3. 목장조합의 수입실태

1) 세입예산 구조

목장조합에서 1년 동안 쓸 예산안은 제주도농회 읍면분구장(면장)이
각 목장조합장에게 발송한 「목장조합예산편성에 관한 건」[5]에서 확인되
는 예산안 작성양식에 따라 해당 목장조합에서 1년 예산안을 기재한 다

---

5) 제주도농회 한림면분구장, 「明月牧場組合收支豫算書」(1937.3.31).

음 목장조합 평의원회에 넘겨 1차 심사했다. 평의원회는 조합장과 조합
원 대표로 구성되는 의사기구였기 때문에 예산안에 대한 심의 권한이 주
어져 예산 편성과정에 일반 조합원들의 의사가 다소나마 반영될 수 있
었다. 이후 각 목장조합에서는 평의원회의에서 심의한 「소화○○년도
예산안」과 「목장조합경비수입방법」 그리고 회의결과를 기록한 「평의원
회회록」 사본을 농회면분구장(면장)에게 제출하면서 예산안 승인을 요청
했다.

구체적인 목장조합 예산안의 확정절차에 대해 한림면 명월리 목장조
합 사례를 통해 보면, 1936년 4월 명월리 목장조합장 오찬규는 평의원
회에 「소화11년도 명월리목장조합수지예산」과 「명월리목장조합 경비분
부수입방법」을 심의해 주도록 요청했다. 평의원회 심의를 통과한 예산
안은 조합장이 제주도농회 한림면분구장(한림면장)에게 「소화11년도 수
지예산승인신청의 건」과 「예산서」, 「평의원회회록」 사본, 「경비분부수
입방법」을 첨부해 승인을 요청했다. 이에 대해 1936년 4월 10일 제주도
농회 한림면분구장이 명월리 목장조합의 경비수지예산 및 경비수입방법
건을 승인한다고 통지함으로써 예산안이 비로소 확정되었다. 이를 통해
마을공동목장조합 예산안에 대한 승인권이 제주도농회에 있었음을 알 수
있다. 그러나 제주도농회장은 제주도사가 겸임하고 있어 결국 제주도사
가 각 마을공동목장조합의 예산안에 대해 최종 승인했다고 할 수 있다.

명월리 목장조합의 수지예산 자료에 근거해 목장조합의 세입예산구
조를 분석하면, 이 목장조합의 1936년 예산총액은 120엔으로 이중 부과
금(조합원할, 두수할) 수입이 80엔을 차지해 목장조합의 재정수입 중
60% 이상이 조합비 수입으로 충당되었음을 알 수 있다. 조합원과 방목
우마 수가 상대적으로 적은 소규모 목장조합의 경우 조합비 수입자체가
빈약해 출발단계에서부터 영세성을 면하기 어려웠다. 열악한 재정구조
하에서 시작된 목장조합들은 조합비를 제외한 다른 부문에서 수입을 창

출할 기회를 제대로 얻을 수 없었다. 이 조합들은 출범초부터 예산규모 자체가 영세해 자본축적이 어려웠으며, 특히 전시체제하에서 일제가 축산정책의 방향을 군수 축산품 확보와 우마공출로 왜곡시킨 결과 목장운영을 통해 수익을 내는 것은 거의 불가능에 가까운 일이었다. 다시 말하면, 일제가 조합설립 초기에 지향했던 우마증식과 품질개선을 위한 기반조성은 정상궤도에 오르기 전에 일제가 군수용품 확보 정책을 실행하며 우마 공출을 단행하고 공동목장 축우들을 우피가공 공장과 통조림 공장에 넘겨버리는 바람에 공동목장조합은 더이상 발전을 기대할 수 없었다.

명월리의 「소화11년도 수지예산(수입)」(1936) 문서의 하단부 부기란에는 각 항목별 구체적인 수입내역이 명시되어 있다. 부과금 수입으로 신가입자 납부금, 지정기부금, 위탁료, 부역비가 기재되어 있다. 목장조합에서는 출범이후 새롭게 가입한 주민들에게 가입비로 1인당 5엔을 받았으며, 비조합원들은 목장조합에 우마방목 위탁료로 1두당 1엔씩 납부했다. 부역비는 불출역 대납금으로[6] 공동목장 내에서 이루어지는 작업에 출역하지 못한 조합원들을 대상으로 1인당 50전씩 받았다. 목장조합에서는 규약으로 조합원들에게 공동목장 내 공동작업에 출역할 의무

---

6) 일제시기에 이루어진 부역의 실태에 대해서는 박이택의 연구(「식민지기 부역의 추이와 그 제도적 특질」, 『경제사학』 제33호, 한국경제사학회, 2002, 35~62쪽)가 참조된다. 이에 따르면, 식민지기에는 「지방비법」과 「도로규칙」에 근거해 도로의 유지와 수선과 관련된 '관행부역'이 부과되었고, 1917년 「면제」에 근거해 면에 의해 행해지는 '부과부역'이 추가적으로 부과되었다. 이러한 부역은 일본과 일본의 식민지였던 대만에도 없었던 조선에 특수한 제도였다. 농번기를 피해 18세 이상 60세미만의 건강한 남자들이 오전 8시부터 오후 5시(또는 6시)까지 부역에 동원되었다. 1920년 이후에는 「지방비법」에 의한 부역이 사라지고 이것의 연장선상에 있었던 「면제」에 의한 부과부역과 관행부역이 대신하게 되었다. 부과부역은 도로개설, 식림, 사방(砂防), 정호(井戶), 해충구제, 교량건설 등을 대상으로 이루어졌으며, 특히 「면제」의 부과부역 규정에는 대납규정이 명문화된 것이 특징으로, 마을공동목장 조성과정에서도 부과부역이 행해졌으며, 이에 참가하지 않은 조합원들에게 불출역 대납금이 부과되었다.

를 규정했기 때문에 이 작업에 빠질 경우 일정 금액의 부역비를 벌칙금
으로 부과한 것이다. 조합비가 1인당 30전이었음을 감안할 때 출역 불참
시 20전이 더 많은 50전을 부역비로 청구한 것은 조합원 모두가 공동작
업에 참여하도록 한 조치라고 풀이된다.

1936년부터 1940년까지 이루어진 명월리 목장조합 수지예산액을 보
면, 총수입액이 1936년에 120엔이던 것이 1940년에는 185엔으로 증가
했다. 조합원들과 우마들을 대상으로 부과한 부과금도 89엔에서 118엔
으로 늘어나 이 목장조합은 설립당시보다 1940년으로 오면서 수입예산
액이 증가되었음을 알 수 있다.

서광리 목장조합에도 예산실태를 알려주는 「수지예산서」(1937)가 존
재한다.[7] 이 조합의 예산구조 역시 부과금, 기부금, 부역비, 위탁료 등으
로 이루어져 명월리의 예산구조와 대부분 유사했다. 부과금은 조합원할
과 두수할로 받은 조합비이며, 조합원할은 1인당 30전, 두수할은 1두당
20전씩 모두 160엔 규모였다. 조합비 수입은 서광리 목장조합에서도 전
체 수입합계의 60%를 차지했다. 부역비 역시 1일 50전으로 명월리의 경
우와 일치했다. 그러나 인근 다른 마을에 거주하는 비조합원이 이 마을
공동목장에 소를 위탁할 경우에 받은 위탁료는 두당 2엔씩으로 명월리

---

7) 서광리 공동목장조합 수지예산서의 수입구조는 다음과 같다.

구분	관	항	예산액(엔)
수 입	부과금	조합원할	52엔(1인당 30전 × 174인)
		두수할	108엔(1두당 20전 × 540두)
	기부금	기부금	1엔
	부역비	부역비	3엔(1일 50전 × 6일)
	위탁료	위탁료	16엔(1두당 2엔 × 8두)
	잡수입	잡수입	80엔
	재산수입	이자수입	6엔
	합계		266엔

자료 : 안덕면 서광리 공동목장조합자료 중 「昭和十二年度 牧場組合豫算書」(1937) 내
용을 재구성함.

에 비해 많았다. 이러한 위탁료의 차이는 공동목장 내 기반시설과 목장
에 자생하고 있는 청초(靑草 : '촐')의 상태와 관련될 수 있다. 서광리
공동목장 내 제반 축산여건과 초질이 명월리 공동목장보다 양호했다는
것을 말해준다.

2) 조합비 징수

목장조합에서의 조합비징수 실태는 명월리 공동목장 조합「경비징수
방법규정」을 통해 알 수 있다.[8] 이 자료는 목장조합이 조합비 징수과정
에서 발생할 수 있는 분쟁을 방지하기 위한 만든 규정으로 보인다. 조합
비는 1년에 1회, 조합원 1인당 30전, 성우마(成牛馬) 1두 당 20전을 부과
했다. 조합비 납부고지서는 회계연도가 시작된 후 5월 1일에 발부되었으
며, 조합비는 5월 31일까지 징수했다(그림 22). 목장조합은 필요에 따라

---

8) 다음은 명월리 공동목장조합 자료인「경비징수방법규정」이다.

經費徵收方法規定

第一條 組合費ハ左ノ金額ヲ賦課徵收ス組合員割一人二付 三十錢 頭數割 成牛
馬一頭二付 二十錢

第二條 組合費ノ納入告知書ハ「四」月「一」日 現在ノ組合員二對シ「五」月「一」
日 發付シ「五」月「三十一」日限 年額ヲ一時二徵收ス

第三條 前項ノ組合費賦課後 新二組合員トナリ又ハ調定減ヲ發見シタル時ハ隨
時同額ヲ賦課シ 卽時徵ス

第四條 手數料ハ左ノ區分二依リ其ノ所定額ヲ納入義務者ヨリ卽時金額ヲ徵收ス
一. 移動手數料   牛馬移動一件二依   錢
二. 入牧手數料   牛馬入牧一件二付円   錢
三. 治療手數料   病畜治療一件二付   錢

第五條 納期ヲ定メタル經費ノ納入ヲ怠リタル場合ハ督促狀ヲ發シ其ノ手數料
一回二付拾錢ヲ共二徵ス

第六條 前年度 經費滯納者二對シテハ 六月一日調定シ過年度 經費ヲ賦課 徵收ス

第七條 前各項ノ徵收事務ハ其ノ區評議員之ヲ擔任ス

第八條 定款違反者二對シテハ其ノ區評議員ノ調書二依リ組合長過怠金ヲ課ス

第九條 事務ノ都合二依リ必要ト認ムル時ハ經費徵收事務ヲ共同牧場聯合會二委
託スルコト得.

조합비 외에 우마이동 수수료, 우마 입목수수료, 병축치료 수수료 등 여러 항목을 만들어 조합원들에게 부과해 수익을 올렸다.

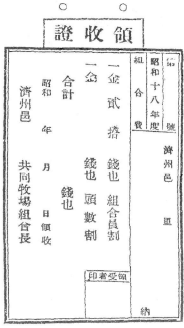

그림 22. 제주읍 공동목장 조합비
영수증(1943년)

조합원들이 납부기한을 정한 제반경비의 납입을 게을리 할 경우, 목장조합에서는 독촉장 발부와 함께 그에 따른 수수료로 1회당 10전을 추가로 징수했다. 전년도 조합경비 체납자에 대해서도 6월 1일 기준으로 체납액을 재조정한 다음, 과년도분 조합경비를 징수했다.9) 이때 징수사무는 농회분구(읍면) 소속 평의원이 담당했다. 또한 이들은 직접 목장조합 규약위반자를 조사한 다음 해당 마을공동목장조합장에게 그 결과를

---

9) 이상과 같이 마을공동목장조합의 재정구조 중 가장 핵심적인 조합비의 징수는 납부고지서 발부, 영수증 교부, 독촉장 발부, 체납자에 대한 처분 순으로 이루어졌다.

통보한 후 과태금을 부과시켰다. 이러한 사실 또한 마을공동목장조합이 사실상 제주도농회의 통제 하에 있었음을 보여준다. 조합사정에 따라 제 반 경비징수에 대한 사무를 읍면공동목장조합연합회에 위탁하도록 하 여[10] 목장조합 운영에 제주도농회와 읍면공동목장조합연합회가 개입할 수 있도록 했다. 따라서 목장조합은 목장용지에 우마를 방목해 사육하는 업무를 담당했을 뿐 조합재정과 관련된 조합비 징수 및 관리, 예산안 확 정과 집행 등 조합운영에 가장 핵심적인 업무는 제주도농회와 읍면공동 목장조합연합회가 실질적으로 담당했음을 알 수 있다.

3) 현금출납부 수입구조

목장조합의 「현금출납부」는 조합의 수입과 지출상황이 구체적으로 기록되어 목장조합의 일상사(日常事)를 이해하는 유용한 자료가 된다 (그림 23). <표 44>은 명월리 목장조합이 1935년부터 1945년 초까지 받은 주요 수입내역을 기록한 것으로, 조합비 및 조합가입금과 입목료 가 큰 비중을 차지했음을 보여준다. 이에 따르면, 1935년 8월에 받은 조합비 700엔은 명월리 목장조합이 설립 직후 받은 최초의 조합비였 다. 1936년부터 1939년까지 모두 30여명이 추가적으로 목장조합에 새 롭게 가입했다.

---

10) 한림면 명월리, 「경비징수방법과 경비분부 수입방법 자료」(1936). 조합경비 분부 금의 과목과 과율은 조합원 1인당 30전, 3세 이상의 우마 1두당 20전으로 정했 다. 분부금인 조합할과 두수할 모두 부과일이 6월 1일, 납기기간은 7월 1일부터 7월 30일 까지였다. 분부금은 납기 개시 전 10일까지 납입금 고지서를 발부해 납 기기간에 징수했다.

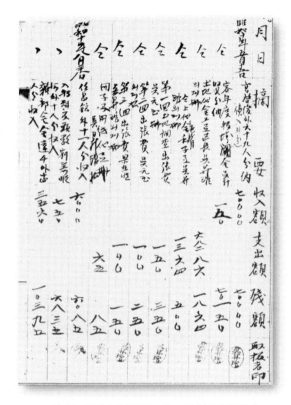

그림 23. 명월리 공동목장조합 현금출납부(1935년)

〈표 44〉 명월리 공동목장조합 현금출납부 수입내역(1935~1945)

년월일	주요 내용	수입액
1935년 8월	회원조합비 69인분	700엔
	입목료 및 두수할	7엔50전
1936년 7월	조합가입금(2인)	10엔
1936년 9월	조합가입금(4인)	20엔
	농회보조금	5엔19전
1937년 5월	조합가입금(5인)	20엔
1937년 6월	조합가입금(7인)	35엔
1937년 12월	위탁입목료(2인)	4엔

1938년	조합가입금(1인)	5엔
1939년 1월	입목료(1인)	2엔80전
1939년 3월	입목료(3인)	9엔40전
1939년 5월	조합가입금(3인)	15엔
1939년 7월	조합가입금(2인)	10엔
1939년 9월	조합가입금(5인)	25엔
1941년 9월	모초(茅草), 목초대금, 야양(夜養) 전세금	68엔
1943년	모초대금	56엔50전
	토지 출세금(出稅金)	18엔50전
1945년	소화19년도 청초대(靑草代) 수입	85엔
	소화19년도 야양전세수입	56엔15전
	3인 묘지대(墓地代 : 조수리, 금악리, 명월리)	90엔

자료 : 한림면 명월리 목장조합자료 중 「現金出納簿」(1935~1945) 내용을 재구성함.

　제주도 공동목장 지역은 채초지(採草地)와 방목지로 이루어지는 환경
적 특성을 가지고 있다. 채초지는 지붕재료('새', '각단')와 청초('촐')를
채취하는 장소로, 목장조합에서는 여기서 생산되는 청초를 조합원들에
게 판매해 수입을 올렸다.[11]

　서광리 현금출납부 수입내역에서도 조합비, 조합가입금과 위탁료 그
리고 건초지세가 등장한다(표 45). 조합비는 1936년에 회원할 47원 40
전, 두수할은 76원(380두)이던 것이 1937년에는 각각 48원 90전과 99원
10전(495두)으로 소폭 증가했다.

---

11) 서귀포시 하효마을지, 『下孝誌』, 2010, 281쪽. 이러한 사례는 서귀포시 하효마을
　　에서도 확인된다. 해안에 위치하여 채초지('촐밭')가 부족하자 주민들은 인접한
　　신효 공동목장 초지에서 구입했다. 이 목장 내에서 꼴('촐')을 베는 장소를 '촐캐'
　　라고 했다. '촐캐'의 구역별로 '촐'의 상태와 면적이 달랐다. 따라서 채취할 '촐'
　　의 양이 다르기 때문에 판매가격이 달랐다. 면적이 넓은 구역을 차지한 조합원은
　　목장조합에 '촐' 값으로 많은 금액을 지불했다.

〈표 45〉 서광리 공동목장조합 현금출납부 수입내역(1939~1945)

년	월일		주요 내용	수입액	
1939	6	10	조합원할 강○○ 외 86인분	26엔	10전
	6	10	두수할 강○○ 외 86인분	60	60
	7	17	조합원 가입금	16	00
			예금이자	3	84
1940	2	9	목장지내 건초세 및 우마두수세	84	03
	5	1	조합원으로부터 기부금	40	00
			웅전동 김○○ 가입금	5	00
	12	8	15년도 두수할 조합저금□□	50	00
			목장지내 건초지세	57	91
1941			가입금 이○○, 김○○(1인당 8엔)	16	00
	4	5	목장건초지세(4동으로부터 수입)	82	38
1942	5	8	목장건초지세(4동으로부터 수입)	62	65
	10	16	위탁료(덕수리 ○○으로부터)	2	00
			위탁료(덕수리 윤○○으로부터)	1	50
1943	4	1	기부금 본구 일동	60	00
			기부금 웅전동	204	00
			기부금 진부동	150	00
			기부금 사수동	50	00
1943	4	10	차입금	22	00
	4	20	가입자 10명(1인당 8엔)	80	00
	4	30	목장건초지세 사수동	9	77
			목장건초지세 진부동	21	05
			목장건초지세 웅전동	15	02
	6	7	위탁료 덕수리 윤○○ 우1두	3	00
	6	15	조합원할 및 두수할 면납부 여재금(餘在金)	28	50
	12	11	잡비 공출우 검사시 무적우(無籍牛) 입적료 3두분	4	50
1944	5	30	조합원할 및 두수할	61	70
			소 입적시 잡비	15	00
	10	8	목장건초지세 사수동	23	56
			목장건초지세 진부동	39	75
			목장건초지세 웅전동	32	37
1945	5	6	목장지내 건초방매대	30	00

자료 : 안덕면 서광리 목장조합자료 중 「現金出納簿」(1939~1945) 중 〈수입부〉 내용을 재
구성함.

그러나 이러한 상황 속에서 1938년에는 회원 수와 방목 두수가 감소 됨에 따라 조합원할이 33원, 두수할이 62원 30전(311두)으로 감소했다. 1938년에 조합원수는 서광서리 82명, 서광동리 28명(건곤동 제외)으로 나타나 당시까지만 해도 서광서리와 서광동리가 하나의 목장조합을 구 성했음을 알 수 있다. 조합가입금은 1인당 5엔으로, 명월리 목장조합과 동일했다. 그런데 1940년에 조합가입금이 5엔이던 것이 1941년에는 8엔 으로 증가해 가입금이 상향조정 되었다. 예금이자가 기록되어 있어 조합 에서도 소액이지만 금융조합에 예금이 이루어졌음을 알 수 있다.

이 목장조합에서는 조합원들에게 목장 건초지세와 초평세를 부과한 점 이 특징이다. 목장 건초지세는 공동목장 경계 내에 건초확보용 초지를 대 상으로 부과한 것으로, 1943년과 1944년에 서광리를 구성하는 4개동이 건초 확보용 채초지 이용면적에 따라 차등적으로 목장조합에 납부했다.

건초지세와는 별개로 초평세가 존재했다. 이것은 목장내 '촐밭'의 목 초 채취권을 조합원 또는 비조합원들에게 판매해 받은 금액으로[12], 구 체적인 초평세의 수입 내역은 서광리 목장조합이 보관하고 있는 「초평 세정리부」를 통해 알 수 있다.[13]

제주도민들은 가을철 기온이 내려가 풀이 마르기 시작하면, 공동목장

---

12) 고광민, 『제주도민일보』, 2011년 6월 21일자, 「서광마을 사람들 공동소유터전 '남송이곶'」. 서광공동목장조합에서는 조합원을 포함한 마을 주민들이 공동목장 내 남송이 오름 주변에 있는 '촐밭'을 새끼줄을 이용해 여러 구역으로 나눈 다음 한 구역씩 목초채취권을 팔아 수익을 올렸다. 하나의 구역에서 30바리의 꼴('촐') 을 얻는 경우도 있었다.

13) 초평세는 공동목장 내 채초지를 조합원들이 1,000~1,500평 정도를 할당받아 '촐' (소의 겨울철 사료)을 채취한 대가로 목장조합에 납부한 일종의 세금이다(조승진 노인회장, 안덕면 서광서리 1940-1, 72세, 2011년 8월 15일). 이러한 사례는 서귀 면 신효공동목장에서도 확인되고 있다. 따라서 초평세라는 용어를 사용하지 않더 라고 공동목장 내 채초지에서 '촐'을 베고 그 대신에 일정한 금액을 목장조합에 납부하는 제도는 목축을 전통으로 했던 제주도 여러 지역에서 존재했다고 볼 수 있다.

에서 소들을 마을로 이동시킨 다음 가옥 내 축사에서 사육했다. 겨울철 축사에서의 사육은 건초를 필요로 했기 때문에 주민들은 공동목장 내 채초지에서 추석을 전후한 시기에 꼴('촐')을 베어 건초를 준비했다. 이에 따라 꼴을 채취한 몫으로 초평세(草坪稅)를 조합에 납부했다. 초평세의 일부는 조합운영비로 이용되었다.[14] 목장조합에서는 조합원들이 '촐'을 채취하는 면적에 따라 초평세 금액을 차등 부과했다. 실례로 서광리에서 당시 가장 많은 초평세를 조합에 납부한 송○○은 4회에 걸쳐 224전을 납부한 사실이 확인된다.[15] 초평세 수입은 1935년에 59엔 36전이던 것

14) 1935년 서광리 마을공동목장지내「草坪稅列名簿」의 사례(1935)는 다음과 같다. 초평세 수입기록은 1957년 문서에도 등장한다.

납세자	납부액(錢)	납세자	납부액(錢)	납세자	납부액(錢)	납세자	납부액(錢)
강달○	17	고항○	9	송기○	23	이시○	34
강달○	42	고항○	28	송기○	28	이시○	42
강수○	23	고항○	50	송기○	34	이시○	14
강수○	49	고항○	9	송병○	51	이시○	17
강치○	15	고항○	13	송병○	9	이시○	21
강치○	32	고항○	61	송성○	7	이시○	19
강치○	9	고항○	28	송은○	13	이언○	35
강태○	20	김거○	34	송은○	9	이영○	26
강항○	23	김경○	23	송은○	28	이영○	34
강항○	55	김경○	17	송인○	25	이영○	25
강항○	41	김경○	28	송인○	9	이영○	42
강항○	8	김근○	42	송축○	9	이영○	12
고계○	28	김두○	15	송회○	20	이영○	56
고관○	41	김두○	15	송회○	18	이운○	35
고달○	41	김봉○	77	송회○	23	이원○	23
고항○	25	송기○	98	이시○	59	총액 57엔 36전	
		이하생략					

자료 : 안덕면 서광리 목장조합자료 중「昭和十年 旧八月日 西廣里共同牧場地草坪稅 列名簿」(1935) 내용을 재구성함.

15) 목장조합이 받은 초평세 중 1943년 7월의 49엔 84전은 서광1구, 1944년(소화19년 8월) 74엔 67전은 서광2구에서 받은 것이다. 서광공동목장에서는 석수전평(石藪田坪)을 받기도 했다. 석수전은 공동목장 내에 '석수밧'으로 불리는 곳으로 목장조합은 석수전에서 농사를 지은 서광리 주민 12명으로부터 토지 이용료로 37엔 7전을 받았다.

이 1943년에는 74엔 67전으로 증가했다. 1935년부터 1943년까지 초평세가 기록되고 있어 해마다 목장조합에서 초평세를 거둔 것으로 보인다. 1943년 1월에는 서광리 목상조합을 구성하는 4개 마을이 목장조합에 464엔을 모아 기부금으로 냈다.

1943년 12월에는 공출우(供出牛) 검사작업이 마을공동목장을 대상으로 진행되었다. 이를 위해 각 목장조합에서는 선행작업으로 우적(牛籍)에 올라있지 않은 소를 새롭게 입적시키며 수수료로 1두당 1엔 50전을 받기도 했다. 목장조합 문서에 공출우가 등장한다는 사실은 공동목장에서 조합원들이 사육하는 소들도 공출대상이 되었음을 입증하는 것이라 할 수 있다.

4. 목장조합의 지출실태

1) 세출예산 구조

목장조합에서 이루어진 재정지출에 대해 명월리 「소화 11·12년도 수지예산(지출)」과 서광리 「현금출납부」를 중심으로 분석했다. <표 46>은 「목장조합규약」에 근거해 조합원들에게 공시된 1936년 명월리 목장조합의 재정지출의 내역을 재구성한 것이다. 이에 따르면, 목감급료로 1인당 1년분 20엔, 급수장 시설비로 30엔, 간시사 건축비로 15엔, 수원식림비(水源植林費)로 3엔이 지출되었음을 알 수 있다. 3엔은 수원식림에 필요한 묘목 1,000본 구입비로, 묘목구입을 통한 식림 사업은 일제의 조림정책을 반영한 것으로 볼 수 있다. 연합회 분부금 중 균등부담금 5엔은 제주도 모든 마을공동목장조합에서 동일하게 부담했던 금액이나 불균등 분부금 8엔은 목장규모에 따라 차이를 보였다.[16)]

〈표 46〉 명월리 공동목장조합 수지예산(지출) 내역(1936)

과목		예산액	부기
관	항		
사무비	목감급료	20	목감급료(1인 1년분)
	수용비	5	비품비 1엔, 소모품비 2엔 통신운반비 2엔
	합계	25	
사업비	급수장비	30	급수장비
	조림비	3	수원 식림비(묘목 1,000본대)
	건축비	15	간시사 건축비
	합계	48	
연합회분부금	연합회 분부금	13	균등부담금 5엔 불균등 부담금 8엔 조합원할 4엔(1인당 3전, 132인분) 두수할 4엔(1두당 2전, 200두분)
잡비	잡비	25	임야세 22엔 기타잡비 3엔
예비비	예비비	9	예비비
합계		120	

자료 : 한림면 명월리 목장조합자료 중 「昭和十一年度 收支豫算(支出)」(1936) 내용을 재구성함.

명월리 재정지출 중 임야세(林野稅)는 1936년에 22엔이 지출되었다.[17] 임야세는 국유임야를 제외하고 목장조합 임야대장에 등록된 사유

16) 명월 목장조합의 불균등부과금 8엔은 조합원할 4엔(1인당 3전씩 132인분), 두수할 4엔(1두당 2전씩 200두분)으로 되어 있다. 반면 서광리 목장조합에서는 34엔(조합할 7엔, 두수할 27엔)을 납부하여 명월목장조합에 비해 조합원수와 방목우 마수가 많았음을 알 수 있다.

17) 今井田淸德, 「産業團體の統一整理と森林保護制度の改革」, 『朝鮮山林會報』92호 (1932년 11월). 임야세는 1932년 11월 조선총독부가 조선인과 일본인 임야소유자들이 삼림조합비 납부에 반발하자 삼림조합을 폐지하고 삼림조합비를 임야세로 대체하겠다고 발표하면서 만들어진 것이다. 임야세는 1932년 11월 총독부령 15호로 공포된 「道制施行規則」에 따라 도세(道稅)의 하나로 규정된 세목이었다. 安田慶淳, 『京畿道にける林野稅よ其の取扱』, 京畿財務研究會, 1~10쪽. 임야세 비율은 임야면적 1정보에 대해 평균 25전이었고 법령에 규정된 한도 내에서 자율적으로 결정할 수 있었다. 임야세가 만들어짐과 동시에 체납을 절대 불허한다는

임야에 대해 부과했던 것으로, 목장조합이 읍면공동목장조합연합회(읍
면사무소 내에 위치)에 납부했다. 이 목장조합에서는 1936년부터 1940
년까지 4년 동안 지출액이 지속적으로 증가했다. 1년 목감 급료는 20엔
으로 4년 동안 변동 없었으나 사업비 지출이 1936년 48엔에서 1940년
80엔으로 크게 늘었다. 사업비는 공동목장 내에 급수장과 간시사 건축비
그리고 방풍과 수원함양을 위한 식림비 등으로 사용되었다. 연합회 분부
금은 해마다 늘어나 1936년 13엔에서 1940년 34엔으로 2배 이상 증가
했다.

서광리 목장조합의 지출구조를 보면(표 47), 사무비 70엔은 서기급료,
잡급, 여비, 목감료, 위로금 등 대부분 인건비성 지출에 이용되었다. 목
감료 25엔은 명월리보다 5엔이 더 많았던 것으로, 이것은 관리해야 할
우마수가 많았을 뿐만 아니라 공동목장 운영기간이 명월리보다 길었거
나 재정 면에서 여유가 있어 25엔으로 책정했을 가능성이 있다.

〈표 47〉 서광리 공동목장조합 수지예산서 지출구조(1937)

구분	관	항	예산액(엔)
지출	사무비	서기급	
		잡급	15엔
		여비	10엔(역원 3일 : 3엔, 조합장 4일 : 4엔, 서기 3일 : 3엔)
		감목료	25엔(월5엔×5월분)
		위로금	20엔(조합장1인 5엔, 평의원 8인[1인평균 8엔], 서기 1인7엔)
	회의비	□□비용	8엔(비용□□8엔, 평의원 8일분)
	수용비	비품비	2엔
		소모품비	2엔
		통신운반비	2엔

방침이 발표되었다. 또한 임야세 징수사무를 별도의 기관인 세무서가 담당함에
따라 징수에 효율을 기할 수 있게 되었다. 임야세는 임야에서 발생하는 수익을
세원으로 하고 임야소유자에게 부과했다. 임야대장 및 토지대장에 등록된 지목상
「임야」에 대해 부과하며 국유의 임야는 임야세 부과대상에서 제외되었다.

사업비	급수장비	40엔(급수장시설비 40엔)
	건축비	20엔(追入舍費)
	목초개량비	4엔
	조림비	3엔
분부금	균등분부금	5엔
	불균등분부금	34엔(조합원할 분부금 7엔, 두수할 분부금 27엔)
잡비	잡비	71엔
예비비	예비비	5엔
합계		266엔

자료 : 안덕면 서광리 목장조합자료 중「昭和十二年度 牧場組合豫算書(支出部)」내용을 재구성함.

목장조합에서는 조합장과 평의원, 서기에게 월급 외에 위로금을 별도로 지급했다.[18] 사업비 67엔은 급수장비, 건축비, 목초개량비, 식림비로 이용되었으며, 안덕면 공동목장조합연합회에 균등 분부금 5엔과 불균등 분부금으로 34엔을 지출했다. 재정수입액은 1939년부터 1942년까지 계속 증가했으나 1943년부터는 감소되었다.

이 목장조합의 수지예산액 중 지출액은 1939년에 343엔이던 것이 1942년에는 726엔으로 증가했다. 그러나 이듬해인 1943년부터는 지출액이 다시 감소하기 시작해 해방 직전인 1944년에는 141엔에 불과할 정도로 1939년에 비해 크게 감소했다.[19] 이러한 현상은 태평양전쟁(1941~1945) 말기 일제에 의해 국민총동원령이 내려진 상황에서 우마공출이 강요되는 등 정상적인 목장운영이 위협받아 사실상 조합운영이 방치상태에 있었던 현실을 반영한다고 볼 수 있다.

---

18) 서광리 공동목장 조합 역원(임원에 해당)이 받은 위로금으로 조합장 1인 5엔, 평의원 1인당 8엔(평의원 수 8인), 서기 1인 7엔을 수령했다. 이를 통해 서광리 공동목장조합이 조합원 1인, 평의원 8명, 서기 1명 등 10명의 역원으로 구성되었음을 알 수 있다.

19) 서광리 마을공동목장조합 수지예산액의 변동(1939~1945)은 다음과 같다.

2) 현금출납부 지출구조

(1) 명월리 현금출납부

명월리 목장조합의 1935년~1936년도 「현금출납부」는 목장조합으로 승인되기 직전인 1935년에도 현금출납이 이루어졌음을 보여주고 있다. 이것은 1935년 5월부터 8월까지 목장조합이 승인(1936.3.20)을 받기 위해 준비하는 과정에서 발생한 지출내역에 해당된다. 즉 목장조합이 태동 단계에서 조합장(구장)이 조합구성과 목장용지 매입 그리고 토지정리 문제를 해결하기 위해 관련 장소로 출장이 이루어지는 과정에서 발생한 비용에 해당한다(표 39). 이를 통해 목장조합 설립승인을 받기 이전에도 이미 조합장이 선출되어 조합설립을 추진했음을 알 수 있다. 1935년 5월 구장 오승관(1935년 조합설립시 재무 담당)이 토지대금으로 지불한 682엔 86전은 목장용지에 대한 매입비로, 토지를 조합에 매도한 주민들에게 지급된 금액이었다. 즉 구장도 목장용지 매입대금을 지불하는 등 조합설립에 참여한 것이다.

1937년~1939년도 「현금출납부」에는 1936년 12월 임야세 납부내역이 기록되어 있다. 특히 오원옥(1935년 조합설립시 평의원)이 임야세를 납부하기 위해 명월리가 속한 한림면이 아니라 안덕면 사무소(이곳에 안

년	수입액		지출액		잔액		비고
	엔	전	엔	전	엔	전	
1939	349	29	343	15	6	14	서광리 공동목장
1940	586	23	425	95	160	28	
1941	708	61	622	83	85	84	서광서리 공동목장
1942	813	80	726	19	87	61	
1943	647	84	709	11	-78	35	
1944	164	58	141	24	23	34	
1945	30	00	59	00	-29	00	

자료 : 안덕면 서광리 목장조합자료 중 「牧場組合收支豫算書(1939~1945)」 내용을 재구성함.

덕면공동목장조합연합회 위치)로 출장 갔음이 나타나 있다. 이것은 명월
공동목장이 행정구역상 한림면이 아니라 안덕면 광평리에 위치했기 때
문이다. 임야세는 조합이 소재한 마을을 관할하는 면사무소(면연합회)가
아니라 공동목장이 위치한 장소를 관할하는 면사무소에 납부했음을 알
수 있다. 1937년 3월에는 금융조합 예금 기록이 나타난다.[20) 비록 예금
액이 8엔 63전에 불과해 수익을 올리기 위한 예금이라기보다는 당시 일
제가 전국적으로 추진했던 저축정책과 연관성이 있어 보인다.

　1939년~1945년도 「현금출납부」에는 조합가입금, 전년도 입목료가
기록되어 있다. 또한 1939년 3월에는 조합을 탈퇴한 김○○에게 5엔을
지급했던 내역이 나타났다. 이것은 조합가입 당시 납부했던 조합가입비
5엔을 탈퇴 당사자에게 지급한 사례로, 목장조합이 중도 탈퇴자에게 가
입비를 환불했음을 알 수 있다. 동년 12월에 지출한 우물(井水) 수선비
7엔은 우마 급수를 위해 공동목장에 만들었던 우물의 수선비용이었다.
1941년 9월 조합원 양재희는 목장조합에 모초대(茅草代), 목초대 및 야
양전세금으로[21) 68엔을 납부했다. 1943년에는 1942년도분 농마(農馬)
낙인비로 5엔 70전을 지출했고, 1944년 8월에는 마필 35두에 대한 입목
료를 받았다. 농마낙인비와 마필 입목료를 통해 공동목장에도 말이 방목
되었음을 알 수 있다.

　이상과 같은 「현금출납부」(1935~1945)의 주요 내용을 요약하면
<표 48>과 같다. 여기에서는 1945년 3월 현금출납부에 기록된 군용관

---

20) 당시 금융조합은 제주·모슬포·서귀포·성산포에 있었으며, 한림·김녕·애월에 제
　　주금융조합지소가 있었다. 따라서 한림면 명월리 목장조합에서는 한림에 위치했
　　던 제주금융조합 한림지소를 이용하여 예금을 한 것으로 보인다.

21) 야양전세금(夜養田貰金)은 마을근처 공동목장 내에 있는 야양전(夜養田) 즉, 밤에
　　가축을 놓아기르는 밭을 빌려 쓰는 대가로 조합에 납부하는 비용으로 보인다. 이
　　처럼 목장조합에서는 조합원들에게 다양한 종류의 준조세 형식의 부과금을 만들
　　어 내어 이용료, 수수료 등의 이름으로 받았음을 알 수 있다.

힐(軍用罐詰) 즉, 군용통조림 및 통조림용 소 매입에 따른 보수료(報酬
料)가 주목된다. 이를 통해 명월 공동목장조합이 조합위들을 대상으로
군용통조림 생산원료인 소의 매입을 중개하면서 수입을 올린 것으로 보
인다. 이것은 명월리 바로 아래 해안마을인 옹포리에 군수품으로 쇠고기
통조림을 생산하는 '다케나카(竹中)' 통조림 공장이 입지했기 때문에 가
능한 일이었다. 이것은 명월리 목장조합 조합원들이 공동목장에서 사육
하는 소들을 군용 통조림 생산용으로 공급했음을 말해준다.

1945년 3월 명월공동목장조합장을 대표해 양○○가 군인용 육우대
226엔을 면공동목장조합연합회에 납부했다는 사실은 매우 중요한 의미
를 가진다. 당시 일제는 미군의 제주도 상륙에 대비해 '결7호 작전'[22]을
결행하며 일본군 75,000명을 주둔시킨 상황이었다. 이에 따라 일본군이
소비할 육우 구입대금의 일부를 각 마을공동목장조합에 할당하여 읍면
공동목장조합연합회에 납부하도록 한 것으로 보인다. 즉 연합회는 제주
도에 주둔한 일본군인용 육우구입비를 마을공동목장조합에 분담해 전가
한 것이다.

〈표 48〉 명월리 공동목장조합 현금출납부 지출내역(1935~1945)

년월일	주요 내용	지출액
1935년 5월	제1, 2, 3회 토지정리 출장비	3엔50전
	구장이 토지대금 지불	682엔68전
	책자 및 용품대	65전
1936년 9월	면목장조합연합회 납부금	11엔71전

---

22) 강순원, 「태평양전쟁과 제주도 내 일본군 군사유적의 실태」, 조성윤 역음, 『일제
    말기 제주도의 일본군연구』, 제주대학교 탐라문화연구소, 2008, 160쪽. '결7호작
    전'은 일제가 미군이 1945년 8월 이후 제주도로 상륙할 것을 예상하고 그 지점을
    확보하여 집중 방어하는 데 그치지 않고 상륙부대를 향해 적극적인 공격을 감행
    한다는 계획이었다. 태평양전쟁 종전시 이 작전을 수행하기 위해 제주도에 주둔
    한 일본군은 당시 제주도 인구 23만여 명의 32.6%인 7만 5,000여명에 달했다.

1936년 12월	임야세 납부	18엔08전
	임야세 납부를 위해 조합장 안덕면 출장비	3엔27전
1937년 3월	금융조합예금	8엔63전
1937년 6월	두차종(豆茶種) 7두 대금	미기록
1937년 12월	목장도로 개척인부대	60전
1938년	급수장 시설	2엔40전
1939년 1월	판자운임비(목장-명월)	1엔50전
	금악 출장비	90전
1939년 3월	판자운임	40전
	조합탈퇴비	5엔00전
1939년 12월	정수(井水) 수선비	7엔00전
1940년 6월	토지대	8엔00전
1942년 1월	소화16년도 목감료	20엔00전
1943년	소화17년 농마(農馬) 낙인(烙印)	5엔70전
1944년 8월	군용관힐(軍用罐詰) 중 1두 대금	520엔00전
1945년 3월	관힐우(罐詰牛) 매입 보수료	20엔00전
	군인용 육우대(肉牛代)	226엔00전
	목장 번시사(番視舍) 건축비	80엔00전
	조합장 3년분 위로금	60엔00전
	소사(小使) 표창 3년분	40엔00전

자료 : 한림면 명월리 목장조합자료 중 「現金出納簿」〈지출부〉(1935~1945) 내용을 재구성함.

(2) 서광리 현금출납부

서광리 목장조합의 「현금출납부」(1939~1945) 지출내역은 <표 49>와 같다. 여기에는 1939년에 연합회 분부금, 석공비, 목장지 제물예비 등이 나타났다. 동년 7월 석공 강○○ 외 8명을 고용해 목장 내 돌담보수 공사를 하면서 237엔을 지출했다. 9월에는 일본인 제주도청 축산기수 이지지(伊地知)가 별세하자 위문금으로 1엔을 지출했다. 12월에 지출된 목장지 제물예비는 목장에서 이루어진 목축의례에 대한 비용으로 보인다.23) 서광리 목장조합을 서광동리와 서광서리로 분할하자는 논의가

1940년 5월 1일부터 이루어진 후[24], 1941년 2월 22일에 두 마을간 공동
목장을 분할하는 경계선이 확정되고 1943년에 공식적으로 목장분할이
이루어졌다.

〈표 49〉 서광리 공동목장조합 현금출납부 지출내역(1939~1945)

년	월일		주요 내용	지출액	
1939	7	17	연합회 분부금 지불	19엔	00전
			석공비 강○○ 외 8인분	237	00
			보정추(保定樞) 건설비	7	00
	9	27	도축산기수 이지지 별세 위문	1	00
			우적정리시 잡비	2	30
	12	9	목장지 제물예비	3	27
1940	2	9	목장 임야세 1·2기분	82	32
	2	20	마적검사잡비 및 필묵대	1	30
	5	1	목장조합 분할시 잡비		60
			평의원 위로금 및 회의시 잡비	4	60
	10	5	우마검사시 2회 잡비	2	80
	12	14	목장임야세 1기분	41	18

---

23) 제주특별자치도 문화관광해설사회, 『제주서부지역의 공동목장사』, 도서출판 각,
2011, 153쪽. 목축의례로는 목감(테우리)들이 백중날 공동목장 내 '낭동산'에 모
여 우마의 번성을 기원하며 행했던 '테우리코시'(백중제)가 있었다.

24) 본래 하나로 출발했던 서광리 공동목장조합을 서광동리와 서광서리 공동목장조합
으로 분할하자는 논의가 1940년 5월 1일부터 시작되었다. 이를 통해 1939년 서
광리가 서광리 1구, 서광리 2구로 구분된 후 주민들 간에 목장조합도 분할하자는
여론이 있었음을 알 수 있다. 당시 목장조합 분할에 대한 논의를 위해 회의가 이
루어진 결과, 1940년 5월 1일 현금출납부에 목장조합 분할시 잡비로 60전이 지출
되었음이 기록되어 있다. 그러나 두 마을간 공동목장 경계선 분할을 둘러싸고 쉽
게 합의가 되지 못하던 중 제주도사의 개입으로 1941년 2월 22일 마침내 목장
분계(경계선 나누기)가 이루어졌다. 목장분계는 공동목장 용지의 지번을 중심으로
이루어졌다. 이날 현금출납부에는 목장 분계시 잡비로 6엔이 지출되었다고 기록
되어 있다. 이러한 과정을 거쳐 제주도사의 승인을 받아 1943년부터 조합분할이
최종 확정되어 현재에 이르고 있다.

1941	2	22	소화15년도 목장임야세 2기분	41	14
			평의원 위로금 및 회의시 잡비	5	80
			건초지세 수입자 위로금	3	00
			목장경계 분계시 잡비	6	00
			소 귀표장착시 잡비	8	70
	12	15	16년도 목장임야세 1·2기분	82	24
1942	10	16	기부금	10	00
	12	20	연합회 분부금	30	00
1943	4	10	급수장 기타	550	00
			급수장 제비	3	00
			귀표시험시 잡비	14	00
			귀표매입시 잡비	8	20
			표창금 본 조합재무	1	00
	4	30	표창금 전서기 송○○ 4개년 위로금	4	00
	6	5	기부금 금악경 水岳 급수장	25	00
	10	27	잡비 공출마 검사시	9	00
	12	11	잡비 공출우 검사시	12	00
			목장지세 소화18년도 1·2기분	82	91
1944	2	5	잡비 우적정리시	6	50
	3	26	세액 목장급수장지세 7개년분	1	04
	3	26	역원 년말 위로금(조합장 10엔, 부조합장 2엔, 평의원 2인 6엔, 서기 2엔)	20	00
	5	30	균등분부금 면납부	10	00
			목장 시문(柴門)대 6개소분	18	00
	12	20	목장급수장지세		85
	12	25	소화 19년도 목장지세 1·2기분	84	85
1945	4	10	입적우 조합시 잡비	29	00
			목장시문대 7개소	30	00

자료 : 안덕면 서광리 목장조합자료 중 「現金出納簿」〈지출부〉(1939~1945) 내용을 재
구성함.

임야세는 2월과 12월에 2회로 분할해 납부되었다.[25] 임야세는 각 목장조합에서 읍면공동목장연합회(읍면사무소)에 납부했다. 서광리 목장조합의 임야세는 명월리의 그것보다 2배 이상 많았다. 이처럼 두 조합 간 임야세가 차이를 보이는 이유는 목장 내 임야면적이 서로 다르기 때문이었다. 1939년 343엔이던 총지출액이 1942년에는 726엔으로 증가했으나 이듬해인 1943년부터 감소하기 시작해 1944년에는 141엔에 불과할 정도로 1939년에 비해 크게 감소했다.[26]

1941년 2월에는 소에 귀표를 장착했다.[27] 1942년 12월 말에는 안덕면 공동목장조합연합회에 분부금으로 30엔을 납부했다. 1943년 4월에는 그동안 조합운영에 기여한 조합재무와 서기에게 표창금을 주웠으며, 1944년 5월과 1945년 4월에는 공동목장 내 주요 출입구에 시문('살체기문')을 설치했다.

안덕면 서광리 마을공동목장조합에서도 우마공출이 이루어졌다. 이것은 1943년 10월 27일에 이루어진 공출마 검사와 동년 12월 11일 공출우 검사가 이루어졌다는 사실을 통해 입증할 수 있다. 따라서 1943년 서광리 목장조합의 현금출납부 문서는 제주지역 공동목장에서 방목했던 우마가 공출되었다는 사실을 입증하는 중요한 기록이라고 할 수 있다. 공

---

25) 홍성목 역,『조선총독부관보 중 제주기록』Ⅳ, 제주문화, 2010, 245쪽. 전라남도 고시 제82호와 전라남도 임야세 부과규칙 제4조(지역등급)과 제5조 규정에 따르면, 당시 제주읍 임야는 2등, 구우면(한림면)·대정면·우면(서귀면)·정의면(성산면)·신좌면(조천면) 임야는 3등, 구좌면·좌면(중문면)·중면(안덕면)·동중면(표선면)·서중면(남원면)·신우면(애월면)·추자면 임야는 이상 4등급으로 결정되었다. 이에 따라 제주지역의 임야세는 차등 있게 부과되었다고 추정할 수 있다.

26) 서광리 마을공동목장조합,「牧場組合收支豫算書(1939~1945)」.

27) 귀표는 우마의 귀 일부를 잘라 자기 우마임을 나타내는 표시이다. 남원면 하례마을에서는 귀에 V, W로 표시했다. 귀표는 송아지를 잃어버리는 문제를 방지하기 위해 임시로 하는 조치였으며, 주인만 아는 표시를 했다(애월읍 상가리 노인회장 김재문씨와의 면담자료, 2009년 5월 25일).

출은 조선총독부가 1941년부터 각 도(道)에 할당량을 제시하고, 도는 각 군에, 군은 각 읍면에 할당하여 이루어졌으며, 각 도는 군도농회와 기타 산업단체의 협조를 받아 공출을 단행했다.

1944년 3월 이 조합에서는 액수는 미미하지만 목장 급수장지세도 납부했다. 그야말로 일제는 목장조합의 업무와 관련된 다양한 세원(稅源)들을 찾아내 세금형식으로 부과했음을 알 수 있다.

맺음말

　이 연구는 일제시기 조선총독부가 조선에서 전개한 축산정책에 영향을 받아 설립된 마을공동목장조합의 운영 실태를 분석한 것이다. 일제는 조선의 농·상·공·수·임·축산업에 관련된 다양한 조합을 만들어 자원 생산과 확보 및 동원에 주력 했다. 이 중 1930년대 본격적으로 조직된 제주지역 마을공동목장조합 역시 일제가 조합을 통한 식민통치를 시도하는 과정에서 설립된 축산조직의 하나였음을 확인했다.

　이 책은 일제시기에 목장조합이 설립되어 운영되었고 현재도 일부 존재하고 있는 제주지역의 마을공동목장조합(部落共同牧場組合)을 사례로 일제의 식민지 축산정책이 어떻게 목장조합 운영에 반영되었으며, 나아가 이 조합의 설립배경과 설립과정 및 운영 실태에 대해 구명함으로써 마을단위로 진행된 축산사업의 구체적 양상을 검토했다.

　이 연구에서는 문헌연구와 현지조사의 방법을 통해 사회사·미시사·역사민속학적 시각에서 마을공동목장과 마을공동목장조합을 소재로 일제시기 제주지역 조합사(목장사)에 접근했다. 연구목적을 실행하기 위해 『제주도공동목장관계철』(1943)을 주된 분석 자료로 삼아 일제시기 공동목장조합의 설립과정, 목장용지 확보실태, 운영체계와 재정구조를 고찰하여 이 조합의 역사문화적 성격을 제시했다. 연구결과를 토대로 제주지역 마을공동목장조합의 성격을 결론삼아 요약하면 다음과 같다.

　첫째, 제주지역 목장조합은 마을단위로 목장조합을 조직하라는 일제의 지시에 의해 조직된 식민지 축산조직이었다. 조합설립과정에서 일제는 제주도민들이 우마방목을 위해 자발적으로 조직했던 전통적 '무쉬

접'과 다양한 목축계들에 대해 전근대적 조직이라는 이유로 해산을 유도
했다. 이와 함께 일제는 마을단위 축산개량과 증산을 도모한다는 명분을
전면에 내세우며 마을별 목장조합 설치를 강요하다시피 했다. 뿐만 아니
라 일제는 마을공동목장조합을 통해 축산개량과 증산에 대한 책임을 조
합원 개인 및 마을단위에 전가시켜 조선총독부의 재정적 부담을 줄이
려 했다. 또한 식민지내 협력조직인 농회를 앞세워 목장조합으로부터
조합비와 임야세 그리고 각종 수수료, 과태료, 불출역 대납금을 받아
이를 식민지 지방행정기관의 재정확충에 이용하려고 했음을 알 수 있
었다.

1930년대 목장조합이 설치되기 전인 1910~20년대 제주지역에도 공
동목장이 존재했으며, 이것은 구우면(한림면) 금악리 '중가시' 공동목장
사례를 통해 확인할 수 있다. 제주도사가 회장을 겸임했던 제주도축산동
업조합에서는 공동목장 기부채납 사업을 전개하면서 공동목장 연고임야
에 대한 소유권을 이양 받으려 했을 뿐만 아니라 기부채납 받은 공동목
장 내에 존재했던 자원(초지, 땔감 등)들을 마을 주민들에게 판매해 수익
을 창출하기도 했다.

둘째, 제주지역에서 마을공동목장조합의 설립은 일제 식민지 통치와
무관하게 이루어진 것이 아니었음을 확인했다. 조선총독부가 전국에 실
시한 「축우증식 10개년 계획」, 「산마증식계획」, 농촌진흥운동의 축산정
책은 제주지역에 마을공동목장조합 설립을 유도한 주요 배경이 되었다.
또한 1918년 4월에 설립된 제주도축산동업조합이 1933년 4월 제주도농
회에 편입될 때까지 공동목장 운영, 격년전환식 방목, 가축시장 개설 등
축산정책을 실시했으며, 특히 이 동업조합의 정관은 제주도 당국이 마을
공동목장조합용 표준규약을 제정하는 기초가 되었다. 제주도농회는 목
장조합이 사육하는 우마에 대한 기술지도와 함께 이 조합들을 대상으로
품평회를 열어 조합의 모범적 운영에 대해 시상하면서 목장조합 설립을

독려했다. 그러나 이 농회는 목장조합의 예결산과 조합비 징수, 조합원들의 목장조합 규약 준수 등에 개입하며 사실상 목장조합을 지배했다.

일제 식민지 당국이 1933년 「목야지정비계획」을 수립한 다음 마을공동목장조합 설립이 공익을 위한 공공사업임을 강조하며 마을별로 목장조합을 설립하도록 독려한 결과 마을공동목장조합들이 확대될 수 있었다. 1933년은 일제에 의해 산마(産馬) 증식계획이 수립된 시기이자 제주도축산동업조합이 제주도농회라는 식민지 농업단체에 편입된 시점이었다. 1910~1920년대에도 제주지역에는 비록 조합 형태는 아니나 공동목장의 존재가 확인되며, 목야지 정비계획이 수립되기 이전인 1931년부터 1933년까지 22개 기설공동목장조합들이 시범적으로 설치되어 운영되었다. 이 목장조합들은 제주지역 마을공동목장조합의 초기 형태로, 문서에 나타난 최초의 목장조합은 제주읍 연동리 공동목장조합이었다.

목장조합 설치과정에서 제주도 당국은 단시간에 목장조합의 설립을 완료시키기 위해 각종 공문서를 각 읍면으로 파급하는 한편, 제주도농회, 읍면장, 구장 등 행정력을 동원해 조합설치를 독려했다. 이를 구체화하기 위해 제주도 당국에서는 각 읍면에 마을공동목장조합 설치계획수립, 마을공동목장 예정지조사, 마을공동목장 내 구획정리 사업을 실시하도록 요구했다. 조합설립 추진과정에서 제주도사, 읍면장, 구장, 제주도농회장, 권업서기, 지역유지 등이 목장조합 설립에 조직적으로 개입했음을 확인했다.

이러한 상황에서 일제가 주도한 목장조합 설립에 대해 주민들은 다양한 식민지 조직들의 강요에 의해 협력하지 않을 수 없었다. 이러한 당시 현실 속에서 제주도민들은 공동목장 예정지에 편입될 토지를 목장조합에 기부하거나 또는 목장 간 경계돌담 축조, 고사리 제거, 방풍림과 수원림 식재 등 공동목장 내 목축기반 조성에 참여하기도 했다. 반면에 제주읍 해안리 주민들은 종래부터 관습적으로 농경과 채초를 해오던 장소가 공동목장 예정지로 편입된 결과에 대해 원상회복을 요구하는 진정서를 제주도 당국에 제출하며 반발했다.

셋째, 공동목장 조성을 위해 복장조합이 확보한 목장용지는 토지 확보방법에 따라 매수지, 차수지, 기부지 그리고 소유주체에 따라 사유지, 공유지, 리유지, 국유지로 이루어졌음을 확인했다. 1943년 자료에 근거한 제주도 전체 마을공동목장조합의 목장용지는 차수지 51%, 매수지 30%, 기부지 19%로 구성되어 목장조합이 자체 매입한 매수지 보다는 국유지, 면유지 등 국공유지를 임대해 사용한 차수지가 더 많았음을 알 수 있다. 마을단위에서는 기부지 비율이 가장 높거나 또는 차수지보다 매수지 비율이 상대적으로 더 높은 경우도 있어 제주도 전체의 마을공동목장조합 목장용지 구조와는 다른 양상을 보이기도 했다.

제주도 당국에서는 각 목장조합 설립 예정마을이 부득이하게 목장용지를 매입할 경우, 토지소유자들에게 목장조합이 축산증산이라는 공공이익을 실현하기 위해 설립된다는 점을 적극 홍보하며 가능한 한 저렴하게 목장용지를 매입하도록 지시했다. 목장용지 중 사유지를 중심으로 소유자를 분석한 결과, 조선인, 일본이주민과 일본계 재단법인, 제주도향교, 삼성시조제사재단 등이 있었다. 해당 목장조합에서는 목장예정지내에 포함된 일본계 재단법인(예수단 우애구제소), 제주도향교, 삼성시조제사재단의 소유 토지에 대해 임대료를 지불하면서 공동목장용지로 이용했다.

넷째, 제주도 목장조합을 운영했던 조직으로는 제주도사, 제주도농회장, 농회읍면분구장, 제주도목장조합중앙회, 읍면공동목장조합연합회, 마을공동목장조합, 마을공동목장조합평위원회 등을 들 수 있다. 이 중 제주도목장조합중앙회는 각 면에 지부를 두고 면장으로 하여금 지부장을 맡도록 하여 면내 공동목장조합을 지도하게 했다. 제주도농회 소속 기수들과 지도원뿐만 아니라 읍면사무소 내무주임들도 이 중앙회 지부에서 공동목장과 축산분야 업무를 지원 및 감독하도록 했다.

공동목장조합에서는 공동목장 초지를 지속적으로 관리하기 위해 조합규약을 엄격히 적용했다. 나아가 규약 위반자에 대해서는 조합원 자격을 박탈하는 제명처분도 불사했다. 조합원들에게 공동목장 개방 일을 엄수하도록 하여 초지이용에 있어 평등권을 실현하려고 했다. 또한 초지보호를 위해 윤환방목을 조합규약에 명시했다. 조합장은 감시원을 임명해 초지와 방풍림 보호, 비조합원의 무단방목을 감시했다.

설립초기 목장조합은 직원들의 업무경험이 부족해 읍면 및 읍면공동목장조합연합회로부터 지도감독을 받아야 했다. 제주도목장조합중앙회장을 겸직했던 제주도사는 목장조합이 받은 조합비 등 현금을 읍면공동목장조합연합회에 위탁하도록 조치하여 사실상 마을공동목장조합의 재정구조를 지배했음을 확인했다.

다섯째, 목장조합의 실질적인 운영 실태를 반영하는 재정구조를 보면, 세입부문은 부과금, 기부금, 위탁료, 부역비, 이자수입 등으로 이루어졌다. 세입구조에서 가장 비중이 컸던 부과금에는 조합원 혹은 우마의 두수에 따라 차등부과가 이루어진 조합비가 대표적이었다.

세출구조에서 주목되는 것은 임야세와 연합회분부금이었다. 임야세는 공동목장 임야대장에 기록된 임야를 대상으로 부과되었으며, 읍면공동목장조합연합회 분부금은 연합회 운영비를 마을공동목장조합에 전가시킨 비용이다. 현금출납부 분석을 통해 제주지역 목장조합에서도 전시체제하에 우마공출이 이루어졌음을 알 수 있다. 안덕면 서광리 목장조합 현금출납부 문서에 나타난 1943년 10월 공출우(供出牛) 검사가 이루어졌다는 기록은 공동목장에서 방목했던 소들도 공출되었음을 입증해준다. 명월리 목장조합 현금출납부에서는 1945년 초 제주도에 주둔한 75,000명의 일본군이 소비할 육우구입 대금을 일부 지불했던 내용도 기록되어 있다.

이러한 사실들을 통해 일제시기 제주지역 최고 행정기구인 제주도사가 마을공동목장조합에 대해 실질적인 지배권을 행사했으며 그 결과 언제든지 복장조합비 이용과 우마공출을 할 수 있었음을 알 수 있다.

여섯째, 일제가 표방한 것처럼 일제시기 제주지역 마을공동목장조합의 본질적인 지향점은 축산개량과 증산에 일차 목적이 있었다기보다는 조합비와 임야세의 징수를 통한 식민지 지방행정기관의 재정확충, 그리고 일본에서 부족한 축산품 조달, 전시체제하에서 군인들에게 필요한 군수품인 우마 확보라는 국책의 실현에 있었다고 볼 수 있다. 따라서 일제는 이와 같은 목표를 효율적으로 실현하기 위해 공동목장 용지를 함부로 매각할 수 없는 총유지로 규정했으며, 제주도내 행정력을 동원해 목장조합 설립사업이 공공사업임을 강조하며 강력하게 조합설립을 추진했다.

일제시기 공동목장조합은 목장운영 규약에 따라 운영되었으며, 다양한 목장 내 목축시설이 구축되었다. 그러나 일제는 공동목장 운영 과정에서 생산된 축산품에 대해 공출을 요구했을 뿐만 아니라 임야세, 조합비, 수수료 등 이른바 준조세적 성격의 부과금을 창출해 납부하도록 요구했다. 또한 목장예정지 내에 위치한 토지의 소유자들을 대상으로 한 기부를 유도하거나 공공이익을 내세워 목장용지의 염가매입을 강조했다. 이러한 정책들을 통해 일제는 궁극적으로 제주도내 촌락들을 사실상 지배하려고 했을 뿐만 아니라 공동목장 내 임산·축산자원을 수탈하려 했음을 알 수 있다. 이런 점에서 마을공동목장조합 역시 일제가 시행한 식민지 수탈정책의 표적이 되어 제주도의 마을단위 축산업 발전은 지체되고 말았다.

한편, 제주지역 마을공동목장조합은 장기지속적인 목축전통에 내포된 공동체성을 제도화·조직화하여 설립되었다는 측면도 있다. 그러나 이 조합은 제주도민들이 자발적으로 설립한 조직이라기보다는 조선총독부의 강력한 추진의지에 따라 설립된 조직체였다. 즉 이 조합은 초지부족

문제를 해결해 달라는 주민들의 궐기에 부응해 목장조합이 설립되었다
는 일제의 선전과는 달리 식민지 기관인 조선총독부, 전라남도청을 필두
로 제주도청, 읍면사무소, 제주도경찰서 등의 행정조직과 제주도농회,
금융조합 등 농업 및 경제 단체들이 총동원되어 만들어진 식민지 관제조
직이었다고 해도 과언이 아니다.

일곱째, 문화적 측면에서 마을공동목장과 목장조합은 고려시대 이후
계승된 전통적 목축문화의 외연을 확대하고 목축문화를 계승하는 역할
을 했다. 일제시기 공동목장을 배경으로 전개된 윤환방목과 방앳불 놓기
전통 그리고 마을별, 가문별 또는 개인별로 행해진 낙인풍습 및 공동목장
의 우마들을 이용한 바령밭 만들기 문화는 대표적인 목축문화 요소였다.

이상과 같은 성격을 가지는 목장조합은 한라산지의 초지대를 배경으
로 등장한 공동목장을 운영하기 위한 목축공동체로, 비록 일제의 식민지
축산정책에 영향을 받아 설립되었지만 비정치적인 성격의 조합이었으며
또한 주민들의 생업과 밀접하게 연관된 조합이었다. 한반도 지역에서도
목장조합이 설립되었을 가능성은 있으나 아직 이에 대한 선행연구가 없
는 상태이다. 앞으로 한반도 지역에서도 과연 이 목장조합이 설립되었는
지 그리고 설립되었다면 제주지역의 목장조합과 차이점은 무엇인지 등
에 대해 비교연구를 할 필요가 있다. 아울러 제주지역에서 해방이후 마
을공동목장을 둘러 싼 목장조합과 주민 간 그리고 목장조합과 행정기관
간 갈등양상을 사회사적 관점에서 접근할 가치가 있다. 나아가 공동목장
용지 매각에 따른 목장조합 해산양상에 대한 연구도 필요하다.

보론 : 제주도의 목축문화

보론(補論)에서는 공동목장조합에 대한 이해를 돕기 위해 이 조합 운영과 관련된 목축문화의 주요 구성요소를 중심으로 제주지역 목축문화와 목축민의 목축생활사에 대해 첨언하고자 한다.

제주도는 한라산이 있어 공동목장이 등장했고 이것의 운영과정에서 자연스럽게 목축문화[1]가 형성되었다. 이 문화에는 고려시대, 몽골의 탐라목장 운영기(1276~1374), 조선시대, 일제강점기를 거치면서 형성된 몽골, 조선, 제주, 일본의 목축문화가 융합되어 있다. 일제시기에는 조선시대의 목축문화에다 공동목장 운영과정에서 일본에서 이식된 축산 제도들이 융합됨으로써 한층 목축문화의 층위가 두터워 졌다.

한마디로 말해 일제시기 제주역사 무대에 등장한 공동목장은 한라산지[2]의 자연환경과 이곳을 배경으로 층층이 퇴적된 목장사들을 바탕으로 생성되었다. 목장조합의 핵심적 물적 토대인 이 목장은 겨울철에도 눈이 잘 내리지 않아 따뜻하고, 봄철에는 풀이 무성하며 그리고 방목을 위협하는 맹수가 없는[3] 등 방목에 유리한 천혜의 지리적 환경조건을 구비한 목축지였다. 이곳에 발달한 2차 초지대·오름(측화산, 기생화산)·하천·삼

---

1) 목축문화라는 용어 속에는 마문화(馬文化)도 포함된다. 일제시기에 제주도 공동목장에서는 말보다는 소가 집중적으로 방목되었다는 점을 고려한다면 마문화 보다는 말과 소 사육을 포함하는 목축문화가 더 적절하다.

2) 한라산지는 해안지역을 제외하고 대체로 중산간 지대(200m~600m : 산록부)와 산악지대(600m이상, 한라산국립공원, 산정부)로 구성되는 지역이다. 공동목장은 중산간 지대에 환상(環狀)으로 분포하고 있다.

3) 『태종실록』 16권, 8년(1408) 12월 25일(무술) : "本州地暖草肥山深無虎畜産"

림지·'곶자왈'·화산회토·완경사지(용암대지) 등으로 이루어진 장기지속
적 환경요소들은 모두 목축의 공간적 확대를 좌우한 중요한 환경요인이
었다.

특히 공동목장이 입지한 해발 200~600m 일대에는 우마에게 먹이를
공급할 자연초지가 발달해 있다. 이곳의 초지대는 이른바 '2차 초지대'
로 불리는 곳이다. 본래 이곳은 한라산의 수직적 식생분포를 고려할 때
온대림 지대에 해당하나 인간의 간섭에 의해 초지대로 변화된 곳으로 알
려졌다. 이곳의 초지대 형성에는 100년 가까이 이루어진 몽골에 의한 목
축전통, 조선시대 제주도민들에 의해 이루어진 목축과 개간활동, 초지개
량을 위한 방앳불 놓기 전통4) 등이 영향을 준 것으로 해석된다. 그러나
처음부터 초지대가 형성된 지역도 있었다. 실례로, 1276년 몽골이 현재
성산읍 수산리 수산평에 탐라목장을 설치할 당시 이곳은 이미 초지대였
다. 이런 점에서 제주도의 중산간 초지대 전체가 목축민들의 주기적인
불 놓기로 인해 형성되었다는 주장은 재고할 필요가 있다. 초지는 용암
대지와 오름(측화산)까지 무차별적으로 널리 분포해 한국의 다른 어느
지역도 제주지역 만큼 목축이 성한 곳이 없었다.5)

대체로 공동목장에서의 방목은 절기상으로 볼 때 청명(淸明) 이후부
터 시작해 상강(霜降)이면 종료되었다. 일평균 기온이 5℃ 이하로 내려
가면 목초생육이 정지되기 때문에 음력 10월경이면 방목이 마무리되었
다.6) 방목지대의 오름(측화산, 기생화산)들은 여름철 방목지 및 우마들
의 방목상태를 관찰하는 '망동산'으로 이용되었다.

이상과 같은 자연환경 하에서 목축생활이 일찍부터 이루어졌음을 『조

---

4) 남제주군, 『남제주군』, 1986, 563쪽.

5) 헤르만 라우텐자흐, 『KOREA』, 1945, 김종규 외 옮김, 『코레아Ⅰ』, 1998, 민음사, 655쪽.

6) 김문철·박희석·이수일·김태구, 「제주도내 마을 공동목장의 초지관리 이용 및 식생상태의 조사」, 『한국축산학회지』 28(8), 1986, 559쪽.

선왕조실록』(태조~철종), 『남사록』(김상헌, 1601~1602), 『탐라지』(이
원진, 1653), 『제주읍지』(정조연간), 『제주풍토기』(이건, 1628~1635), 『제
주계록』(1846~1884) 등을 통해 확인할 수 있다. 다음은 사료들에 기록
된 주요 목축문화 요소들이다.

> 가. 섬에서 목축을 하는 목자들에게 섬 안에 초옥(草屋)[7] 서너 채를 짓게
>   하여 말들에게 추위와 더위를 피하게 했다. 매년 야초를 베어 쌓아놓
>   아 풍설과 기한(飢寒)에 대비하도록 했다.[8]
> 나. 목자들은 관마를 5일마다 교체하여 번을 들었으며, 이때 인계받은 말
>   들의 숫자를 세어 다음 번을 서는 목자에게 넘겨주었다.[9]
> 다. 제주목자 고윤문(高允文)은 효행으로 인해 복호(復戶)되었다.[10]

목축 전문가 집단이라고 할 수 있는 목자들은 목장 내 말들이 추위와
더위를 피할 수 있도록 초옥을 만들고 나아가 풍설과 배고픔, 추위에 대
비해 들풀을 준비해야 했다. 또한 5일마다 번갈아가면서 국마들을 맡아
관리했다. 목자 중 실명이 『조선왕조실록』에 등장한 사람은 바로 현재
의 한경면 출신 고윤문이 유일하다.[11] 그는 부모에 대한 효행이 알려져
복호(復戶)[12]된 목자였다. 그러나 많은 목자들은 동색마(同色馬) 폐단[13]

---

7) 이 초옥은 「제주삼읍도총지도」(1770년대)에 피우가(避雨家)라는 명칭으로 등장한다.

8) 『태종실록』 13권 7년(1407) 3월 29일(계미) : "司僕寺上馬政事目。啓曰 : 馬政
   軍國所重 各道孳 息馬匹 因暑雨風雪 多至疲斃 乞於一島內 量造草屋三四處 使馬
   群得避寒暑 且使牧子 每年季秋 刈積郊草 以爲風雪飢寒之備"

9) 『세종실록』 64권 16년(1434) 5월 1일(정축) : "公馬則職員等 各其逢受馬匹 每五日
   相遞立番時計 數交付 故於馬草不實平地 常日驅聚 尤加勞困瘦弱, 生產不實"

10) 『순조실록』 19권 16년(1814) 6월 8일(병진) : "禮曹因諸道儒生上言 [⋯] 濟州牧
    子高允文孝行 幷復戶"

11) 효자 제주목자 고윤문의 비석은 현재 한경면 두모리 도로변에 세워져 있다. 고윤
    문에 대해서는 『한경면역사문화지』(2008, 161~162)가 참조된다.

12) 복호(復戶)는 조선 시대에 충신과 효자, 군인 등 특정 대상자에게 보상으로 부역
    이나 조세를 면제하여 주는 것을 의미한다.

등 여러 신분상의 고통이 많았으며, 심지어 자신의 재산과 자식까지 팔
면서 목숨을 연명해야 할 정도였다.

> 라. 제주도에서 말을 기르는 자들은 모두 둔(屯)을 지어 방목하며 매 둔마
> 다 해마다 말 1필을 국가에 바친다.
> 마. 제주도 토성은 푸석하고 들떠서 곡식을 파종하려는 자는 말과 소를 모
> 아 그 땅을 밟아 땅이 반드시 단단해진 뒤에 종자를 뿌리니, 공사의
> 말들이 이 때문에 피곤해 진다. 공가(公家)에서 비록 금령이 있으나,
> 몰래 목자와 짜고서 말을 병들게 한다.[14]

『태종실록』(1411)에 따르면, 제주도에서는 목축방법으로 둔 방목이
행해졌다. 둔이란 방목하는 말의 무리를 말하며, 소유주체에 따라 국둔
과 사둔으로 구분되었다. 대개 국마를 기르는 국둔에서는 50필 단위로
목자 1명을 임명해 방목하도록 했다. 사둔에는 둘레를 막은 담장(잣성)
이 없었으며 이곳에서는 개인소유의 말과 함께 국가소유의 공마도 일시
적으로 함께 방목되기도 했다.[15] 조선후기 대표적인 국영목장이었던 십
소장이 형성되기 이전에 이미 제주도민들은 둔을 만들어 목축을 했음을
알 수 있다. 화산활동 시 분출된 화산재가 풍화되어 이루어진 화산회토
로 인해 파종 후 우마들을 밭으로 들여보내 땅을 밟게 해 주는 진압농
(鎭壓農)이 필요했다.

> 바. 제주에 목장이 없었을 때 한라산 정상부근부터 해안평지에 이르기까

---

13) 박찬식, 앞의 논문, 1993, 461~471쪽.

14) 『태종실록』 22권, 11년(1411) 7월 27일(병술) : "濟州牧使金廷雋 上言 : 州有東西
二道 凡畜 馬者皆作屯 每屯歲獻馬一匹 例也 今觀土性虛浮 凡播穀者必聚馬牛
以踏其地 地必堅硬 然後播種 公私牛馬 因此困疲 公家雖有禁令 潛與牧子通同 以
致馬病"

15) 李剛會(1819), 『耽羅職方說』, 현행복 역, 2008, 83~84쪽 : "私屯無牆惟牧子驅牧
萬餘匹"

지 마음대로 오고가며 말을 방목했으나 근년(조선 초)에 (한라산 주위를) 빙 둘러막아 목장을 만들어 놓고 관청과 개인의 말을 모두 들여다 방목한 결과 말은 많으나 풀이 부족했을 뿐만 아니라 말들이 목장 밖으로 나갈 수 없기 때문에 말들이 여위고 저절로 죽는 문제가 발생하자 가을에 중앙관리를 보내 사방으로 둘러친 곳을 허물어버리고 말들이 아무데나 오가면서 풀을 뜯어먹게 했다.16)

국마장이 설치되기 이전에는 한라산 산정부에서 해안지역까지 자유롭게 방목이 이루어졌다. 그 결과 해안지역에서는 방목 중인 우마들이 농작물에 피해를 주는 사례가 있었다. 이에 해발 200m 부근을 따라 국마장 하한선에 해당하는 하잣성('알잣')을 축조한 다음, 해안지대에서 방목하던 국마와 사마들을 국마장 안으로 올려 보내 방목하게 했다. 한라산 주위에 돌담(잣성)을 쌓아 목마장을 만든 결과, 목마장 내에서 풀이 부족하여 말들이 여위어 죽는 문제가 발생하자 중앙관리를 보내 돌담을 허물도록 했다. 이 돌담은 마을주민들에 의해 주기적으로 보수와 증설이 이루어졌다. 위치에 따라 알잣(하잣성), 중잣(중잣성), 윗잣(상잣성)으로 구분되었으며, 현재도 잣성은 제주지역 조선시대 국영목장 경계선에 남아있다.17) 『생활상태조사』(제주도, 1929)에 "조선시대 목장제도가 점점 쇠퇴해지면서 상성(상잣성)과 하성(하잣성)의 중간에 쌓은 돌담이다"고 기록된 중잣은 농목(農牧) 교체형 토지이용을 알려주는 돌담에 해당된

---

16) 『세종실록』 64권 16년(1434) 5월 1일(정축) : "司僕寺提調啓 : "前此濟州不築牧場 自漢拏山上山 腰以至平野 馬匹任意相通牧養 近年周回築場 公私馬匹 竝皆入放 自後馬匹數多 而場內之草不盛 又不得通行場外 因致瘦弱倒損焉"

17) 잣성은 조선시대 제주도 목마장의 존재를 증명하는 유적으로, 위치에 따라 해발 150m~250m 일대의 하잣성, 해발 450m~600m 일대의 상잣성 그리고 해발 350m~400m 일대의 중잣성으로 구분된다. 조선초기인 1430년대부터 축조되기 시작한 하잣성은 해안 농경지와 중산간 방목지와의 경계지대, 조선 후기에 만들어진 상잣성은 중산간 방목지와 삼림지대와의 경계부에 위치하고 있다. 중잣성은 상잣성과 하잣성의 중간에 축조되었다.

다. 즉 중잣의 하부지역을 경작할 때는 우마를 중잣 상부에 방목하며,
중잣의 상부지역을 경작할 때는 우마를 하부지역에서 방목했다.[18]

사. 공사(公私) 간 목장들에 품질 좋은 숫말은 '부(父)'라는 낙인을 찍어 육
　지로 나가는 것을 허락치 아니한다.[19]
아. 구례에는 제주의 흥리인(興利人 : 무역상인)이 마필을 교역할 경우에
　는 목관에서 반드시 문안을 상고하여 '시(市)'자의 도장을 낙인하여 육
　지로 내보내게 하였다. 근래에는 도장이 없는 말은 잡아서 고발하라는
　법령이 없어 인표(印標)가 없이도 쉽게 육지에 나갈 수 있어 도적이
　날로 불어 뒷날의 폐단을 막기 어렵다.[20]

낙인은 사마(私馬)라 할지라도 품질이 우수한 종마면 관할청이 '父'자
낙인을 하여 출륙을 금지했다. 제주상인('물장시')이 마필을 무역할 경
우, 제주 목사는 제주목관아가 보관하고 있는 우마적과 대조하여 '市'
자로 낙인한 뒤에야 출륙을 허락했다. 낙인은 말의 사육·생산·유통 과
정을 체계적으로 관리하기 위해 실시된 관행으로, 낙인의 자형과 도형
표시를 달리하여 국마와 사마를 구별했다.[21] 『제주읍지』(정조연간)는 제
주목 소속 목장 7개소에 38자, 정의현 소속 목장 3개소에 17자, 대정현
소속 목장 1개소에 3자의 낙인이 있었으며, 3읍을 합하면 58자의 낙인
을 사용했다고 기록하고 있다.

---

18) 조선총독부,「生活狀態調査 基二, 濟州島」, 1929, 26쪽. 이것은 중잣성에 대한 최
　　초의 기록이다. 따라서 중잣성은 적어도 마을 공동목장이 형성되기 시작한 1933
　　년 이전에 축성된 것이라 할 수 있다.
19)『세종실록』61권, 15년(1433) 9월 9일(무자) : "公私屯品好牡馬 以父字烙印 不許
　　出陸 已曾立法. 然私屯馬 則其本主不顧後慮 竝皆放賣 其出陸時 如有父字烙印
　　者 還給本主"
20)『성종실록』14권, 3년(1472) 1월 30일(정묘) : "舊例 濟州興利人 交易馬匹 牧官必
　　考文案 烙市字 印 許令出陸. 近來禁制陵夷 又無無印馬捕告之令 故雖無印標 易
　　以出陸 因此盜賊日滋 後弊難防"
21) 이영배, 앞의 논문, 제주도민속자연사박물관, 1992, 132쪽.

　제주지역에는 조선시대에 존재했던 거세(去勢), 낙인(烙印), 점마(點馬), 공마(貢馬), 둔(屯) 방목, 감목관(監牧官), 목자(牧子), 분전(糞田), 밭밟기(鎭壓農), 잣성(牆垣)과 같은 목축문화 요소 외에도 일제시기에 등장한 이표(耳標), 목감(牧監), 공동목장조합(共同牧場組合), 방앳불 놓기(放火, 火入), 마적증(馬籍證)22) 등이 남아있다. 그야말로 제주도의 목축문화 속에는 몽골(원), 조선(제주), 일본의 목축문화들이 융합되어 있는 것이 특징이다.

　일제시기 제주도를 다녀 간 일본인들의 축산관련 기록들을 통해 당시에 존재했던 제주도 목축문화의 일면을 알 수 있다.

- 도민들은 농사를 지을 때 우마를 이용해 밭 밟기를 행한다.
- 밀림지대에는 방목된 우마들이 도망을 쳐 살고 있는 들소(野牛)와 들말(野馬)이 있다.
- 제주인들은 소털로 모자를 만들어 팔았다.
- 방목우마의 마을별 또는 마을 내 소유자 구별을 위해 낙인을 했다.23)
- 1930년대 한라산 백록담에는 소 31두, 말 9두가 방목되고 있었다.
- 우마소유자에 대해 우마적에 등록시켰다.24)
- 1920년대 후반 식민지 당국은 축산 지도기술자 양성, 축산조합 목장경영 개량, 격년전환식 방목(隔年轉換式) 방목, 클로바 목초 재배, 진드기 구제, 우마적 정리·개량 실시, 축우반출 검사시행, 가축시장 개설·경영, 열등 수소 거세·정리계획 수행, 사료 작물 재배 장려, 도수장 개선 및 냉장장치 설치, 수역 예방 및 병축 치료 등을 통해 축산환경을 개선하려 했다.25)

---

22) 일제시기에 존재했던 제주지역 마적증은 현재 서귀포시 서홍동 향토지인 『西烘爐』(1996)에서 확인된다. 이에 따르면 마적증에 기재된 말의 소유주는 서홍마을 변□구씨이며, 馬籍証에는 말의 모색, 암수구분, 출생지, 연령, 특징, 낙인기호, 검사일, 소유자 주소씨명이 기록되어 있다. 1918년 5월 19일에 변씨 소유의 말에 대한 검사가 이루어졌음을 알 수 있다.

23) 금촌병, 「濟州島の牛馬」, 『朝鮮』 8月號, 1929, 제주시 우당도서관, 『「濟州島」의 옛 記錄』, 1997, 41~49쪽.

24) 樺田一二, 「濟州島の畜産」, 『樺田一二地理學論文集』, 弘詢社, 1976, 56~ 61쪽.

- 1937년 제주도 개발계획에 따라 축산개발사업 분야에서는 축우 증식 개량을 위해 종모우 설치, 열등모우 거세, 저리자금에 의한 경우 대부 등 축우증식 10개년 계획이 시행되었다.
- 종래 난방목 폐단에 의해 우마의 도난피해가 많아 우마적 정리를 단행, 우적번호를 인각한 금속이표(金屬耳標) 장착 및 낙인을 실시했다.[26]

한편 1980~1990년대부터 본격적으로 외국산 축산물품이 국내로 수입되면서 제주도의 축산업이 타격을 받기 시작했다. 이에 따라 공동목장에 방목하는 우마수가 감소하고 심지어 공동목장이 매각 되면서 축산업 기반자체가 흔들리고 있다. 2012년 현재 제주도의 축산인구는 총인구의 4%에 불과할 정도로 축산업에 종사는 인구비중이 크게 감소하고 있는 실정이다. 이러한 상황은 결국 전통적 목축문화의 소멸로 이어지고 있어 하루속히 목축문화에 대한 계승과 복원노력이 요청된다.

여기에서는 제주지역 중산간 농촌마을에 남아있는 목축문화를 방목과 낙인풍습, 방앳불 놓기와 바령밭 만들기, 테우리(목자, 목감)와 백중제, 출역으로 구분해 약술하고자 한다.

첫째, 마을공동목장에서는 초지환경을 지속적으로 활용하기 위해 일정한 목장조합규약에 따라 시기를 정한 다음 방목을 허용했다. 제주도 목축사에 있어서 방목에 대한 기록은 1472년의 『성종실록』에 처음 등장한다. 여기에는 "제주삼읍 관청이 관리하는 말과 개인 소유의 말들은 항상 산야에 놓아 기른다"고 되어 있다.[27] 이러한 방목풍습은 몽골(원)의 목축방법과 맥락이 닿아있다. 그렇지만 제주지역이 사면의 바다로 둘러싸인 섬이면서 중산간 지대에 넓은 초지대가 발달하고 있다는 자연환경을 고려할 때 가축을 초지대에 놓아기르는 방목의 역사는 더 길다

---

25) 善生永助, 『生活狀態調査 其二 濟州島』, 1929, 제주시 우당도서관, 2002, 44쪽.

26) 濟州島廳, 『濟州島勢要覽』, 1939, 제주시 우당도서관, 『濟州島의 經濟』, 1999, 175쪽.

27) 『성종실록』 1472년 1월 30일자 기사 : "濟州三邑公私屯馬 常放山野 任性孳養 故馬多蕃息"

고 볼 수 있다.

마을공동목장에서 이루어진 구체적인 방목방법으로는 연중(종년) 방목, 계절적 방목(이목), 순환방목, 격년전환식 방목이 있다. 종년방목과 계절적 방목이라는 용어는 일본인 천청일이 『제주도』(1966)에서 처음 제시한 것으로, 종년방목은 바로 연중 방목이라 할 수 있다. 제주의 산북지역(현재 제주시)에 위치한 중산간 공동목장지대는 겨울철 북서계절풍의 영향이 강하고 다설현상이 빈발해 가축의 연중방목이 어렵다. 반면에 북서계절풍의 풍하지역(바람그늘)에 해당하는 산남지역(현재 서귀포시)에 위치한 공동목장 지대는 겨울철이 온화하여 연중방목이 가능했다(그림 24).

그림 24. 서귀포시 남원읍 신례리 공동목장의 방목모습
사진 : 2011년 11월20일 촬영(홍성현 제공)

윤환방목(輪環放牧)은 우마들은 목장 내 한 구역에서 일정기간 풀을 뜯어먹게 한 다음 다른 구역으로 이동시키며 방목하는 목축방법을 의미한다. 제주지역 대부분의 공동목장에서 이루어진 목축방법으로 몇 개의 소규모 목장(암소방목장, 수소방목장, 말 방목장 등)으로 구획해 목장을

이용하는 경우에도 윤환방목이 이루어졌다.28)

　방목풍습에 대해 애월읍 고성마을에서는 소 방목을 '방둔(放屯)'이라고 불렀다. 이것은 일정한 기간 동안 정해진 공동목장으로 올라가 풀과 물이 있는 장소에서 우마를 놓아기르는 것이었다. 이때 목감(테우리)은 우마들에게 스스로 물 먹는 습관을 길러주기 위해 2~3일 정도 물이 있는 곳으로 몰고 가 물을 먹이곤 했다. 이 마을에서는 1930년대 공동목장조합이 설립되어 등장한 목감(牧監)에게 급료로 관리할 우마 수에 따라 탈곡한 보리로 삯을 지급했다. 이것을 '번곡'(番穀)이라고 했다.29)

---

28) 이밖에 상산방목(上山放牧)이 이루어졌다. 다만, 이것은 공동목장 내에서 이루어진 것이 아니라 공동목장에 방목하지 않고 여름철 농사에 투입했던 우마들을 공동목장 지대보다 더 높은 곳에 위치한 상산(백록담 부근)에 방목하는 것이었다. 즉, 여름철 밭작물인 조를 파종하고 고구마를 심는 농사가 마무리된 후, 일정한 날을 정해 백록담 부근 한라산 고산지대에 소를 올려 방목하는 형태이다. 이것은 제주지역에서 가장 고지대에서 이루어졌던 목축에 해당된다. 상산은 고지대여서 여름에 시원한 바람이 불고, 파리나 진드기가 별로 없는 곳이어서 우마 발육에 유리했다. 소를 상산에 올리는 날은 목축지가 마을에서 멀리 떨어져 있었기 때문에 동트기 전에 출발해야 했다. 공동목장에 방목하지 않고 초여름 농경에 이용했던 우마들을 쉬게 해주기 위해 상산에 방목을 시킨 것이다. 상산방목이 이루어진 사례지역으로는 남원읍 하례마을, 서귀포시 도순마을, 호근마을, 하효마을 등을 들 수 있다. 모두 한라산 남쪽인 산남지역을 중심으로 행해진 것이 특색이다. 1941년 경 시인 정지용이 한라산을 등반하며 백록담 부근에서 만난 우마는 바로 상산방목 중인 우마였다. 당시 정지용은 <白鹿潭>이라는 시에서 다음과 같이 방목우마에 대해 적었다.

　　바야흐로 해발 육천구척 우에서 마소가 사람을 대수롭게 아니 녀기고 산다. 말이 말끼리 소가 소끼리, 망아지가 어미소를 송아지가 어미 말을 따르다가 이내 헤여진다. 첫새끼를 낳노라고암소가 몹시 혼이 났다. 얼결에 산길 백리를 돌아 서귀포로 달어났다. 물도 마르기 전에 어미를 여읜 송아지는 움매-움매- 울었다. 말을 보고도 등산객을 보고도 마고 매여 달렸다. 우리 새끼들도 수색이 다른 어미한틔 맡길 것을 나는 울었다(정지용, 「백록담」, 『文章』3호, 1939.4).

29) 번곡의 경우, 공동목장 조합원은 넉되(小斗 한말), 비조합원은 여덟 되를 삯으로 지불했으며, 어린 송아지의 경우에는 그 절반으로 하였다(고성리 향토지 편찬위

구좌읍 한동마을에서는 하절기[靑草期]에 소를 방목한 다음, 동절기
[枯草期]에 하산시켜 농가에서 사육했다. 이 마을에서는 봄부터 가을까
지 중산간 초지대에서 '번치기' 방목을 했다. 이것은 목축민들이 순번을
정해 윤번제로 방목우마를 관리했던 시스템이었다. 이를 위해 미리 나
무패30)를 돌려 당번임을 알렸다. 번치기 당번은 환축(患畜) 발생유무와
우마수 확인, 식생 생육상태에 따른 우군(牛群)의 이동 그리고 급수장까
지 소들을 이동시키는 일 등을 담당했다.31) 서귀포시 하효마을에서는
상잣성과 하잣성 사이의 정해진 구역에서 관리인을 두어 착호비(着護費)
를 받아 우마를 방목했다.32) 제주시 월랑마을에서 소의 번은 목축민의
중요한 일상사였다. 번은 목장에 소들이 올라가기 전 봄철에 많이 행해
졌다.33)

　　공동목장에서의 이루어지는 방목형태로 계절적 방목이 있었다.34) 이
것은 '이목(移牧)'에 해당하며, 겨울철에는 저지(低地 : 해안마을)에서 목
축을 하다가 여름이 되면 산지(중산간)로 이동해 가축을 기르는 형태이
다.35) 제주도는 해안에서부터 한라산 정상까지 연결되는 수직적 자연환
경을 가지고 있기 때문에 겨울철에는 온난한 해안 취락지역(0~100m)에
서 우마를 기르다가 새로운 풀이 돋아나는 봄철에는 다시 중산간 지역
(200~600m)의 공동목장으로 우마를 올려 방목했다. 이러한 이목은 제

원회, 『고성리지』, 1993, 대원인쇄사, 147~148쪽).
30) 나무패는 축주 명단을 기록하고 방목, 관리의 순번을 정해 놓은 나무 조각을 의미
한다.
31) 북제주군 구좌읍 한동리, 1997, 앞의 책, 218~220쪽.
32) 하효동 마을회, 『下孝誌』, 대신인쇄사, 1987, 30쪽.
33) 암소 번(母牛番)은 대체로 번 당 50두(송아지 포함)씩 5개 번이 편성되었고, 부룽
이(種牛) 번은 번당 20두 정도해서 5개 번으로 구성하였다.
34) 제주도교육청, 『제주도의 전통문화』, 1996, 310쪽.
35) 테리조든-비치코프·모나 도모시 지음, 류제헌 편역, 『세계문화지리』, 2002, 171쪽.

주도의 기후와 지형환경이 만들어낸 방목형태라 할 수 있다.

둘째, 공동목장에서 방목이 이루어지는 과정에서 우마를 잃어버리거나 성장하면서 털색이 변모해 소유주 구분이 어려운 경우가 있었다. 이러한 상황에 대비해 목축민들은 낙인(烙印)을 했다. 이것은 자형이나 도형이 새겨진 쇠붙이를 달구어 가축의 대퇴부에 찍는 일종의 쇠도장을 의미한다.

조선시대 제주지역에서 이루어진 낙인은 『태종실록』(1407년 3월 29일)에 처음 등장한다. 이 문헌에는 "낙인을 찍은 다음 거세하는 것을 허락하라"[36]고 기록되어 있다. 제주지역에서 우마에 대한 낙인은 1276년부터 근 100년 동안 제주지역에서 운영되었던 몽골(원)의 목축문화에 뿌리를 두고 있다. 조선시대에 낙인은 국영목장이었던 십소장 운영을 위한 마정과 관련하여 찾아볼 수 있다. 당시는 낙인의 자형과 도형 표시로 국마(國馬)와 사마(私馬)를 구별하였으며, 국영마목장에서는 천자문의 글자인 천(天), 지(地), 현(玄), 황(黃) 등의 자형을 낙인으로 이용했다.

낙인은 매해 4월경에 2살 이상의 소와 말을 대상으로 이루어졌으며, 우마의 마을별, 개인별 소유관계를 확실히 밝혀주기 위해 행해졌다.[37] 글자의 획이 간명하면서도 표시부분이 뚜렷하게 드러나야 하므로 획이 복잡한 글자는 피했다. 문자와 기호를 사용하는 낙인은 주로 공동목장에 방목하기 전인 봄철이나 방목을 끝내고 집으로 몰고 오는 가을철에 행해졌다. 낙인찍는 장소로는 목이 좁고 바닥 면적이 넓지 않아야 하며 담장이 높게 쌓아진 곳을 택했다. 구좌읍 하도리에서는 마을인근의 '장통'(墻桶) 그리고 송당리에서는 '물통'을 이용했다. 마을별, 가문별로 이루어진 낙인의 실례는 <표 50>과 같다. 일제시기에는 숫자로 된 일본식 낙인

---

36) 『태종실록』 13권, 7년(1407) 3월 29일(계미) : "外方則告守令 考其虛實烙印 然後方許作騸"

37) 금촌병, 앞의 글, 49쪽.

이 보급되었다. 이것은 동그란 원 안에 아라비아 숫자를 새긴 것으로, 남원면 위미리는 7번과 8번 낙인이 배정되었다.[38] 식민지 도당국은 제주도내 각 마을에서 기르는 우마들에 대해 고유번호를 부여한 다음 이를 통해 각 마을별 우마에 대한 통제를 효과적으로 하려 했다.

〈표 50〉 제주지역 마을별·가문별 낙인의 실례

마을이름	가문별	자형 [도형]	마을이름	가문별	자형 [도형]
제주시 봉개동	金성진 家	生	애월읍 어음2리	梁氏 家	甲
	高홍규 家	上		梁태조 家	巨
	姜氏 家	千		鄭氏 家	丁
	高성관 家	木	애월읍 봉성리	梁氏家(가평파)	甲
	高氏 家	水, 百		梁氏家(명월파)	巨
	마을 공동	奉盖		姜氏 家	中
	高氏 家 광산 金氏	土		洪氏 家	│○
	夫氏 家	万	애월읍 상가리	마을 공동	上 加
	나주 김씨	生			
	權氏 家	S			
	풍천 임씨	千		梁氏 家	占
	남양 홍씨	主			
제주시 아라1동	군위 吳氏家	仁	애월읍 납읍리	姜氏 家	正
	경주 金氏家	月		梁氏家(서상동)	中
	담양 田氏家	千		진희안 家	上
제주시 오등동	金氏 家	卜		金상용 家(서하동)	品
제주시 아라2동	梁, 文, 玄氏家	巨		文氏 家(동가름)	呂
	田氏 家	田		진용준 家(서상동)	已
	夫氏 家	又		홍시준 家(서중동)	①
	朴, 姜氏家	竹		金태종 家(서상동)	太
제주시 오라동	마을 공동	吾		金氏 家(동가름)	가
	吳氏 家	오		金氏 家(서하동)	山

38) 제주특별자치도 문화관광해설사회, 『제주 동부지역의 공동목장사』, 2010, 283쪽.

제주시 해안동	마을 공동	니生		강봉수 家(문지기동)	丁
	朴氏 家	노		金용수 家	3
제주시 도평동	마을 공동	都	애월읍 신엄리	마을 공동	納
	마을 공동	平		마을 공동	ㅁㅁ
도평동 사라마을	마을 공동	巳		白氏 家	白
애월읍 광령리	金성령 家	光	애월읍 용흥리	마을 공동	ㅁㅁ厂
	梁氏 家	丁		이주민(소길리->용흥리)	吉
	金氏 家	土		이주민(장전리->용흥리)	丈
	마을 공동	光令	애월읍 애월리	마을 공동	月
애월읍 고성리	文氏 家	古	애월읍 고내리	마을 공동	內
	梁氏 家	十〇	애월읍 수산리	마을 공동	水山
애월읍 금성리	마을 공동	금성	애월읍 하가리	마을 공동	下加
	마을 공동	攴	애월읍 장전리	마을 공동	田
애월읍 어음1리	金氏 家	乙	애월읍 소길리	마을 공동	召
	梁氏 家	ㄱ	애월읍 하귀리	마을 공동	ㅁ
	마을 공동	万	애월읍 상귀리	마을 공동	上口
조천읍 함덕리	金석하 家	山		康인필 家	U
	宋순태 家	宋		李경호 家	京
함덕리 평사동	마을 공동	平		吳기연 家	八
조천읍 함덕리	金만일 家	大	표선면 성읍1리	宋지준 家	S
	高문언 家	凡		趙일훈 家	京
	高氏 家	고		趙인준 家	조
	金창수 家	中		趙동권 家	〇
	金형문 家	니		玄원석 家	玄
	梁도욱 家	化		朴영옥 家	朴
조천읍 와산리	梁덕윤 家	ㄷ	표선면 성읍2리	李주삼 家	主
	李종언 家	大	표선면 토산1리	金氏 家	乃
	韓대길 家	니		경주김씨 家	ㄷ
	韓성택 家	土	표선면 가시리	吳氏 家	仁
	高수옥 家	丁		鄭氏 家	工

			康氏 家	乃
高천봉 家	占	성산읍 삼달리	康氏 家	于
金氏　家	山	조천읍 조천리	金묘생 家	中
蔡평일 家	大	조천읍 신촌리	金병문 家	文
구좌읍 송당리				
金병현 家	니	조천읍 대흘리	洪경만 家	ㅇ
			마을 공동	大
金군생 家	ㄷ	조천읍 교래리	愼氏　家	冂
			夫氏　家	ㄱ
金생길 家	ㄷ		마을 공동	大
金명식 家	ㅅ	조천읍 선흘2리	金영봉 家	오
구좌읍 하도리				
康氏　家	石	구좌읍 평대리	梁氏 家	仁
吳氏　家	日		吳氏 家	巾
마을 공동	丁		金氏 家	凡
金氏家(동동)	又	구좌읍 월정리	金氏　家	丁
吳氏家(굴동)	○	구좌읍 행원리	韓태섭 家	거
	○○	구좌읍 한동리	吳정규 家	巾
梁氏家(굴동)	化	남원읍 한남리	玄학봉 家	ㅁ
宋氏家(면수동)	白	남원읍 위미2리	吳형택 家	本
高氏家(굴동)	好			
경주 金氏家	乃		강씨 가	乃
高氏家(창동)	ㄱ		양씨 가	巨

자료 : 1. 이영배, 「濟州馬 烙印의 字型 調査(Ⅰ)」, 『調査硏究報告書』 第7輯, 濟州道民俗自然史博物館, 1992.
　　　　────, 「濟州馬 烙印의 字型 調査(Ⅱ)」, 『調査硏究報告書』 第8輯, 濟州道民俗自然史博物館, 1993.
　　2. 제주특별자치도 문화관광해설사회, 『제주 동부지역의 공동목장사』, 2010.
　　3. 좌동렬, 「전근대 제주지역 목축의례의 역사민속학적 연구」, 제주대 사학과 석사논문, 2010.

　셋째, 마을공동목장에서는 해마다 이른 봄철 목축지에 불을 놓았다. 이를 '방앳불'(放火) 놓기라 했다. 일제시기에는 방앳불 놓기라는 용어 대신에 일본어인 '화입'(火入)이 주로 이용되었다.[39] 현재 제주도에서는

─────────

39) 화입이라는 용어는 통감부 시기(1906~1910)인 1908년 1월에 만들어진 삼림법 제14조(지방장관 또는 경찰 관리의 허가 없이 삼림산야에 화입을 할 수 없다)에 등

산림보호를 위해 불 놓기 행사가 제한되고 있으나 일본에는 현재도 일본 규슈 구마모토 현에 있는 아소산(1,592m) 산록부 초지대에서 봄철 목초 지를 태우는 화입이 행해지고 있다.[40]

방앳불 놓기의 구체적인 방법은 1936년 10월 한림면장이 면내 목장 조합장에게 보낸 「목장조합 지도에 관한 건」에 구체적으로 나타난다.[41] 이에 따르면 방앳불 놓기는 공동목장 뿐만 아니라 목초지가 있는 곳이면 어디서든지 이루어졌다. 진드기 구제와 잡초(가시덤불) 소각이 주된 목 표였다. 목장조합에서는 조합원들을 동원해 목장 내 자갈들을 모아 목장 내 한 구석에 적치한 다음, 목장경계를 따라 폭 5간(1간 1.8m×5=9m) 이상의 초지를 예초(刈草)해 방화선을 구축한 후 불 놓기를 진행했다. 이 것을 행하는 시기는 해안지대 2월 하순, 중간지대 2월 초순, 산간지대 3월 중순으로, 해발고도가 높은 곳으로 갈수록 늦어졌다. 이것은 산간지 대로 갈수록 기온이 낮아 새로운 목초가 돋아나는 시기가 늦어지는 생태 환경을 반영한 것이다. 목장조합에서는 온화한 날짜를 미리 선정해 방앳 불 놓기를 실시했다. 제주도사는 화입 허가원을 1월 말까지 제출해 사전 에 허락을 받도록 했다.

방앳불 놓기는 중산간 공동목장지대에서 해마다 주기적으로 이루어

장해 일제강점기 이전에 이미 사용되었음을 알 수 있다.

40) 市川健夫, 「朝鮮とのかかわが深い阿蘇牛と土佐牛」, 『日本の馬と牛』, 1984년(昭 和 59), 東京書籍株式會社, 162~164쪽. 화입은 일제시기에 생겨난 용어이다. 마 을 공동목장이 일제식민지 당국의 통제로 들어가면서 전통적으로 사용해오던 '방 애(放火)'라는 용어를 대체한 것이다. 현재 일본 규슈 구마모토현의 아소산록 초 지대에서도 매년 야소(野燒)가 행해지고 있다. 이것은 화입에 해당하는 행사로, 진드기 등의 해충구제와 가시나무 등의 식물을 태워 이른 봄 야초를 생육시키기 위해 이루어지고 있다. 야소는 제주도 공동목장 지대에서 이루어졌던 '방앳불놓 기'(放火)와 매우 유사하다. 아소산록에서는 2010년 3월 에도 화입이 이루어졌으 며, 이것을 일본의 관습으로 소개하고 있다(참조: YouTube-Field burning(野燒き) Disinfest, 동영상 자료).

41) 한림면장, 「共同牧場組合 指導ニ關スル件」(1936.11.10).

졌다. 이러한 불 놓기가 언제부터 제주지역에서 시작되었는지는 명확하지 않다. 이것이 『조선왕조실록』에 등장한 사례가 없으며, 일제하 공동목장 문서에 화입에 대한 내용이 실재한다는 점에서 방앳불 놓기(화입)는 문헌자료에 근거할 때 오히려 일제시기에 등장한 것일 수도 있다. 즉 일제강점기에 공동목장제도와 함께 이식된 일본의 목축문화일 가능성도 배제할 수 없다. 해발 200m~400m에 환상(環狀)으로 펼쳐진 공동목장 지대에서 이루어지는 불 놓기 행사가 종료되면 방목이 이루어졌다. 방앳불 놓기로 인해 초종(草種)에 변화가 나타나 일년생 종자식물은 자생이 어렵고 다년생 숙근초류와 양치식물이 우점(優點)되었다.[42] 그 결과 공동목장조합에서는 해마다 마을 주민들은 동원해 양치식물인 고사리를 제거하는 일을 했다.

넷째, 제주도 목축민들은 공동목장에서 몰고 온 우마 또는 축사에서 기르던 우마들을 이용해 '바령'을 했다. 이것은 우마의 똥이나 오줌을 거름으로 활용하기 위해 우마들을 밭에 모아 분비물을 받는 것을 말한다. 바령을 하는 시기에 따라 봄바령(3월~5월), 여름바령(6월~8월), 가을바령(9월~11월)으로 구분되었다. 이러한 바령은 척박한 농업환경을 극복하기 위해 이루어진 제주도민의 지혜라 볼 수 있다.[43] 밭의 비옥도를 높이는 효과도 있었던 바령에 대한 역사기록은 1700년대 초 제주목사를 역임했던 이형상의 『남환박물』에 등장한다. 그는 바령을 '팔양(八陽)'이라고 했다.[44] 이를 통해 우마를 이용한 바령밭 만들기 전통은 이미 조선시대에도 존재했음을 알 수 있다.

다섯째, 일제시기에 등장한 공동목장에서 우마 방목은 목감(牧監)이

---

42) 정창조, 「제주 목야지 화입이 토양성분에 미치는 영향」, 『목양』(창간호), 제주대학교 축산학회, 1966, 31~35쪽.

43) 고광민, 『제주도의 생산기술과 민속』, 대원사, 2004, 38쪽.

44) 이형상, 『남환박물』, 1704 : "囚牛馬於築場之內 晝夜糞田 謂之八陽"

책임졌다. 목감은 마을공동목장조합에 일시적으로 고용되어 우마를 관리했던 전형적인 목축민이었다. 목감이라는 용어는 일제시기 목장조합이 설립되면서 등장한 일종의 직업명이었다. 조선시대『조선왕조실록』에는 목자라고 기록되었으며[45] 민간에서는 아직도 '테우리'라고 한다.[46] 이들은 제주도의 전통적 목축문화를 창출한 주체였다.[47] 우마방목에 필요한 방목지 내 오름과 하천, 동산의 이름과 물의 위치 그리고 우마 이동로를 마치 손 끔 보듯 알고 있었다. 이러한 지리적 환경요소에 대한 인지능력은 방목 중인 우마들의 생존과 직결되는 일이었기 때문에 목감에게는 필수적으로 요구되는 기본자질이었다.

목감들은 음력 2월이 되면, 조합원들과 함께 공동목장에 '방앳불' 놓기를 주도했다. 이러한 목감은 넓게 볼 때 조선시대 목자(테우리)들이 시기를 달리하며 재탄생한 사람들이다. 이들은 관리하는 가축의 종류에 따

---

45) 목감은 조선시대에는 목자에 해당되었다. 다만 시대가 변하여 일제시기 목감은 목장조합에 고용되어 급료를 받으며 우마생산과 방목을 담당했으나 조선시대 목자는 16세부터 60세까지 평생 동안 역으로 우마생산과 관리를 담당했던 사람들이었다. 거주이전의 자유가 없고 세습직이었다. 소위 제주지역 6고역에 해당될 정도로 매우 힘든 직책이었다. 제주지역 목자에 대한 기록은 호적중초에 등장한다. 실례로, 대정읍 하모리 호적중초에 의하면, 加波島牧子 姜成濊에 대한 기록이 등장한다. 그는 조선후기 黑牛생산을 위해 영조 26년(1750) 가파도에 설치되었던 가파도별둔장에 소속된 목자였다("第四戶 加波島牧子姜成濊 年二十八己亥本晋州" :「嘉慶12年(1807) 下慕里戶籍中草」,『耽羅文化叢書(15), 濟州下慕里戶籍中草(Ⅰ)』, 濟州大學校 耽羅文化研究所, 2000, 79쪽).

46) 테우리는 목축에 종사하는 사람을 의미하는 제주어로, '모으다'는 뜻을 가진 중세 몽골어에서 유래한 말이다는 주장이 있다(박원길,「제주습속 중의 몽골적인 요소」,『제주도연구』28집, 제주학회, 2005, 228쪽 ; 박원길,『조선과 몽골』, 소나무, 2010, 465~466쪽).

47) 한국 목축문화의 중심지는 제주도이다. 제주도의 목축문화는 고려말 몽골의 목축문화와 조선시대 한반도 목축문화, 일제시기 일본이 축산제도가 융합된 '문화의 저수지'라 할 수 있다. 따라서 제주도 목축문화의 원형을 찾기 위해서는 몽골~한국~일본으로 이어지는 목축문화를 비교하는 작업이 필요하다.

라 '쇠테우리', '말테우리'라고 불렀다. 이들의 구체적인 역할은 다음과
같다.

> 말 테우리들은 자기 소유의 말도 돌보지만 동네 사람들이 맡긴 말을 돌보
> 는 일을 주로 합니다. 그들은 말 떼를 몰고 풀이 좋은 곳을 찾아다니며 풀을
> 먹입니다. 이른 새벽 점심 밥을 담은 '동고량'이라는 대나무 도시락을 어깨에
> 메고 산에 오릅니다. (……) 말이 풀을 뜯을 때면 말 테우리들은 병든 말은
> 없는지, 새끼를 낳으려는 말은 없는지, 다친 말은 없는지 살핍니다. 그리고 한
> 낮이 되면 말 떼를 몰고 물을 먹이러 갑니다. 이 산 저 산에서 풀을 뜯던 말들
> 이 모여 들면 남보다 먼저 고운 물을 먹이려고 애씁니다. 더러운 물을 먹은
> 말은 야위어 병이 들기 때문에 남 보다 먼저 깨끗한 물을 먹이거나 바닷가에
> 있는 샘물까지 몰고 가서 물을 먹입니다. 비가 오는 날이나 눈이 내리는 날에
> 도 말 테우리는 말을 돌보기 위해 산으로 올라가는 것을 멈추지 않습니다. 태
> 풍이 부는 날이나 안개가 낀 날에도 테우리는 풀을 찾아 나선다.[48]

목장조합에 고용된 목감들은 대체로 청명(淸明) 이후 우마를 공동목
장에 올려 풀을 먹인 다음 상강(霜降) 이후 하늬바람이 불어 풀이 마를
때까지 우마관리를 담당했다. 이들은 목장 인근 마을에 거주하면서 공동
목장으로 올라가 우마의 방목상태를 관찰하는 경우도 있었으나 공동목
장 내에 만들어진 목사(牧舍) '테우리 막'에서 일시적으로 거주하기도 하
였다.

여섯째, 제주지역의 목축민들은 해마다 백중제(百中祭)를 지냈다. 이
것을 달리 '테우리 코시'라고도 불렀다. 목축이 번성하기를 기원하는 대
표적인 목축의례(牧畜儀禮)로, 남자 목축민들이 중심이 되어 백중날(음
력 7월 14일) 밤 자시(子時: 23:00~01:00)에 떡과 밥, 술, 수탉(또는 계
란) 등 제물을 가지고 목장 내의 '바령팟'이나 오름('망동산' 또는 '테우
리동산') 정상에 올라 방목지점을 하나하나 거명하며 제사를 지냈다.[49]

---

48) 박재형, 『고태오 할아버지가 들려주는 마지막 말테우리』, 2003, 20~22쪽.

49) 오성찬, 『20세기 제주사람들』, 반석, 2000, 93쪽 ; 좌동렬, 앞의 논문, 2010, 44쪽.

일곱째, 여름 농사철이 되면 우마들을 이용해 밭 밟기가 이루어졌다. 이를 진압농이라고 하며, 이에 대한 역사적 기록은 『태종실록』(1411)에 처음 보인다. "제주도의 토성이 푸석하고 들떠서 곡식을 파종하려는 자는 말과 소를 모아 그 땅을 밟아 땅이 반드시 단단해진 뒤에 종자를 뿌리니, 공사의 말들이 이 때문에 피곤해 진다"[50]는 기록이다. 여기에 농사를 지을 때 우마를 이용해 땅을 밟아 주어야 한다는 것은 바로 진압농법을 말한다. 화산활동시 분출된 화산재가 풍화되어 형성된 화산회토는 응집력이 약하고 가벼워 풍식을 받기 쉽다. 따라서 농사를 짓기 위해서는 우마들로 하여금 땅을 밟게 한 다음 파종하게 했다(그림 25). 이러한 밭 밟기는 토양 속 수분증발을 예방하는 효과가 있었다. 이러한 진압농을 하기 위해서는 우마를 길러야 했다. 이런 이유 때문에 일제시기에도 제주도 중산간 지역에는 우마 방목을 안정적으로 하기 위한 목축지로 공동목장이 유지될 수 있었다.[51]

여덟째, 목축민들은 출역이란 형식을 통해 공동목장에서 이루어진 작업에 무상으로 노동력을 제공했다. 대체로 조합원 1가구당 1명씩 참여했다. 한경면 낙천리 공동목장에서는 출역을 '워령(月令)'이라고 부른다. 출역은 조합원 전체 또는 마을 주민 전체가 동원되는 연례행사였으며, 「마을공동목장조합규약」에 근거해 이루어졌다. 조합원이면 누구나 의무적으로 참여했다는 점에서 출역은 공동체의식 혹은 연대의식을 확인하는 계기였다. 만일 출역에 불참할 경우, 마을 내에서 비난을 당하는 대상이 되기도 했다. 이에 따라 불참자는 목장조합에 일정 금액의 벌칙금을 납부하기도 했다. 1940년 3월 성산면 신산리 김 ○○은 목장구계(牧場區界) 내에 있는 자신소유의 밭 3,126평을 공동목장 출역을 평생 면제받

---

50) 『태종실록』22권, 11년(1411) 7월 27일(병술) : "今觀土性虛浮 凡播穀者必聚馬牛
    以踏 其地 地必堅硬 然後播種 公私牛馬 因此困疲"

51) 송성대, 앞의 책, 2001, 262쪽.

그림 25. 제주지역 말을 이용한 밭밟기(진압농)
사진 : 제주특별자치도, 『1900~2006 사진으로 보는 제주역사1』, 2009, 106쪽.

는 비용으로 목장조합장에게 기부한 사례도 있었다. 이러한 출역은 방
앳불 놓기(화입), 경계돌담('캣담') 쌓기, 경계림과 방풍림, 수원림(水源
林) 식재, 목장 내 고사리 제거, 급수장 공사, 도로건설, 진드기 구제장
설치, 테우리 막(牧舍) 짓기 등 공동목장 작업이 이루어질 때 행해졌다.

부 록

부록 1. 마을공동목장조합 규약(1934)

제1조 본 조합은 목장조합이라고 칭한다.

제2조 본 조합의 구역은 하 면읍 하 동리이며, 지역 내 거주자는 가입 신청을 통해 조합원이 된다.

제3조 본 조합은 조합원이 사양하는 우마의 개량, 증식을 도모하고 조합원 공동으로 목장을 경영하며, 목장 내 필요한 시설을 이용함으로써 조합원 공통의 이익을 증진함을 목적으로 한다.

제4조 본 조합은 전조의 목적을 달성하기 위해 아래의 일을 행한다.

   1. 방목용지 매수, 기부지 수입 및 국유지, 공유지 또는 사유지 대부를 받아 공동목장을 설치·경영

   2. 방목 경계 및 구획 축조·개수

   3. 목초 및 목장림의 식재

   4. 목도 개수 및 장애물 제거 정리

   5. 목장 개간 및 화입 제한

   6. 공동목사, 목초재배, 공동 저장고 설비

   7. 급수장 설비 및 수원 함양

   8. 간시사 및 간시인 설치

   9. 급염소, 치료소, 해충구제 설비

   10. 사무소 및 매매교환 설비

   11. 종모우, 종모마, 번식 빈우 설치

   12. 열등 모우마 혼목금지 및 사양제한

   13. 윤목 및 전환방목 실시

   14. 열등 모우마 거세·정리 장려

   15. 생산품평회, 강화회 개최

   16. 목장부업 장려

    17. 기타 조합의 목적을 달성함에 필요한 사항

제5조 본 조합이 경영하는 목장 또는 그 개폐방 기간은 매년 아래와 같음. 단, 시설, 초생 상태, 해충발생 등 필요에 따라 변경할 수 있다.

        何何 목장　　開牧 월일　　閉牧 월일

제6조 조합원으로서 목장지 내에 토지를 소유한 자는 본 조합에 이를 제공할 의무가 있다.

제7조 본 조합은 목장토지대장을 준비하여 토지제공자의 주소씨명·지번·지목 및 지적을 등록한다. 본 조합을 해산할 경우는 제6조에 의해 무상제공을 받은 토지를 원소유자에게 반환한다.

제8조 조합원은 목장 시업에 필요한 노력 및 조합비를 부담할 의무가 있다. 1인당 조합비는 연액 20전으로 하고, 우마 1마리당 조합비는 평의원회에서 정한다.

제9조 본 조합 설립 당시 본 조합 구역 내 거주자이면서도 조합에 가입하지 않고 이후 본 조합에 가입하고자 할 경우 평의원회에 부의하여 결정한다. 2원 이상의 가입금 및 설립연도부터 그 년도까지의 조합비를 추징하여 가입을 허락한다.

제10조 본 조합의 목장은 사료의 개량·조절 및 해충구제를 위해 何區이상 구획하여 윤환방목을 행한다. 휴목중인 목장에서는 조합장의 승인을 얻어 원소유자가 경작하는 것을 허락한다.

제11조 본 조합의 목장에는 무적의 우마 및 종모우마 합격증을 가지고 있지 못한 4세 이상의 모우는 모마와 혼목하지 못한다. 단, 모마의 경우 7월 이후 입목하게 한다.

제12조 조합원으로서 타인 소유 소의 방목관리를 위탁받은 경우는 조합장의 승인을 얻어 입목하게 한다. 이 경우 우마 1마리 당 조합비는 위탁한 자가 부담한다.

제13조 비조합원이 소유한 우마의 위탁을 받은 경우의 입목료는 평의
　　　원회의에서 결정하여 조합원에 통지한다.

제14조 본 조합은 종모우 및 번식 빈우를 소유하여 이를 조합원에 대
　　　부 또는 예탁할수 있다.

제15조 본 조합은 조합원의 우마를 개량한다. 제주도 농회에 신청하
　　　여 종모우마 이외의 열등 종우마의 거세를 실시할 경우 조합
　　　원은 이에 응할 의무가 있다.

제16조 본 조합은 농회에 신청하여 수시로 우마의 총검사를 행하고,
　　　번식 및 농경능력이 모자란 열등 노폐우, 생산 과잉우는 임시
　　　알선시를 개최하여 정리·개량을 한다.

제17조 본 조합은 축우를 소유하지 않은 조합원에 축우를 소유시키기
　　　위하여 제14조의 본 조합 소유 소의 대부 및 예탁을 행하는
　　　것 외에 농회 및 금융조합, 산업조합의 원조를 받아 구우(購
　　　牛) 및 그 자금융통의 알선을 행한다.

제18조 본 조합은 조합원 소유 우마의 우마적을 완성하여 제14조의
　　　대부 예탁우, 제17조의 알선우의 폐사손해 및 제15조 거세우
　　　의 수술손해 및 일반우(一般牛)의 생각지 못한 재해 및 손해
　　　에 대해 상조공제 사업을 농회 지도하에 행한다.

제19조 조합원은 자신의 소유 또는 관리하는 우마를 방목하는 때는
　　　기생한 진드기를 구제한 후가 아니면 입목하지 못한다.

제20조 본 조합에 조합원 명부, 역원명부, 현금출납부, 일기장, 목장
　　　대장, 평의원회의록을 준비한다.

제21조 본 조합에는 아래의 역원 및 직원을 둔다.
　　　조합장, 부조합장(총대), 평의원 何人(조합원 10인 내지 20인
　　　당 1인), 간사(또는 목감) 1인, 조합장은 평의원 중에서 호선
　　　한다. 역원의 임기를 3년으로 하며 명예직으로 한다. 간사(또

는 목감)는 유급으로 하고 조합장이 이를 명면(命免)한다.

제22조 조합장은 본 조합을 대표하여 사업을 집행한다. 부조합장은
조합장을 보좌하고 조합장이 사고를 당했을 때 그 직무를 대
리하고, 대리 순서는 연령에 의한다. 간사(또는 목감)는 조합
장의 지휘를 받아 업무를 처리한다. 조합장은 필요에 응하며
목장 간시인을 둔다. 간시인에게는 간시사 및 급료를 제공하
며 목장내의 일부분을 경작하게 한다.

제23조 조합원의 부담에 관한 사항 및 규약의 변경 등 중요한 시업은
평의원회에 부의하여 의결을 거칠 필요가 있다. 평의원회는
조합장이 소집하고 회의는 정수의 반수이상 출석으로서 성립
한다. 의결은 출석자의 과반수 동의가 필요하다.

제24조 본 조합의 회계연도는 매년 4월 1일에 시작하며 다음해 3월
31일에 종료한다.

제25조 조합장은 년도경과 후 1월내에 결산서 손익표, 재산목록을 만
들어 평의원회에 보고해야 한다.

제26조 조합장은 전조의 손익계산에 있어 잉여금을 생기게 한 때는
이를 사분(四分)하여 그의 1은 적립준비금에, 그의 2는 익년
도 경비로 이월하고, 그의 3은 역원 상전에, 그의 4는 목장 토
지대장의 토지 제공자에 안분하여 배당한다.

제27조 조합원이 입목한 우마의 우마적은 본 조합에 보관한다. 제12
조의 조합원이 아닌 자가 입목한 우마적 역시 마찬가지이다.

제28조 본 규약에 규정 안 된 사항이 발생한 때에는 평의원회에 부의
하여 처리한다.

제29조 조합장은 조합원이면서도 본 규약 및 평의원회의 결의를 존중
하지 않고 해태하거나 또는 조합의 체면을 더럽힌 행위를 한
때에는 계식 함은 물론 과태금을 부과하고 그래도 개전치 아

니한 자에 대해서는 평의원회의 의결로 제명한다. 전항의 제
명처분을 받은 자의 주소, 씨명 및 제명처분의 전말을 소할(所
轄) 읍면장에 보고한다. 단, 2년이 경과한 후에는 조합원이 될
수 있다.

부칙

제30조 본 조합은 소화 년 월 일 하명 등지를 설립할 규약을 준수할
것을 서약한다.

이하   연명   직인

부록 2. 읍면별 마을공동목장조합
국공유지·사유지 확보실태(1943)

지역별	공동목장		國有	道有	面有[邑有]	里有	私有	合計
제주읍	삼양		0	417,378	0	0	263,060	680,438
	한영		0	3,176	76,568	0	282,012	361,756
	화영		0	0	11,181	0	7,002	18,183
	아라		0	0	6,090	0	15,456	21,546
	오등		0	0	8,575	0	32,435	41,010
	오라		0	0	14,819	0	98,099	112,918
	영남		0	0	4,591	0	46,554	51,145
	해안		-	-	-	-	-	-
	이호		-	-	-	-	-	-
	계			420,554	121,824	0	744,618	1,286,996
	%		0	32.6	9.6	0	57.8	100
조천면	제1목장	林	971,800	471,900	11,200,513	4,500	7,052,500	19,701,213
		田	195,831	0	2,984,777	0	4,402,499	7,583,107
	제2목장	林	2,692,800	0	1,011,632	0	5,316,533	9,020,965
		田	91,096	0	2,599,107	0	6,945,289	9,635,492
	대흘							
	계		3,951,527	471,900	17,796,029	4,500	23,716,821	45,940,777
	%		8.6	1	38.7	0.1	51.6	100
구좌면	동복		0	0	2,988,300	0	15,900	3,004,200
	서김녕		0	0	4,816,200	0	0	4,816,200
	동김녕		0	0	1,087,900	2,083,500	161,780	3,333,180
	월정		0	0	1,631,500	0	658,800	2,290,300
	행원		0	0	858,400	347,000	492,416	1,697,816
	덕천		0	0	0	176,000	5,232,330	5,408,330
	송당		2,097,800	0	721,800	1,601,400	9,385,600	13,806,600
	한동		0	0	0	458,500	1,091,059	1,549,559
	평대		0	0	0	147,000	365,270	512,270
	세화		4,500	0	176,600	711,000	2,712,997	3,605,097
	상도		0	0	102,600	164,900	508,400	775,900
	하도			0	513,500	0	1,187,240	1,700,740
	종달		613,200	0	10,800	0	188,260	812,260
	계		2,715,500	0	12,907,600	5,689,300	22,000,052	43,312,452
	%		6.3	0	29.8	13.1	50.8	100
성산면	시흥		0	0	0	0	248,968	248,968

	신산		0	0	62,781	0	250,890	313,671
	난산		0	0	110,927	0	1,468,593	1,579,520
	수산		0	0	554,732	0	661,105	1,215,837
	고성		0	0	218,493	0	216,797	435,290
	오조		0	0	0	74,483	127,909	202,392
	삼달		0	0	51,583	0	1,068,054	1,119,637
	신풍		0	0	330,987	0	654,416	985,403
	신천		0	0	88,341	0	98,718	187,059
	계		0	0	1,417,844	74,483	4,795,450	6,287,777
	%		0	0	21.8	1.2	77	100
표선면	표선		6,094	0	301,430	0	26,606	334,130
	하천		0	0	104,393	0	139,806	244,199
	토산		0	0	190,507	0	383,550	574,057
	세화		16,752	0	11,295	0	174,683	202,730
	성읍		0	0	1,853,336	0	3,198	1,856,534
	가시		10,772	0	274,796	0	1,134,882	1,420,450
	계		33,618	0	2,735,757	0	1,862,725	4,632,100
	%		0.8	0	59	0	40.2	100
남원면	신흥리		0	0	33,360	0	341,300	374,660
	태흥리		0	0	0	0	223,050	223,050
	의귀리		0	0	74,740	0	572,660	647,400
	수망리		0	0	12,000	105,040	266,900	383,940
	한남·남원		0	0	0	327,760	214,710	542,470
	위미1구		0	0	0	0	202,320	202,320
	위미2구		0	0	0	0	176,510	176,510
	신례리		0	0	3,300	0	346,140	349,440
	하례리		0	0	0	0	156,140	156,140
	계		0	0	123,400	432,800	2,499,730	3,055,930
	%		0	0	4	14	82	100
서귀면	서호		0	0	12,000	1,286,930	1,105,130	2,404,060
	서홍		0	0		1,531,551	441,039	1,972,590
	동홍		10,229	0	102,201	2,968,986	1,597,342	4,678,758
	토평		198,736	0	0	1,334,899	2,937,286	4,470,921
	상효		0	0	0	0	884,100	884,100
							(재단법인)	
	신효		223,814	0	143,193	5,833,575	5,359,963	11,560,545
	계		432,779	0	257,394	12,955,941	12,324,860	25,970,974
	%		1.7	0	1	49.8	47.5	100
중문면	강정1구		31,133	0	54,300	0	596,245	681,678

	강정2구		15,200	0	146,000	0	270,636	431,836
	영남		0	0	0	287,600	795,800	1,083,400
	도순		0	0	596,500	199,500	1,152,141	1,948,141
	하원		0	372,300	28,100	256,200	1,476,900	2,133,500
	회수		0	0	0	0	538,000	538,000
	대포		0	1,686,000	4,400	0	242,100	1,932,500
	중문		0	63,658	0	1,497,200	2,084,870	3,645,728
	색달		0	855,634	541,400	0	851,733	2,248,767
	상예1구		33,545	755,500	400,000	0	1,228,088	2,417,133
	상예2구		0	0	0	0	392,200	392,200
	하예		0	421,500	61,309	0	756,973	1,239,782
	계		79,878	4,154,592	1,832,009	2,240,500	10,385,686	18,692,665
	%		0.4	22.2	9.8	12	55.6	100
안덕면	화순		0	0	0	497,700	1,090,900	1,588,600
	사계		0	0	400,800	0	0	400,800
	덕수		0	0	0	1,459,400	1,331,535	2,790,935
	서광1구		0	0	0	0	2,208,200	2,208,200
	서광2구		0	0	0	0	2,755,600	2,755,600
	동광		0	0	0	0	4,671,200	4,671,200
	상천		0	0	195,400	0	542,200	737,600
	감산		159,200	0	0	0	645,800	805,000
	창천·상창		0	0	486,600	0	936,517	1,423,117
	광평		0	0	0	0	1,122,000	1,122,000
	계		159,200	0	1,082,800	1,957,100	15,303,952	18,503,052
	%		0.9	0	5.9	10.5	82.7	100
대정면	상모		0	0	810,000	0	887,800	1,697,800
	인성		0	0	950,000	0	0	950,000
	보성		0	0	1,000,000	0	0	1,000,000
	안구		0	0	886,100	0	48,900	935,000
	신평		0	0	4,296	7,249	4,897	16,442
	무릉		0	0	0	662,500	519,800	1,182,300
	동일		0	0	179,500	0	171,400	350,900
	일과		0	0	363,800	0	0	363,800
	영락		0	0	48,000	283,600	0	331,600
	계		0	0	4,241,696	953,349	1,632,797	6,827,842
	%		0	0	62.1	14	23.9	100
	한림		0	0	0	0	88,560	88,560
	상대		0	0	0	0	44,800	44,800
	금월		189,480	0	0	0	0	189,480

한림면	웅포		0	0	0	0	103,760	103,760
	귀덕		0	0	0	0	205,742	205,742
	명월		0	0	0	0	135,082	135,082
	상명		0	0	0	0	143,030	143,030
	대림		0	0	0	0	513,480	513,480
	저지		0	0	0	6,393,190	950,500	7,343,690
	동명		0	0	0	0	123,160	123,160
	금악		0	0	0	0	383,600	383,600
	낙천		0	0	0	0	58,500	58,500
	고산		0	0	0	135,090	0	135,090
	용수		0	0	0	178,230	0	178,230
	청수		0	0	0	73,300	209,190	282,490
	계		189,480	0	0	6,779,810	2,959,404	9,928,694
	%		1.9	0	0	68.3	29.8	100
애월면	애월		0	0	40,000	0	48,990	88,990
	어도		0	0	139,570	0	116,290	255,860
	어음		0	0	0	0	141,200	141,200
	납읍		0	0	28,900	0	26,590	55,490
	상가		0	0	70,110	4,630	9,540	84,280
	소길		0	0	0	0	93,970	93,970
	장전		0	0	31,320	0	87,425	118,745
	금덕		0	0	0	0	75,130	75,130
	광령		0	0	0	88,210	41,490	129,700
	고성		0	0	0	43,340	52,300	95,640
	상귀		0	0	15,590	0	56,210	71,800
	하귀		0	0	0	0	33,470	33,470
	수산		0	0	0	0	49,280	49,280
	신엄		0	0	0	0	89,680	89,680
	신엄 송랑동		0	0	0	0	41,520	41,520
	원동		0	0	0	0	33,960	33,960
	계		0	0	325,490	136,180	997,045	1,458,715
	%		0	0	22.3	9.3	68.4	100
총면적			7,561,982	5,047,046	42,841,843	31,223,963	99,223,140	185,897,974
%			4	3	23	17	53	100

자료 : 제주특별자치도청, 『濟州島共同牧場關係綴』(1943)을 토대로 작성(단위 : 정반무보)

부록 3. 읍면별 마을공동목장조합
매수지·차수지·기부지 확보실태(1943)

지역별	공동목장		買收地	借受地	寄附地	總面積
제주읍	삼양		0	680,438	0	680,438
	한영		33,704	253,448	74,604	361,756
	화영		6,829	11,354	0	18,183
	아라		14,702	6,513	331	21,546
	오등		2,951	23,252	14,807	41,010
	오라		82,009	14,819	16,090	112,918
	영남		28,074	23,071	0	51,145
	해안					
	이호					
	계		168,269	1,012,895	105,832	1,286,996
	%		13%	78%	9%	100
조천면	제1목장	임	4,794,500	14,028,613	878,100	19,701,213
		전	2,462,768	5,016,868	103,471	7,583,107
	제2목장	임	3,051,048	5,629,657	340,260	9,020,965
		전	4,823,264	4,760,023	52,205	9,635,492
	대흘		0	0	0	0
	계		15,131,580	29,435,161	1,374,036	45,940,777
	%		33	64	3	100
구좌면	동복		0	3004200	0	3,004,200
	서김녕		0	4,816,200	0	4,816,200
	동김녕		0	3,171,400	161,780	3,333,180
	월정			1,631,500	658,800	2,290,300
	행원		0	858,400	839,416	1,697,816
	덕천		0	70,800	5,337,530	5,408,330
	송당		0	2,819,600	10,987,000	13,806,600
	한동		561,200	28,6800(삼성사)	701,559	1,549,559
	평대		31,550	33,8400(삼성사)	142,320	512,270
	세화		0	741,540	2,863,557	3,605,097
	상도		211,005	102,600	462,295	775,900
	하도		387,310	513,500	799,930	1,700,740
	종달		0	797,530	14,730	812,260
	계		1,191,065	19,152,470	22,968,917	43,312,452
	%		3	44	53	100
성산면	시흥		160,350	0	88,618	248,968
	신산		205,573	62,781	45,317	313,671
	난산		1,362,259	110,927	106,334	1,579,520
	수산		627,482	554,732	33,623	1,215,837
	고성		213,735	218,493	3062	435,290

	오조		127,909	74,483	0	202,392
	삼달		1,007,490	51,583	60,564	1,119,637
	신풍		528,648	330,987	125,768	985,403
	신천		98,718	88,341	0	187,059
	계		4,332,164	1,492,327	463,286	6,287,777
	%		69	24	7	100
표선면	표선		26,606	307,524	0	334,130
	하천		139,806	104,393	0	244,199
	토산		383,550	190,507	0	574,057
	세화		174,683	28,047	0	202,730
	성읍		0	1,856,534	0	1,856,534
	가시		1,134,882	285,568	0	1,420,450
	계		1,859,527	2,772,573	0	4,632,100
	%		40	60	0	100
남원면	신흥리		341,300	33,360	0	374,660
	태흥리		223,050	0	0	223,050
	의귀리		572,660	74,740	0	647,400
	수망리		266,900	12,000	105,040	383,940
	한남·남원		214,710	0	327,760	542,470
	위미1구		202,320	0	0	202,320
	위미2구		176,510	0	0	176,510
	신례리		346,140	3,300	0	349,440
	하례리		156,140	0	0	156,140
	계		2,499,730	123,400	432800	3,055,930
	%		62	38	0	100
서귀면	서호		1,105,130	1,298,930	0	2,404,060
	서홍		441,039	1,531,551	0	1,972,590
	동홍		1,597,342	3,081,416	0	4,678,758
	토평		2,937,286	1,533,635	0	4,470,921
	상효		884,100	0	0	884,100
	신효		5,359,963	6,200,582	0	11,560,545
	계		12,324,860	13,646,114	0	25,970,974
	%		47	53	0	100
중문면	강정1구		596,245	85,433	0	681,678
	강정2구		270,636	161,200	0	431,836
	영남		795,800	0	287,600	1,083,400
	도순		1,152,141	596,500	199,500	1,948,141
	하원		1,733,100	400,400	0	2,133,500
	회수		538,000	0	0	538,000
	대포		242,100	1,690,400	0	1,932,500
	중문		2,084,870	63,658	1,497,200	3,645,728
	색달		851,733	1,397,034	0	2,248,767
	상예1구		1,223,588	1,193,545	0	2,417,133

	상예2구		392,200	0	0	392,200
	하예		575,663	664,119	0	1,239,782
	계		10,456,076	6,252,289	1,984,300	18,692,665
	%		56	33	11	100
안덕면	화순		360,000	497,700	730,900	1,588,600
	사계		0	400,800	0	400,800
	덕수		0	2,790,935	0	2,790,935
	서광1구		0	0	2,208,200	2,208,200
	서광2구		0	2,755,600	0	2,755,600
	동광		1,919,600	108,300	2,643,300	4,671,200
	상천		0	195,400	542,200	737,600
	감산		119,600	159,200	526,200	805,000
	창천·상창		936,517	486,600	0	1,423,117
	광평		51,600	0	1,070,400	1,122,000
	계		3,387,317	7,394,535	7,721,200	18,503,052
	%		18	40	42	100
대정면	상모		887,800	810,000	0	968,800
	인성		0	950,000	0	95,000
	보성		0	1,000,000	0	100,000
	안구		48,900	886,100	0	137,510
	신평		4,897	11,545	0	16,442
	무릉		519,800	662,500	0	118,230
	동일		171,400	179,500	0	35,090
	일과		0	363,800	0	36,380
	영락		0	331,600	0	331,600
	계		1,632,797	5,195,045	0	6,827,842
	%		24	76		100
한림면	한림		88,560	0	0	88,560
	상대		44,800	0	0	44,800
	금월		0	189,480	0	189,480
	옹포		103,760	0	0	103,760
	귀덕		205,742	0	0	205,742
	명월		135,082	0	0	135,082
	상명		143,030	0	0	143,030
	대림		513,480	0	0	513,480
	저지		950,500	6,393,190	0	7,343,690
	동명		123,160	0	0	123,160
	금악		383,600	0	0	383,600
	낙천		58,500	0	0	58,500
	고산		0	0	135,090	135,090
	용수		0	0	178,230	178,230
	청수		209,190	0	73,300	282,490
	계		2,959,404	6,582,670	386620	9,928,694

			30	66	4	100
	%		30	66	4	100
애월면	애월		48,990	40,000	0	88,990
	어도		116,290	139,570	0	255,860
	어음		141,200	0	0	141,200
	납읍		26,590	28,900	0	55,490
	상가		9,540	73,460	1,280	84,280
	소길		93,970	0	0	93,970
	장전		87,425	0	31,320	118,745
	금덕		75,130	0	0	75,130
	광령		37,240	900	91,560	129,700
	고성		40,570	43,340	11,730	95,640
	상귀		56,210	15,590	0	71,800
	하귀		33,470	0	0	33,470
	수산		49,280	0	0	49,280
	신엄		89,680	0	0	89,680
	신엄리 송랑동		41,520	0	0	41,520
	원동		33,960	0	0	33,960
	계		981,065	341,760	135,890	1,458,715
	%		67	23	10	100
	총면적		55,241,269	95,838,372	35,140,081	186,219,722
	%		30	51	19	100

자료 : 제주특별자치도청, 『濟州島共同牧場關係綴』(1943)을 토대로 작성(단위 : 정반무보)

부록 4. 제주도 마을공동목장조합의 변동(1934~2010)

연번	1929년 행정구역 (1935년)	1929년 행정 리명	1929년 인구수	마을공동목장조합명			
				1934	1937	1943	2010
1	제주면 (25리) (제주읍) (1931년)	일도	1,373				
2		이도	1,416				
3		삼도	3,368				
4		건입	1,153				
5		용담	2,095				
6		화북	3,790	화북	화영		
7		삼양	2,617		삼양		
8		도련	1,273				
9		회천	652	회천			회천
10		봉개	1,390	봉개			봉개
11		용강	573	용강	한영		한영
12		월평	470	월평			
13		영평	898	영평			
14		아라	1,369	아라	아라	아라	아라
15		오등	307	오등	오등	오등	오등
16		도남	332	도남			
17		오라	1,759		오라	오라	
18		연동	920	연동		영남	
19		노형	2,666	노형			
20		도평	833				
21		해안	614	해안		해안	
22		외도	1,171				
23		내도	497				
24		이호	1,758			이호	
25		도두	1,717				
26	신우면(19리) (애월면)	애월	1,303	애월		애월	
27		곽지	1,273	곽지			곽지
28		금성	725	금성			금성 삼리
29		어도	2,025	어도		어도	봉성
30		어음	1,367		어음	어음	어음1리 / 어음2리
31		납읍	1,675	납읍	납읍	납읍	납읍
32		상가	890	상가	상가	상가	상가
33		하가	758	하가			
34		소길	512	소길		소길 / 소길원동	소길
35		장전	757	장전		장전	장전

번호	면	구분	리명	인구				
36			고성	601		고성	고성	고성
37			금덕	973		금덕	금덕	유수암
38			광령	1,936		광령	광령	광령1리 / 광령2리
39			상귀	618		상귀	상귀	상귀
40			하귀	2,506		하귀	하귀	
41			수산	1,192		수산	수산	
42			구엄	589		구엄		
43			신엄	1,315		신엄	신엄 / 신엄중랑동	
44			고내	768		고내		
45	구우면 (23리)	(한림면)	귀덕	3,020		귀덕	귀덕	
46			수원	1,859		수원		
47			대림	1,028		대림	대림	대림
48			한림	1,617		한림	한림	
49			상대	575		상대	상대	
50			동명	955		동명	동명	
51			명월	1,330		명월	명월	
52			상명	915		상명	상명	상명
53			금악	1,320		금악	금악	금당
54			월령	504		월령	금월	
55			금릉	912		금릉		
56			협재	1,647		협재		
57			옹포	951		옹포	옹포	
58		(한경면) (19 56)	저지	1,955	저지		저지	저지
59			조수	1,329		조수		
60			낙천	597		낙천	낙천	
61			청수	1,530		청수	청수1구	청수 / 산양(청수2구)
62			고산	2,708		고산	고산	
63			용수	1,567		용수	용수	
64			신창	1,193		신창		
65			두모	1,364		두모		
66			금등	385		금등		
67			판포	1,250		판포		
68	대정면 (13리)		인성	709		인성		인성
69			보성	679	보성			보성
70			안성	542	안구		안구	
71			구억	361				
72			상모	2,023		상모	상모	상모
73			하모	1,919		하모		
74			동일	1,265		동일	동일	
75			일과	1,118	일과			일과

76		영락	1,161		영락	영락	
77		무릉	1,636	무릉		무릉	
78		신도	1,660		신도		
79		신평	1,065	신평		신평	
80		가파	864				
81		감산	967		감산	감산	
82		창천	1,226		창천	상창	
83		상창	627		상창	상천	
84		상천	405				
85	중면(10리)	광평	208		광평	동광	
86	(안덕면)	동광	656		동광	서광1구 / 서광2구	서광서리
87		서광	1,306		서광	덕수	
88		덕수	1,146		덕수	사계	
89		사계	1,984		사계	화순	
90		화순	1,134		화순	강정1구	
91		강정	1,378	강정2구		강정2구	
92		도순	749	도순		도순	도순
93		영남	137	영남		영남	
94		하원	1,107		하원	하원	하원
95		월평	433		월평		
96	좌면(11리)	대포	1,148	대포		대포	대포
97	(중문면)	회수	404		회수	회수	회수
98		중문	1,672	중문		중문	중문
99		색달	629		색달	색달	색달
100		상예	1,168		상예	상예1구 / 상예2구	
101		하예	1,040		하예	하예	
102		서귀	1,442		서귀		
103		상효	690		상효	상효	
104		신효	990		신효	신효	
105		하효	1,753		하효		
106	우면(11리)	보목	1,354		보목		
107	(서귀면)	토평	1,374		토평	토평	
108		동홍	850		동홍	동홍	
109		서홍	1,028		서홍	서홍	
110		호근	1,105		호근		
111		서호	1,017	서호		서호	
112		법환	2,455		법환		
113	서중면(9리)	신흥	1,347		신흥	신흥	신흥2리
114	(남원면)	태흥	1,702		태흥	태흥	
115		남원	1,149		남원	한남	한남

116		한남	787	한남			
117		수망	842	수망		수망	수망
118		의귀	1,412	의귀		의귀	의귀
119		위미	2,410	위미		위미1구 위미2구	위미1구 위미2구
120		신례	1,526	신례		신례	신례
121		하례	1,239	하례		하례	
122		성읍	1,674	성읍		성읍	성읍1영주, 성읍1서 성읍2리
123	동중면(6리) (표선면)	가시	1,591	가시		가시	가시
124		토산	793	토산		토산	토산
125		세화	1,045	세화		세화	세화
126		표선	1,399	표선		표선	
127		하천	763	하천		하천	
128		시흥	1,473	시흥		시흥	
129		오조	896	오조		오조	
130		성산	911				
131		고성	1,728			고성	
132	정의면(11리) (성산면)	수산	1,459	수산		수산	수산
133		온평	1,199				
134		난산	1,112	난산		난산	
135		신산	1,124	신산		신산	
136		삼달	833	삼달		삼달	
137		신풍	941	신풍		신풍	
138		신천	806	신천		신천	
139		동복	988	동복		동복	동복
140		서김녕	1,607	서김녕		서김녕	김녕
141		동김녕	1,684	동김녕		동김녕	
142		월정	1,669	월정		월정	
143		행원	1,340	행원		행원	
144		한동	1,506	한동		한동	한동
145		덕천	590	덕천		덕천	상덕천
146	구좌면 (14리)	송당	1,622	송당		송당	송당 아부오름 송당상동 송당하동 송당 성불악
147		평대	1,779	평대		평대	평대
148		세화	1,475	세화		세화	세화
149		상도	633	상도		상도	상도
150		하도	1,988	하도		하도	하도
151		종달	1,619	종달		종달	종달
152		연평	2,364				

				면공동 목장조합	제1구 ―― 제2구	면공동 목장 조합	제 1구 제 2구	조천관광목장
153	신좌(10리) (조천면)	신촌	2,235					
154		조천	3,835					
155		신흥	712			신평		
156		함덕	2,749					
157		북촌	1,312					
158		선흘	1,203					선흘2리
159		와산	518					
160		대흘	653	대흘		대흘		대흘2리
161		와흘	669					와흘 한우영농조합
162		교래	323					교래
163	추자면(5리)	대서	835					
164		영흥	455					
165		묵	706					
166		신양	910					
167		예초	580					
합계				22	116(22개를 포함하면 138개)		122	65

자료 : 1. 1929년 인구자료는 善生永助, 『濟州島生活狀態調査』(1929), 제주시 우당도서관
(2002), 85~93쪽.
2. 1937년, 1943년 자료 : 제주도청, 『제주도세요람』(1937), 『제주도공동목장관계철』
(1943).
3. 2010년 자료 : 제주특별자치도 축정과, 「정보공개청구에 따른 답변자료」(축정과
-6926(2010.06.18).

참고문헌

1. 문서자료

濟州島司,「既設共同牧場所在里以外ノ里ニ對スル共同牧場豫定地ノ調査竝監督
　　　ニ關スル件」(1933.10.7).
濟州島司,「共同牧場設定豫定計劃調查ノ件」(1933.11.1).
濟州邑長,「共同牧場設置定豫定計劃調查ノ件」(1933.11.18).
濟州島警察署長,「放飼牛馬取締ノ件」(1933.11.18).
濟州島司,「共同牧場設定豫定計劃ニ關スル件」(1933.12.8).
濟州島司,「共同牧場設定豫定計劃ノ件」(1933.11.20).
濟州島司,「牧場地外ノ放牧取締ニ關スル件」(1933.11.22).
濟州島司,「共同牧場整理計劃調查ノ件」(1933.12.26).
濟州邑長,「共同牧場整理計劃調查ノ件」(1934.1.6).
濟州邑長,「共同牧場整理計劃調查ノ件」(1934.1.22).
濟州邑長,「共同牧場地 關係ニ協議ノ件」(1934.2.26).
濟州邑長,「共同牧場 整理ニ關スル件」(1934.3.24).
濟州島司,「既設共同牧場整理施設實行成績調查ノ件」(1934.4.11).
濟州島司,「計劃共同牧場區劃整理實施ニ關スル件」(1934.4.11).
濟州邑長,「既設共同牧場整理施設實行成績調查ノ件」(1934.4.23).
濟州島司,「既設共同牧場整理施設實行成績調查ノ件」(1934.4.28).
濟州邑長,「共同牧場 設置計劃促進ニ關スル件」(1934.5).
濟州島司,「共同牧場所在地調查ノ件」(1934.5.5).
濟州島司,「牧場整理 指導督勵ノ件」(1934.5.7).
濟州邑長,「牧場整理 指導督勵ノ件」(1934.5.11).
濟州島司,「共同牧場 設置計劃促進ニ關スル件」(1934.5.11).
濟州島司,「要存林野中牧野敵地調查ノ件」(1934.5.11).
濟州邑長,「共同牧場所在地調查ノ件」(1934.5.18).
濟州島司,「共同牧場所在 地圖返送ノ件」(1934.5.19).
濟州邑長,「既設共同牧場整理施設實行成績調查ノ件」(1934.5.26).

濟州島司, 「計劃共同牧場區劃整理實施成績ノ件」(1934.5.28).
濟州邑長, 「要存林野中牧野敵地調査ノ件」(1934.6.2).
濟州島司, 「林野整理計劃 實行狀況通知ノ件」(1934.6.9).
濟州島司, 「計劃共同牧場區劃整理實施成績ノ件」(1934.6.16).
濟州島司, 「海安里 共同牧場ニ關スル陳情ノ件」(1934.6.16).
濟州邑長, 「計劃共同牧場區劃整理實施ニ關スル件」(1934.6.19).
濟州島司, 「林野整理計劃上主意ノ件」(1934.6.23).
濟州島司, 「共同牧場 設置促進ニ關スル件」(1934.6.25).
濟州島司, 「邑面林野ノ牧場利用ニ對スル免稅ノ件」(1934.7.17).
濟州島司, 「邑面林野ノ牧場利用ニ對スル免稅ノ件」(1934.7.17).
濟州島司, 「海安里 共同牧場ニ關スル陳情ノ件(1934.7.17).
濟州島司, 「共同牧場組合 設立竝旣設組合規約改正ノ件」(1934.8.16).
濟州邑長, 「共同牧場組合 設立竝旣設組合規約改正ノ件」(1934.8.18).
奉盖區長, 「牛馬食水池所掘掃報告書」(1934.8.30).
濟州島司, 「要存林野中牧野敵地實地調査ノ件」(1934.9.1).
濟州邑長, 「邑面林野ノ牧場利用ニ對スル免稅ノ件」(1934.9.10).
濟州邑長, 「邑面林野ノ牧場利用ニ對スル免稅ノ件」(1934.9.10).
濟州島司, 「邑面林野ノ牧場利用ニ對スル免稅ノ件」(1934.9.17).
濟州島司, 「共同牧野計劃ノ內容調査ノ件」(1934.9.17).
濟州邑長, 「共同牧場ニ關スル陳情ノ件」(1934.9.25).
濟州邑長, 「共同牧場地利用狀況調査ニ關スル件」(1943.9.29).
濟州島司, 「國有地牧野敵地調査ノ件」(1934.10.9).
濟州邑長, 「海安里 共同牧場ニ關スル陳情ノ件」(1934.10.13).
濟州邑長, 「共同牧野計劃ノ內容調査ノ件」(1934.10.18).
濟州島司, 「共同牧野計劃ノ內容調査ノ件」(1934.10.30).
濟州邑長, 「共同牧野計劃ノ內容調査ノ件」(1934.11.6).
濟州島司, 「海安里 共同牧場ニ關スル陳情ノ件」(1934.11.8).
濟州島司, 「國有地牧野敵地調査ノ件」(1934.11.19).
濟州邑長, 「共同牧場整理ニ關スル件」(1934.11.26).
濟州邑長, 「海安里 共同牧場ニ關スル陳情ノ件」(1934.11.26).
濟州島司, 「海安里 共同牧場ニ關スル件」(1934.12.1).
濟州邑長, 「國有地牧野敵地調査ノ件」(1934.12.1).
濟州島司, 「牧場整理ニ關スル件」(1934.12.22).
濟州特別自治道廳, 『濟州島共同牧場關係綴』(1943).

「明月共同牧場組合規約準則」(1935), 「里共同牧場組合經費徵收方法」(1935).

「明月共同牧場組合設立承認文」(1936), 「明月共同牧場組合收支豫算書」(1936, 1937, 1938, 1939, 1940). 「明月里共同牧場組合 評議員會會錄」(1936.4.19, 1938. 4.10, 1939. 4.20, 1940.4.07).

「明月共同牧場現金出納簿」(1935~1945).

全羅南道, 『預金部資金借入申込說明書添附物(郡島農會分)』(1943)(국가기록원 문서관리번호 : CJA0003831).

濟州島畜産同業組合長, 「共同牧場寄付受入管理經營ニ關スル件」(1928.2.29).

舊右面長, 「共同牧場 寄付受入管理經營ニ關スル件 回報」(1928.3.3).

2. 연구논저

강동식·강영훈·환경수 공저, 『일제시기 제주지방행정사』, 제주발전연구원, 2009.

강면희, 『韓國畜産獸醫史研究』, 鄕文社, 1994.

강태숙, 『제주축산사』, 제주특별자치도, 2007.

고병운, 『朝鮮火田(燒畑)民の歷史』, 雄山閣出版社, 2001.

고찬화 편저, 『지난 歲月의 濟州人物錄』, 성민출판사, 2002.

고창석, 『濟州歷史研究』, 世林, 2007.

권태억, 『한국근대면업사연구』, 일조각, 1989.

김옥근, 『日帝下朝鮮財政史論攷』, 一潮閣, 1998.

김승태, 『중일전쟁 이후 전시체제와 수탈』(한국독립운동의 역사 07), 독립기념관 한국독립운동연구소, 2009.

김양식, 『근대권력과 토지-역둔토 조사에서 불하까지』, 해남, 2000.

김영희, 『일제시대 농촌통제정책연구』, 景仁文化社, 2003.

김용달, 『일제의 농업정책과 조선농회』, 혜안, 2003.

김용달, 『농민운동』(한국독립운동의 역사 28권), 한국독립운동사편찬위원회·독립기념관, 한국독립운동사연구소, 2009.

김희철·고광명·진관훈, 『일제시기 제주도 기업가 연구』, 아트21, 2006.

남도영, 『韓國馬政史』, 한국마사회 마사박물관, 1996.

남도영, 『濟州島牧場史』, 한국마사회 마사박물관, 2003.

남인희, 『촌부의 20세기』, 서강총업(주), 2000.

다카하시 노보루 저, 『朝鮮半島의 農法과 農民(上)』, 농업진흥청, 2008.

박성진·이승일, 『조선총독부 공문서』, 역사비평사, 2007.

박은경, 『일제시기 조선인 관료 연구』, 학민사, 1999.

배재수 외, 『한국의 근·현대 산림소유권 변천사』, 임업연구원, 2001.

부만근, 『제주지방행정사』, 제주대학교출판부, 2007.

조선임업협회(1944), 『조선임정사』, 한국임정연구회 역, 『조선임정사』(상), 산림청, 2000.

조선임업협회(1944), 『조선임정사』, 한국임정연구회 역, 『조선임정사』(하), 산림청, 2001.

송성대, 『문화의 원류와 그 이해』(제주인의 해민정신 제3판), 도서출판 각, 2001.

수요역사연구회, 『식민지 동화정책과 협력 그리고 인식』, 두리미디어, 2007.

신기욱·마이클 로빈슨 엮음, 『한국의 식민지 근대성』, 삼인, 2005.

신용하·박명규·김필동 엮음, 『한국사회사의 이해』, 문학과지성사, 1995.

신용하, 『일제 식민지정책과 식민지 근대화론 비판』, 문학과지성사, 2006.

오미일, 『경제운동』(한국독립운동의 역사 36), 한국독립운동사편찬위원회·독립 기념관, 한국독립운동사연구소, 2008.

역사문화학회, 『지방사연구입문』, 민속원, 2008.

엘리너 오스트롬 지음, 윤홍근·안도경 옮김, 『공유의 비극을 넘어』, 랜덤하우스, 2010.

윌리엄 조지 호스킨스 지음, 이영석 옮김, 『잉글랜드 풍경의 형성』, 한길사, 2007.

위르겐 슐룸붐 편, 백승종 외 옮김, 『미시사와 거시사』, 궁리, 2002.

이경란, 『일제시기 금융조합 연구』, 혜안, 2002.

이송순, 『일제시기 전시 농업정책과 농촌경제』, 선인, 2008.

이승일 외, 『일본의 식민지 지배와 식민지적 근대』, 동북아역사재단, 2009.

이영훈 외, 『近代朝鮮水利組合研究』, 일조각, 1996.

이해준, 『지역사와 지역문화론』, 문화닷컴, 2001.

전국문화원연합회, 『제19회 전국향토문화공모전수상집』, 2004.

정병욱, 『한국근대금융연구』, 역사비평사, 2004.

정태헌, 『일제의 경제정책과 조선사회-조세정책을 중심으로-』, 역사비평사, 1998.

제주사정립추진사업추진협의회, 『자료집·일본신문의 보도한 제주도』, 2006.

조석곤, 『한국 근대 토지제도의 형성』, 해남, 2003.

조성윤·지영임·허호준, 『빼앗긴 시대 빼앗긴 시절』, 선인, 2007.

조성윤 엮음, 『일제말기 제주도의 일본군 연구』, 제주대학교탐라문화연구소, 2008.

중앙사학연구소, 『동서양 역사 속의 공공건설과 국가경영』, 학고방, 2010.

지수걸, 『일제시기 농민조합운동연구』, 역사비평사, 2002.

지승종 외,『사회사연구의 이론과 실제』, 한국정신문화연구원, 1998.

진관훈,『근대제주의 경제변동』, 도서출판 각, 2004.

진영일,『고대중세 제주역사탐색』, 제주대학교 탐라문화연구소, 2008.

천청일,『濟州島』, 東京大學出版會, 1966.

최병택,『일제시기 조선임야조사사업과 산림정책』, 푸른역사, 2009.

한일관계사연구논집 편찬위원회편,『일제 식민지지배의 구조와 성격』, 한일관
        계사연구논집 8, 경인문화사, 2005.

한국사연구회편,『韓國地方史硏究의 現況과 課題』, 景仁文化史, 2000.

桝田一二,『桝田一二地理學論文集』, 弘詢社, 1976.

吉田雄次郎 編,『朝鮮ノ移出牛』, 朝鮮畜産協會, 1927.

高禎鐘,『濟州島便覽』, 瀛州書館, 1930.

近藤釗一 編,『太平洋戰爭下の朝鮮』(1), 社團法人 友邦協會 朝鮮史料編纂會, 1962.

金斗奉,『濟州島實記』, 濟州島實蹟研究社編輯部, 1936.

大藏星管理局,『日本人の海外活動に關する歷史的調査』 2, 朝鮮編(上), 高麗書
        林, 1985.

文定昌,『朝鮮農村團體史』, 日本評論社, 1942.

善生永助,『濟州島生活狀態調査』, 1929.

善生永助,『朝鮮の聚落(中篇)』, 1933.

小早川九郎 編纂,『朝鮮農業發達史』(政策編), 朝鮮農會, 1944.

松山利夫,『山村の文化地理學的研究』, 古今書院, 1986.

市川健夫,『日本の馬と牛』, 東京書籍株式會社, 1984.

印貞植,『朝鮮農村再編成の研究』, 人文社, 1943.

全羅南道濟州島廳,『未開の寶庫 濟州島』, 1923.

全羅南道,「預金部資金借入申込說明書ニ對スル添附物(郡島農會分)」(濟州), 1943.

濟州島廳,『濟州島勢要覽』, 1937.

濟州島廳,『濟州島勢要覽』, 1939.

濟州道,『朝鮮總督府官報 中 濟州錄』, 1995.

帝國地方行政學會朝鮮本部·朝鮮畜產會,『朝鮮畜產例規』, 行政學會印刷所, 1933.

調查資料協會,『內外調查資料』, 內外調查資料印刷所, 1939,

朝鮮總督府殖產局,『朝鮮農務提要』, 1914.

朝鮮總督府殖產局,『朝鮮之畜產』, 大和商會印刷所, 1921.

朝鮮及朝鮮人社,『朝鮮農林畜蠶大監』, 1926.

朝鮮總督府殖產局,『朝鮮の畜產』, 大和商會印刷所, 1935.

朝鮮總督府農林局編,『朝鮮林野調查事業報告』, 1938.

志村源太郎 著, 『産業組合問題』, 日本評論社刊行, 1927.

강만익, 「조선시대 제주도 잣성(墻垣)연구」, 『탐라문화』 제35호, 제주대 탐라문화연구소, 2009.

강만익, 「朝鮮時代 濟州島 官設牧場의 景觀 硏究」, 제주대 교육학 석사논문, 2001.

강만익, 「일제강점기 제주도 공동목장의 운영실태」, 『제19회 전국향토문화공모 전수상집』, 전국문화원연합회, 2004.

강만익, 「1930년대 제주도 공동목장 설치과정 연구」, 『탐라문화』 제32호, 제주대 탐라문화연구소, 2008.

강만익, 「일제하 濟州島農會의 운영실태와 성격」, 『탐라문화』 제38호, 제주대 탐라문화연구소, 2011.

강영심, 「일제시기 국유림 대부제도의 식민지적 특성과 대부반대투쟁」, 『梨花史學硏究』 제29집, 2002.

권인혁, 「資料解題 耽羅營事例」, 『濟州島史硏究』 제5집, 濟州島史硏究會, 1996.

권인혁·김동전, 「조선후기 제주지역의 수취체제와 주민의 경제생활」, 『탐라문화』 제19호, 제주대학교 탐라문화연구소, 1998.

고광민, 「제주도 마소치기의 기술과 문화」, 『제주도』 통권 102호, 1998.

김동균, 「제주도 부락공동목장의 실태조사」, 『韓畜誌』 16, 1974.

김동욱, 「일제말기 전시통제체제의 화폐경제적 성격」, 『연세경제연구』 제Ⅱ권 제1호, 1995.

김동전, 「제주지역 문화의 올바른 이해와 활용방안」, 『지방사와 지방문화』 Vol.6, 역사문화학회, 2003.

김동전, 「제주향토사 관련 자료의 종류와 역사적 성격」, 『제주도사연구』 제7호, 제주도사연구회, 1998.

김동전, 「조선후기 제주거주 몽골후손들의 사회적 지위와 변화」, 『지방사와 지방문화』 13(2), 역사문화학회, 2010.

김민철, 「조선총독부의 촌락지배와 촌락사회의 대응-1930~40년대를 중심으로」, 경희대 박사논문, 2008.

김병인, 「지방사 연구에 있어서 자료의 활용방안에 대한 새로운 모색」, 『호남문화연구』 30호, 호남문화연구소, 2002.

김상호, 「한국농경문화의 생태학적 접근 : 기저 농경문화의 고찰」, 『사회과학논문집』 4, 서울대 지리학과, 1979.

김수희, 「朝鮮植民地漁業と日本人漁業移民」, 東京經濟大學大學院 博士論文, 1996.

김영희, 「1930·40년대 일제의 농촌통제정책에 관한 연구」, 숙명여대 박사논문, 1996.

김용달, 「日帝下 朝鮮農會 硏究」, 국민대 박사논문, 1995.

김익한, 「1920년대 일제의 지방지배정책과 그 성격」, 『한국사연구』 93호, 1996.

김진식, 「W. G. 호스킨스의 地方史理論」, 『畿甸文化硏究』 제22·23집, 인천대, 1994.

김춘수, 「1930년대 일제 농촌지배와 '중견인물' 양성」, 성균관대 석사논문, 1997.

김학수, 「1930년대 일제의 농촌조직화와 조선농민의 대응」, 경북대 석사논문, 1994.

문영주, 「조선총독부의 농촌지배와 식산계(殖産契)의 역할(1935-1945)」, 『역사와 현실』 46호, 한국역사연구회, 2002.

문영주, 「조선총독부의 서구 협동조합 모방과 식민지적 변용-금융조합 법령을 중심으로-」, 『韓國史學報』, 高麗史學會, 2008.

박경석, 「韓國 山林組合의 性格糾明과 改善방향에 관한 硏究-역사적 전개과정과 사업분석을 중심으로-」, 동국대 박사논문, 1989.

박찬식, 「일제강점기의 도정과 민생」, 『제주도지』 제2권(역사), 제주도, 2006.

박이택, 「식민지기 부역의 추이와 그 제도적 특질」, 『경제사학』 제33호, 한국경제사학회, 2002.

박정후, 「일제시대의 지방통치제도에 관한 연구」, 서울대 석사논문, 2006.

박혜숙, 「일제하 농촌계에 대한 일 연구」, 숙명여대 석사논문, 1984.

배재수, 「日帝의 朝鮮 山林政策에 관한 硏究」, 서울대 박사논문, 1997.

서영희, 「일한동지조합 사건과 이용익의 망명 경위에 대한 고찰」, 『논문집』 제5호, 한국 산업기술대, 2003.

송성대·강만익, 「조선시대 제주도 관영목장의 범위와 경관」, 『문화역사지리』 제13권 제2호(통권 15호), 한국문화역사지리학회, 2001.

안용식 편, 『大韓帝國官僚史硏究(Ⅰ)』, 연세대학교 사회과학연구소, 1994.

안자코유카, 「조선총독부의 '총동원체제'(1937~1945) 형성정책」, 고려대 박사사문, 2006, 87쪽.

양경승, 「濟州의 土地制度-共同牧場組合을 중심으로」, 『判例硏究』 제2집, 제주판례연구회, 1999.

양영환, 「1930년대 조선총독부의 농촌진흥운동」, 『숭실사학』 Vol.6, 숭실대학교 사학회, 1990.

오주환, 「地方史硏究 : 그 理論과 實際-英國을 中心으로」, 『大邱史學』 제30호, 大邱史學會, 1986.

윤선자, 「조선총독부의 통치구조와 기구」, 『일제 식민지지배의 구조와 성격』, 한일관계사 연구논집편찬위원회 편, 경인문화사, 2005.

윤순진, 「옛날에 공유지를 어떻게 이용했을까?」, 이도원 엮음, 『한국의 전통생태학』, 사이언스 북스, 2004.

윤순진, 「제주도 마을공동목장의 해체과정과 사회·생태적 함의」, 『農村社會』 Vol.16, 2006, 한국농촌사회학회.

윤양수, 「濟州道內 마을共同財産의 市·郡에의 歸屬과 그에 따른 主民權益問題」, 『논문집』 제24호, 제주대학교, 1987.

윤해동, 「일제의 面制 실시와 村落再編成政策」, 서울대 박사논문, 2004.

여박동, 「일제시대 어업조합의 성립과 변천 : 거문도 어업조합을 중심으로」, 『일본학연보』 제5호, 일본연구회, 1993.

염인호, 「日帝下 地方統治에 관한 硏究」, 연세대 석사논문, 1983.

염인호, 「농촌진흥운동기 제주지방의 혁명적 농민조합운동」, 『제주도사연구』 제1집, 제주도사연구회, 1996.

이송순, 「日帝末期 戰時 農業政策과 朝鮮 農村經濟 變化」, 고려대 박사논문, 2003.

이승일, 「조선총독부 공문서를 통해 본 식민지 지배의 양상」, 『사회와 역사』 제71집, 한국사회사학회, 2006.

이영배, 「濟州馬 烙印의 字型 調査(Ⅰ)」, 『調査硏究報告書』 第7輯, 濟州道民俗自然史博 物館, 1992.

이영배, 「濟州馬 烙印의 字型 調査(Ⅱ)」, 『調査硏究報告書』 第8輯, 濟州道民俗自然史博物館, 1993.

이영훈, 「日帝下 濟州島의 人口變動에 關한 硏究」, 고려대 석사논문, 1989.

이종길, 「韓末 牧場土의 所有關係變化와 日帝의 土地調査事業」, 『法史學硏究』 25호, 한국 법사학회, 2002.

이종길, 「林野의 總有的 所有關係에 대한 一考」, 『법학논총』 11, 국민대학교 법학연구소, 1999.

이준식, 「단천 삼림조합 반대운동의 전개과정과 성격」, 『한국근현대의 사회조직과 변동』, 한국사회사연구회, 문학과 지성사, 1991.

이하나, 「日帝强占期 '模範部落' 政策과 朝鮮農村의 再編」, 『學林』 제19집, 연세대학교 사학연구회, 1998.

이한기, 「일제시대 농촌지도사업에 관한 연구」, 서울대 박사논문, 1992.

조경준, 「일제시기 지방재정의 전개과정에 관한 연구」, 전남대 박사논문, 1987.

조명근, 「1937~45년 일제의 戰費調達과 朝鮮銀行券 發行制度 전환」, 『韓國史

研究』 127, 韓國史研究會, 2004.

조미은, 「일제강점기 재조선 일본인 학교와 학교조합 연구」, 성균관대 박사논문, 2010.

조성윤, 「개발과 환경, 그리고 농촌 공동체의 붕괴」, 『현상과 인식』 제17권 4호, 1993.

좌동렬, 「전근대 제주지역 목축의례의 역사민속학적 연구」, 제주대 석사논문, 2010.

전강수, 「1930년대 전반의 농업공황과 식민지 농업정책」, 『연구논문집』 38호, 대구효성카톨릭대학교, 1989.

정연태, 「1930년대 일제의 농업정책과 식민지 지주제」, 『한국사론』 20호, 서울대 국사학과, 1989.

정태헌, 「일제말기 道歲入의 構成變化와 植民地性(1936-1945)」, 『韓國史研究』 123호, 韓國史研究會, 2003.

정진성·길인성, 「일본의 이민정책과 조선인의 일본이민 : 1910-1939」, 『經濟史學』 제25호, 經濟史學會, 209쪽.

지수걸, 「일제시기 충남 서산군의 '관료-유지 지배체제'」, 『역사문제연구』 제3호, 역사문제연구소, 1998.

진관훈, 『日帝下 濟州島農村經濟의 變動에 關한 硏究』, 동국대 박사논문, 1999.

최병택, 『1908~1945년 일제의 임야소유권 정리와 '민유림'운영』, 서울대 박사논문, 2008.

최병택, 「해방 직후~1960년대 초 산림계 설립논의의 전개와 그 성격」, 『史學研究』 90호, 한국사학회, 2008.

한도현, 「1930년대 농촌진흥운동의 성격에 관한 연구」, 서울대 석사논문, 1985.
한상인, 「1930년대 조선농촌의 재편성」, 동경대 박사논문, 1992.

3. 신문자료

『조선조일』 1930년 1월 1일자, 「朝鮮の大放牧場を建設」.
『중외일보』 1930년 3월 29일자, 「濟州島의 産業組合 設立許可」.
『조선중앙일보』 1934년 11월 6일자, 「四萬五千町步에 桓한 濟州島의 大牧場」.
『매일신보』 1935년 4월7일자, 「濟州島農會 各種品評 賞品授與式盛大」.
『매일신보』 1935년 6월 16일자, 「濟州島에 共同牧場」.

『매일신보』 1935년 10월 19일자, 「畜産王國目標로 大牧場建設計劃」.

『동아일보』 1936년 6월 20일자, 「馬政計劃中에 濟州島編入要請」.

『조선신문』 1937년 6월 11일자, 「濟州島にて大牧場を開拓, 漢拏山を中心に四萬五千町步を利用」.

『동아일보』 1937년 6월 11일자, 「濟州島의 畜産 擴充計劃을 樹立」.

『매일신보』 1938년 6월 10일자, 「大規模 共同牧場設置 牧畜業을 積極助長 天惠條件을具備한 濟州島에 全南道의 開發進步」.

『동아일보』 1938년 6월 25일자, 「濟州島 牧畜經營 東拓서」.

『매일신보』 1938년 8월 6일자, 「農林局內에서 畜産課 新設」.

『동아일보』 1938년 8월 11일자, 「東拓, 濟州島에 大牧場을 計劃」.

『매일신보』 1938년 8월 11일자, 「耕牛中心으로 濟州島에 大牧場」.

『목포신보』 1938년 8월 12일자, 「大牧場も建設 東拓の事業方針」.

『매일신보』 1938년 9월 15일자, 「畜産第一主義로써 時局에 協力하라」.

日帝時期 牧場組合 研究

　この研究は日帝時期(1910〜1945) 濟州地域 村落共同牧場組合の歷史的性格と価値を糾明するために成り立った. またその間 歷史はあるがまともに 鼎立になることができなかった 村落共同牧場組合の歷史を 捜すのに 土台をおくために 進行になった. この 研究は 文獻研究と 現地調査の 方法を通じて 地域史, 社會史 そして 歷史地理學的 視覺で 濟州 近代 牧場史に 接近した.『濟州島共同牧場關係綴』(1943)を主な分析資料にして 日帝時期 濟州島 村落共同牧場組合の 設立過程, 牧場用地 確保實態, 運營体系と財政構造を 檢討して この 牧場組合の 性格を明らかにしようとした. 研究結果を 要約すれば次のようだ.

　第一, 濟州島 村落共同牧場組合は 大韓帝國期 濟州島 官有牧場が 解体になった後 日帝强占期に 濟州島 当局が 下った 村落共同牧場組合を 結成しなさいという 日帝の 指示によって 村落單位で 組織になった. 組合設立過程で 日帝は 濟州島民らが 牛馬放牧のために 自發的に 組織した 伝統的 牧場(畜)契らを 前近代的という 理由を立てて 半强制で 解散させてしまった. これと共に 日帝は 濟州地域 住民らの 亂放牧が 草地荒廢化を 招來すると 判斷してこの 現象の 擴散を 防止とひいては 村落單位 畜産改良と 增産を 図謀するという 名分を 全面に立てて 村落別 牧場組合 設置を 强要したようにした. これと共に 日帝は 村落共同牧場組合を 設置して 濟州島の 畜産改良と 增産に對する 責任を 組合員 個人 及び 村落單位に 轉嫁させて 朝鮮

總督府の 財政的 負担を 最小化する一方, 牧場組合から 組合費と 林野稅 そして各種 手數料, 過怠料, 不出役 貸納金を受けてこれを 植民地 行政機關の 財政擴充に 利用しようと思った.

第二, 1930年代 村落共同牧場組合が 設置になる 前である 1920年代 濟州島にも 共同牧場が 存在した. これは 旧右面(Guu-myeon)(翰林面)今岳里(Geumak-ri) 公同牧場 事例を通じて 確認できる. 特に 濟州島司が 會長を 兼任した 濟州島畜產同業組合では 村落共同牧場を 對象で 共同牧場 寄附採納 事業を 展開した. そして 共同牧場 緣故林野に 對する 所有權を 確保しただけでなく 寄附採納 受けた 共同牧場內に 存在した 資源(草地)らを 濟州島民らに 販賣することで 收益を 創出した.

第三, 濟州地域で 村落共同牧場組合の 設置は 日帝 植民地 統治と 無關するように 成り立ったのではなかったことを 確認した. 朝鮮總督府が 全國に 實施した 畜牛增殖 10年計畫, 產馬增殖計畫, 農村振興運動の 畜產政策は 牧場組合 設立を 誘導した 主要 背景になった. また 1918年 4月に 設立になった 濟州島畜產同業組合は 1933年 4月 濟州島農會に 編入になるまで 共同牧場 運營, 隔年轉換式 放牧, 家畜市場開設など 畜產政策を 實施したし, 特にこの 同業組合の 定款は 濟州島 当局が 村落共同牧場組合規約を 制定する 基礎になったことを 見せてくれる. 濟州島農會はこの 組合が 飼育する 牛馬に 對する 技術指導とともに 牧場組合を 對象で 品評會を開いて 組合の 模範的 運營に 對して 施賞した. しかし 牧場組合の 予決算と 組合費徵收, 組合員らの 牧場組合 規約遵守 などに 介入して事實上 牧場組合を 支配した. これら 組織らが 展開した 畜產政策らが 村落共同牧場組合の 設立と 運營にいくら根付いたのかに 對しては 後續研究が 必要する.

第四, 日帝 植民地 当局は 1933年「牧野地整備計畫を」 樹立し 組合

設置が 公益のための 公共事業であることを 強調して 村落別で 牧場組合を 設立するように 督勵した 結果, 新設 村落共同牧場組合らが 組織になった. 1933年は 日帝によって 産馬増殖計畫が 樹立になった 時期と同時に 濟州島畜産同業組合が 濟州島農會という 植民地 団体に 編入になって 畜産政策これより 組織的に 實行になり始めた 時期だった. 1920年代にもたとえ 組合形態ではないが 共同牧場の 存在が 確認になって, 牧野地 整備計畫が 樹立になる 以前である 1931年から 1933年まで 22個 既設共同牧場組合がもう 示範的に 設置になって 運營になった. この 牧場組合らは 濟州島 村落共同牧場組合の 初期形態で, 文書に 現われた 最初の 村落共同牧場組合は 濟州邑 蓮洞里(Yeon-dong-ri)共同牧場組合だった. 牧場組合 設置過程で 濟州島 当局は 短時間に 牧場組合の 設立を 完了させるために各種 公文書を 各 邑面に 發送する一方 濟州島農會 組織, 邑面長, 區長 など 官制組織と 行政力を 總動員して 組合設置を 督勵した. これを 具体化するために 濟州島 当局では 各 邑面に村落共同牧場組合 設置計畫樹立, 村落共同牧場予定地 調査, 村落共同牧場內 區畫整理事業を 要求した. 組合設立 推進過程で 濟州島司, 邑面長, 區長, 濟州島農會長, 勸業書記, 地域維持 などが 牧場組合 設置に 組織的に 介入したことを 確認した. 日帝が 主導した 牧場組合 設置に對して 住民らは 多様な 植民地 機關の 強要に對して 協力せざるを得なかった.

　このような 状況 の中で 濟州島民らは 牧場予定地に 編入になる 土地を 牧場組合に 半強制的に 寄附するとかまたは 牧場間 境界石墻築造, ワラビ 除去, 防風林と 水源林 植栽 など 共同牧場內 牧畜基盤造成に 参与しながら 組合運營に 關与した. しかし濟州邑 海安里(Haean-ri) 事例のように 従来から 慣習的に 農耕と 採草をして 來た 初地帯が 共同牧場 予定地で 強制編入になったことに對して 原状回

復を 要求する 住民らの 陳情書を 濟州島 当局に 提出して 組合設立に 積極的に 抵抗した.

第五, 共同牧場 造成のために 牧場組合が 確保した 牧場用地は 土地確保方法によって 買收地, 借受地, 寄附地 そして 所有主體によって 私有地, 公有地, 總有地[里有地]などで 成り立ったことを 確認した. 上記の通り 1943年 資料に 根據な 濟州島 全體 村落共同牧場組合の 牧場用地は 借受地 51%, 買收地 30%, 寄附地 19%で 構成されて 牧場組合が 自體買入した 買收地 よりは 國有地, 面有地 等 國公有地を 賃貸して 使用した 借受地がもっと 多かったことを 分かる. しかし 村落單位では 寄附地 比率が一番 高いとかまたは 借受地より 買收地 比率が 相對的にもっと高い 境遇もあって 濟州島 全體の 村落共同牧場組合 牧場用地 構造とは違う 樣相を 見せたりした. 濟州島 当局では各 牧場組合 設立 予定 村落がやむを得なく 牧場用地を 買入する 場合 土地所有者らに 牧場組合 自體が 畜産增産という 公共利益を 實現するために 設立になるという点を 積極 弘報し 可能な 低廉するように 牧場用地を 買入するように 指示したことが 確認になった. 牧場用地 の中で 私有地を 中心に 所有者を 分析した 結果 朝鮮人, 日本 移住民と 日本係 財團法人, 濟州島 鄕校(hyanggyo), 三姓始祖祭祀財團(三姓祠財團 : Samseongsa Foundation)などがあった. 牧場組合では 牧場予定地内に 包含になった 日本係 財團法人, 濟州島鄕校, 三姓始祖祭祀財團の 所有土地に 對して 賃貸料を 支拂しながら 共同牧場用地で 利用した.

第六, 濟州島 牧場組合を 運營した 組織では 濟州島司, 濟州島農會長, 農會邑面分區長, 濟州島牧場組合中央會, 邑面共同牧場組合連合會, 部落共同牧場組合, 部落牧場組合 評議員會 などをあげることができる. この中 濟州島牧場組合中央會は各 面に 支部を置いて 面長に

とって 支部長を引き受けるようにして 面内 村落共同牧場組合を 地道するようにした. 濟州島農會 所屬 旗手らと 指導員だけでなく 邑面事務所 內務主任らもこの 中央會 支部で 共同牧場と 畜產分野 業務を 支援するようにした. 村落共同牧場組合では 共同牧場 草地を 持續的に 管理するために 組合規約を 嚴格に 適用した. ひいては 規約違反者に對しては 組合員 資格を 剝奪する 除名處分も辭さなかった. 組合員らに 共同牧場 開放日を 嚴守するようにして 草地利用において 平等權を 實現しようと 努力した. また 草地保護のために 輪換放牧を 組合規約に 明示した. 組合長は 草地と 防風林 保護, 非組合員の 無斷放牧を 監視するために 監視員を 任命した. 設立初期 牧場組合は 任員らと 一般職員らの 業務経験が 不足して 邑面 及び 邑面共同牧場組合連合會から 指導監督を受けなければならなかった. 濟州島牧場組合中央會長を 兼職した 濟州島司は 牧場組合が受けた 組合費 など 現金を 邑面共同牧場組合連合會に 委託するように 措置して 事實上 村落共同牧場の 財政構造を 支配した.

第七, 牧場組合の 實質的である 運營實態を 反映する 財政構造を 見れば, 歲入部門は 賦課金, 寄附金, 委託料, 賦役費, 利子收入 などで成り立った. 牧場組合では 組合員らに 資金を 貸出してくれたりした. 歲入構造で 一番 比重が大きい 賦課金には 組合員 あるいは 牛馬の 頭數によって 差等賦課の成り立った 組合費が 代表的だった. 歲出構造で 注目になることは 林野稅と 連合會 分賦金で, 林野稅は 共同牧場 林野台帳に記錄された 林野を 對象で 賦課になったし, 邑面共同牧場組合連合會 分賦金は 連合會 運營費を 村落共同牧場組合に 轉嫁させた 費用だ. 現金出納簿 分析を通じて 濟州島 村落共同牧場でも 戰時体制下で牛馬供出が成り立ったことを分かる. 特に 安德面(Andeok-myeon) 西廣里(Seogwang-ri)牧場組合 現金出納簿 文書に現われた 1943

年 10月 供出馬と 供出牛に對する 檢査が成り立ったという 記錄は 濟州地域 共同牧場で 放牧した 牛馬が 供出になったことを 立証してくれる. 翰林面(Hallim-myeon) 明月里(Myeongwol-ri) 牧場組合 現金 出納簿では 1945年初 濟州島に 駐屯な 日本軍が 所費する 肉牛購入代金を 一部 支払つた 事實が 記錄になっている. このような 事實らを通じて 濟州島司は 村落共同牧場組合に對して 實質的である 支配權を 行事したしその結果いつでも 濟州島司の意志によって 村落共同牧場 組合費を 有用したことを 分かる.

以上の通り 設立になって 運營になった 日帝時期 濟州地域 村落共同牧場組合の 本質的である 指向点は 組合費と 林野稅の 徵收を通じる 植民地 行政機關の 地方財政 擴充, そして 日本で 不足な 畜産品を 調達, 戰時体制下で 軍人らに 必要な 軍需品で 牛馬を 確保という 國策の 實現にあった. したがって 日帝はこれを 效率的に 實現するために 共同牧場 用地を 總有地で 縛って 村落別で 共同牧場組合を 設立するようにした. このような 牧場組合 設立は 公共事業 樣相を帶びて 强力するように 推進になった. 日帝時期 牧場組合は 近代的 牧場 運營 規約によって 運營になったし, 多樣な 牧場內 牧畜施設が 構築になったという点で 大韓帝國期 官有牧場よりはちょっと 変化になった 側面があった. しかし 日帝は 共同牧場 運營過程で 生産になった 畜産品に對して 供出を 要求しただけでなく 林野稅, 組合費, 手數料 など 準租稅的 性格の 賦課金を 創出したのち 納付するようにした. また 牧場予定地 內に 位置した 土地の 所有者らを 對象で 寄附を 誘導するとか 公共利益を立てて 牧場用地の 廉価買入を 强調した. このような 事實を通じて 村落共同牧場組合は 植民地の 收奪的 性格を持っていたことを 分かる. 濟州島 村落共同牧場組合は 長期持續的である 牧畜伝統の 核心的 要素である 共同体性を 制度化組織

化したことで, 濟州島民らが 自發的に 設立した組織これと言うより
は 朝鮮を 强占した 朝鮮總督府の 强力な 推進意志によって 設立に
なった 組織と言える.

　大韓帝國期 官有牧場 地帶に 現われた 草地荒廢化 現象を阻んでく
れと言う‘住民らの 蹶起’に応じて 牧場組合が 設立になったという
日帝の 一方的 宣伝とは違い 植民地 行政機關である 朝鮮總督府, 全
羅南道廳を 筆頭で 濟州島廳, 邑面事務所, 濟州島 警察署 などの 行政
組織と 濟州島農會, 金融組合 など 農業 及び 經濟 団体らが 總動員に
なって 作られた 植民地 組織であることを 確認した. これから 濟州
島 村落共同牧場組合に 對する 持續的である 史料發掘が 必要して,
これを 通じて 牧場組合に對する 微視史(microhistory)·社會史(social
history) 研究が 進行になったらと思う. 特に, 解放以後 村落共同牧場
を取り囲んだ 牧場組合と 住民間 そして 牧場組合と 行政機關間 葛藤
様相を 解明する 必要がある. ひいては 村落別 共同牧場用地 賣却に
起因した 牧場組合 解散過程に 對する 研究 などが 必要する.

찾아보기

*대한민국학술원 우수학술 도서   **문화체육관광부 우수학술 도서